中华传统文化经典

学生版
无障碍阅读

U0722344

朱子家训 颜氏家训

主编：张丽丽

编者：郭冬杉

北京出版集团公司
北京教育出版社

图书在版编目（CIP）数据

朱子家训　颜氏家训 / 张丽丽主编 . — 北京 : 北京教育出版社，
2015.3
（中华传统文化经典）
ISBN 978-7-5522-5574-4

Ⅰ . ①朱… Ⅱ . ①张… Ⅲ . ①古汉语－启蒙读物②家庭道德－中
国－南北朝时代 Ⅳ . ① H194.1 ② B823.1

中国版本图书馆 CIP 数据核字（2015）第 051342 号

中华传统文化经典

朱子家训　颜氏家训

主编 : 张丽丽

*

北 京 出 版 集 团 公 司　出 版
北 京 教 育 出 版 社
（北京北三环中路 6 号）
邮政编码 : 100120

网址 : www . bph . com . cn
北 京 出 版 集 团 公 司 总 发 行
全 国 各 地 书 店 经 销
北 京 中 振 源 印 务 有 限 公 司 印 刷

*

660mm×920mm　16 开本　21.5 印张　300 千字
2015 年 3 月第 1 版　2015 年 3 月第 1 次印刷

ISBN 978-7-5522-5574-4

定价 : 20.80 元

总序
ZONGXU

    中国作为一个历史悠久的国家，因历朝历代的文化积累和传承，形成了特有的博大精深的传统文化体系，这一体系体现在灿若星辰的各种传统文化经典中。虽然这些经典与当今时代相去甚远，但其包含的精神内核和文化意义却根植在每一位国人的血液里。

    纵览这些传统文化经典，我们会发现，传统文化有其平实的底蕴，充满日常生活的情调，因为它有"晨则省，昏则定"这样琐碎平实的孝之教导；有"亲戚故旧，老少异粮"这样充满柴米油盐气息的待客之道；有"心口如一，童叟无欺"这样朴素而永恒的价值观……

    传统文化亦有其高情远致，强调精神的高洁与纯粹，因为它有"大道之行也，天下为公"的社会理想；有"厚德载物，道济天下"的广阔胸襟；有"斯世清浊异品，全赖吾辈激扬"这样当仁不让的慷慨气概……

    正因为传统文化有这样丰厚的底蕴，所以，虽然时代飞速变化，思想观念不停流转，但是作为我们中华民族赖以安放心灵的精神家园和价值体系，传统文化不但不会步入没落，相反会在这个价值观多元化的时代更体现其重要性。它流经千百年，无声无息地穿行在国人的血脉中，潜藏在每一个人的思想意识的底层，或许你未曾留意，不曾发觉，但是我们的举手投足，都深深地暴露了属于我们中华民族的这一文化密码，我们每一颗心都在这文化长河里得到长久而深远的润泽，这也是我们编写这套书的最主要原因。

鉴于传统文化经典与我们隔着漫长的岁月，有些阅读者已经不能流畅地阅读和准确地把握其中的意义，为了帮助读者扫清阅读障碍，更好地掌握传统文化，我们做了以下工作：

一、介绍作者及其思想或者本书的流传历程

古语说"知人论世"，为了帮助读者把握传统文化的思想内涵，我们对每本书的作者的生平经历及其思想发展脉络或书的流传历程进行精要的介绍，让读者在宏观的时代思想背景下去了解作品，了解传统文化。

二、采取文后注释和翻译的形式，方便阅读

针对学生对古典文学名著的学习需求，以及阅读过程中遇到的难点，本书采取文后注释的形式，对作品里的生僻字词进行注音，对难解的字词进行解释，同时对作品中出现的一些人物、官职、相关传说、天文地理知识等进行简要说明，使读者在阅读中真正地实现无障碍阅读，理解作品内容。

三、力求内容准确而完整

我们这一套传统文化经典书籍特别注重内容的准确性和完整性，完全对照权威版本进行认真核对，除少数情况之外没有任何删减，并对全文进行了翻译，力求原汁原味地为读者呈现传统文化典籍的本来面貌。

四、设置传统文化小知识栏目

为了弘扬传统文化，让读者了解古典文化的各种小知识，我们特别开设传统文化小知识栏目，为读者讲解古代礼仪、风俗、制度、服饰、典籍等。这一方面有助于帮助读者阅读原文，另一方面

有助于读者积累知识，增长见识。

五、名句集锦

几乎每本传统文化典籍都有一些名句流传下来，它们至今仍然在日常生活中被广泛应用，言简意赅地表达着某种思想和看法，流传千年依然活力无限，我们把这些经典的句子放在每本书后面，有助于读者记忆和运用。

虽然世易时移，但今天，传统文化仍然在国民道德教育、人格教育和智力教育等方面起着不可替代的作用，我们愿通过努力为大家献上一套从内容到形式都力求完美的传统文化典籍，希望读者在阅读中体会传统文化的精深与美好，也愿传统文化在当代中国更加枝繁叶茂。当然，我们的书还存在不足之处，敬请读者批评指正！

编　者

　　《朱子家训》又被称为《朱子治家格言》《朱柏庐治家格言》，是以讲述家庭道德为主的经典启蒙教材。全篇525字，文字通俗易懂，内容简明完备，对仗工整，朗朗上口，精辟地阐明了修身治家之道，是一部家教名著。自问世以来，它即成为家喻户晓、脍炙人口的教子治家的经典家训。其中，许多内容继承了中国传统文化的精华，如"一粥一饭，当思来处不易；半丝半缕，恒念物力维艰""宜未雨而绸缪，毋临渴而掘井"等，在今天依然具有教育意义。

　　作者朱柏庐（1617—1688），名用纯，字致一，自号柏庐，明末清初昆山（今属江苏）人。著名理学家、教育家。朱柏庐居乡教授学生并潜心研究程朱理学，主张知行并进，一时颇负盛名。与徐枋、杨无咎合称"吴中三高士"。

　　《朱子家训》以"修身""齐家"为宗旨，集儒家做人处世方法之大成，思想植根深厚，含义博大精深。《朱子家训》通篇意在劝人要勤俭持家、安分守己。它将中国几千年形成的道德教育思想，以名言警句的形式表达出来，可以口头传训，也可以写成对联、条幅挂在大门、厅堂和居室，作为治理家庭和教育子女的座右铭。因此，自问世以来，流传甚广，被尊为"治家之经"，一度成为童蒙必读课本之一。

　　《颜氏家训》是一部内容丰富、体系宏大的家训著作，也是一部学术著作。作者颜之推，是北齐著名的文学家、教育家。

《颜氏家训》于隋初成书，是颜之推记述个人经历、思想、学识，以告诫子孙的著作。全书共七卷二十篇，即序致第一、教子第二、兄弟第三、后娶第四、治家第五、风操第六、慕贤第七、勉学第八、文章第九、名实第十、涉务第十一、省事第十二、止足第十三、诫兵第十四、养生第十五、归心第十六、书证第十七、音辞第十八、杂艺第十九、终制第二十。这部书以传统儒家思想为中心，也注重实学、工农商贾等技能，在修身、治家、处世、为学等方面教育颜氏后辈，颜之推自称："吾今所以复为此者，非敢轨物范世也，业以整齐门内，提撕子孙。"

作为传统社会的典范教材，《颜氏家训》开后世"家训"之先河，是我国古代家庭教育理论宝库中的珍贵遗产。颜之推并无赫赫之功，也未居显官之位，却因一部《颜氏家训》而享千秋盛名，由此可见其家训的影响之深远。被誉为"古今家训之祖"的《颜氏家训》，是中国文化史上的一部重要典籍，这不仅表现在该书"质而明，详而要，平而不诡"的文章风格，以及"兼论字画音训，并考正典故，品第文艺"的内容方面，还表现在该书"述立身治家之法，辨正时俗之谬"的现世精神上。因此，历代学者对该书推崇备至，视之为垂训子孙以及家庭教育的典范。

从总体上看，《颜氏家训》是一部有着丰富文化内蕴的作品，不失为中华民族优秀文化的一种，它不仅在家庭伦理、道德修养方面对我们今天有着重要的借鉴作用，而且对研究古文献学，研究南北朝历史、文化有着很高的学术价值。同时，作者在特殊政治氛围（乱世）中所表现出的明哲思辨，对后人来说也有着宝贵的价值。《颜氏家训》对后世有重要影响，首先，把读书做人作为家训的核心；其次，倡导选择正确的人生偶像；再次，确立家庭教育的各项准则。

《颜氏家训》一书不仅对当时诸如"玄风之复扇、佛教之流行、鲜卑之传播、俗文字之盛兴"等多方面作了较为翔实的记录，为后人保留了一些很有价值的历史文献，而且文章内容真实，文笔平易近人，具有一种独特的朴质风格，对后世的影响颇为深远。

本书在权威版本的基础上，给出了精练的注释和细致的译文，以帮助读者更好地阅读与理解《朱子家训》和《颜氏家训》这两部经典的家训著作。同时，文中还穿插了一些精美的图片、传统文化小知识和阅读感悟，方便读者深入地掌握文章的内涵。

编 者

目 录
[contents]

卷六

卷七

朱子家训

　　《朱子家训》，又名《朱子治家格言》《朱柏庐治家格言》，是我国古代的家庭礼教文化精华，是一部鞭策个人行为的箴言。其核心是将家庭教育作为最重要的启蒙教育，主张对小孩子的教育必须从家中点点滴滴的小事开始，如安全、卫生、勤俭、有备、饮食、房田、婚姻、美色、祭祖、读书、教育、戒性、体恤、谦和、无争、交友、自省、向善、纳税、为官、顺应、安分、积德等方方面面，教育子女要尊敬师长，勤俭持家，与邻里和睦相处；懂得为人处世之道，懂得感恩，懂得珍惜；成为一个生活严谨、宽容善良、知书明理、正大光明、理想崇高的人，从而培育子女完善人格，接受传统文化。

　　黎明即起，洒扫庭除①，要内外整洁。既昏②便息，关锁门户，必亲自检点。一粥一饭，当思来处不易；半丝半缕，恒念物力③维艰。宜未雨而绸缪④，毋临渴而掘井。自奉⑤必须俭约，宴客切勿流连⑥。器具质⑦而洁，瓦缶⑧胜金玉；饮食约⑨而精，园蔬愈珍馐⑩。勿营华屋，勿谋良田。

【注释】

　　①庭除：厅堂院落。这里有庭院内外之意。

　　②昏：天刚黑时。

　　③物力：可供使用的物资。

　　④未雨而绸缪（chóu móu）：语出《诗经·豳风·鸱鸮》"迨天之未阴雨，彻彼桑土，绸缪牖户"。意思是，天还未下雨，应先修补好屋舍门窗，喻凡事要预先作好准备。

　　⑤自奉：自己日常生活的供给或消费。

　　⑥宴客：宴请宾客。流连：乐而忘返或依恋不舍。

　　⑦质：质朴、朴素。

　　⑧瓦缶（fǒu）：瓦制或陶制的器具。指粗劣的餐具。

　　⑨约：少，简约。

　　⑩珍馐：贵重珍奇的食品。

【译文】

　　每天早晨黎明就要起床，先用水来洒湿庭院内外的地面然后扫地，要使庭院内外整洁。到了黄昏便要休息，并亲自查看一下要关锁的门户。对于一碗粥或一顿饭，我们应当想着来之不易；对于衣服的半根丝或半条线，我们也要常念着这些物资的生产是很艰难的。凡事要先作准备，像没到下雨的时候，就先把房子修补完善；不要"临时抱佛脚"，到了口渴的时候，才来掘井。自己生活上必须节约，聚会在一起吃饭切勿流连忘返。餐具质朴而干净，虽是用泥土做的，也比金玉制的好；食品简约而精美，虽是园里种的蔬菜，也胜于山珍海味。不要营造华丽的房屋，不要图买良好的田园。

三姑六婆①，实淫盗之媒；婢美妾娇，非闺房之福。童仆勿用俊美，妻妾切忌艳妆。祖宗虽远，祭祀不可不诚；子孙虽愚，经书②不可不读。居身务期质朴，教子要有义方③。莫贪意外之财，勿饮过量之酒。

【注释】

①三姑六婆：泛指穿堂入室、搬弄是非的妇女。三姑，尼姑、道姑、卦姑。六婆，牙婆、媒婆、师婆、虔婆、药婆、稳婆。

②经书：儒家经典著作。

③义方：做人的正道。多指家教。

传统文化小知识

社稷　　社指土地神，稷指谷神，二者是对庄稼丰歉起决定作用的神仙，是古人为祈祷丰收而重点祭祀的两个神。社稷坛位于皇宫之右，与皇宫之左的宗庙相对，同为国家祭祀重地。因古代帝王经常在社稷坛祈求国家太平、五谷丰登，故"社稷"一词逐渐成为了国家的象征。如《孟子·尽心下》中有："民为贵，社稷次之，君为轻。"

【译文】

　　社会上不正派的女人，都是奸淫和盗窃的媒介；美丽的婢女和娇艳的姬妾，不是家庭的幸福所在。家童、奴仆不可雇用英俊美貌的，妻、妾切不可有艳丽的妆饰。祖宗虽然离我们年代久远了，祭祀他们却仍要虔诚；子孙即使愚笨，经书却也仍是要读。自己生活节俭，以做人的正道来教育子孙。不要贪不属于你的财，不要喝过量的酒。

　　与肩挑贸易，毋占便宜；见穷苦亲邻，须加温恤。刻薄成家，理无久享；伦常乖舛①，立见消亡。兄弟叔侄，须分多润寡②；长幼内外，宜法肃辞严。听妇言，乖骨肉，岂是丈夫？重资财，薄父母，不成人子。嫁女择佳婿，毋索重聘；娶媳求淑女，勿计厚奁③。

【注释】

　　①乖舛（chuǎn）：违背。
　　②分多润寡：富有的周济贫穷的。
　　③厚奁（lián）：丰厚的嫁妆。

【译文】

　　和做小生意的挑贩们交易，不要占他们的便宜；看到穷苦的亲戚或邻居，要关心他们，并且对他们有金钱或其他的援助。对人刻薄而发家的，绝没有长久享受的道理；行事违背伦常的人，很快就会灭亡。兄弟叔侄之间要互相帮助，富有的要资助贫穷的；一个家庭要有严正的规矩，长辈对晚辈的言辞应庄重。听信妇人挑拨，而伤了骨肉之情，哪里配做一个大丈夫呢？看重钱财，而薄待父母，不是为人子女应做的。嫁女儿，要为她选择贤良的夫婿，不要索取贵重的聘礼；娶媳妇，须求贤淑的女子，不要贪图丰厚的嫁妆。

见富贵而生谄容者，最可耻；遇贫穷而作骄态者，贱莫甚①。居家戒争讼，讼则终凶；处世戒多言，言多必失。勿恃势力而凌逼孤寡，毋贪口腹而恣杀牲禽。乖僻自是②，悔误必多；颓惰自甘③，家业难成。狎昵恶少④，久必受其累；屈志老成，急则可相依。轻听发言，安知非人之谮诉⑤？当忍耐三思。因事相争，焉知非我之不是？须平心暗想。

【注释】

①莫甚：指没有比此更严重得了。

②乖僻自是：执拗孤僻，自以为是。

③颓惰自甘：颓废怠惰，自甘情愿。

④狎昵（xiá nì）恶少：过分亲近品行恶劣的浪荡青年。狎昵，过分亲近。

⑤谮（zèn）诉：诬蔑人，说人坏话。

【译文】

看到富贵的人，便做出巴结讨好的样子，是最可耻的；遇着贫穷的人，便做出骄傲的态度，是最鄙贱不过的。居家过日子，禁止争斗诉讼，一旦争斗诉讼，无论胜败，结果都不吉祥；处世不可多说话，言多必失。不可用势力来欺凌压迫孤儿寡妇，不要贪口腹之欲而任意地宰杀牛羊鸡鸭等动物。性格古怪，自以为是的人，必会因常常做错事而懊悔；颓废懒惰，沉溺不悟，是难成家立业的。亲近不良的少年，日子久了，必然会受牵累；恭敬自谦，虚心地与那些阅历多而善于处世的人交往，遇到急难的时候，就可以得到他的指导或帮助。他人来说长道短，不可轻信，怎知道他不是来说人坏话的呢？要再三思考。因事相争，怎知道不是我自己的过错呢？要冷静反省自己。

施惠①无念，受恩莫忘。凡事当留余地，得意不宜再往。人有喜庆，不可生妒忌心；人有祸患，不可生喜幸心。善欲人见，不是真善；恶恐人知，便是大恶。见色而起淫心，报在妻女；匿怨②而用暗箭，祸延子孙。

【注释】

①施惠：给人以恩惠。

②匿（nì）怨：对人怀恨在心，而表面上却不表现出来。

【译文】

对人施了恩惠，不要记在心里；受了他人的恩惠，一定要常记在心。无论做什么事，当留有余地；得意以后，就要知足，不应该再进一步。他人有了喜庆的事情，不可有妒忌之心；他人有了祸患，不可有幸灾乐祸之心。做了好事，而想他人看见，就不是真正的善人；做了坏事，而怕他人知道，就是真的恶人。看到美貌的女性而起邪心的，将来会有报应发生在自己的妻子女儿身上；怀怨在心而暗中伤害人的，会给自己的子孙留下祸根。

家门和顺，虽饔飧①不济，亦有余欢；国课②早完，即囊橐③无余，自得至乐。读书志在圣贤，非徒科第④；为官心存君国，岂计身家⑤？守分安命，顺时听天。为人若此，庶乎近焉⑥。

【注释】

① 饔飧（yōng sūn）：早餐和晚餐。饔，早饭。飧，晚饭。

② 国课：公家的钱粮课赋。

③ 囊橐（tuó）：口袋。

④ 科第：科举考试。

⑤ 身家：自身和家庭。

⑥ 庶乎近焉：差不多便是个好人了。

【译文】

家里和气平安，虽缺衣少食，也觉得快乐；尽快缴完赋税，即使口袋所剩无余也自得其乐。读圣贤书，目的是学圣贤的行为，不只是科举及第；做一个官吏，要有忠君爱国的思想，怎么可以考虑自己和家人的享受？我们守住本分，努力工作生活，上天自有安排。如果能够这样做人，那就差不多是个好人了。

【读·品·悟】

静观满纸朴拙的训语，知道非宁静无以致远。宁静，是一种不受功名利禄左右的淡泊的心态，它能将一个人送到他所能到达的最远的地方。"见富贵而生谄容者，最可耻；遇贫穷而作骄态者，贱莫甚。""与肩挑贸易，毋占便宜；见穷苦亲邻，须加温恤。"……这些质朴的格言早已超越了文字，幻化为贤者的心灵法则。

颜氏家训

卷一

序 致 第 一

　　本篇主要交代写《颜氏家训》的目的。作者说明自己著书立说的主要目的是教育后代要忠诚孝顺，端庄稳重，创立宏伟大业，成就一世英名。作者在讲述的过程中着重写自己的亲身经历，表达小时候没得到必要的"家教"而造成自己幼时心性不修，而成人后常常"夜觉晓非，今悔昨失"的深深遗憾。作者还说明了家庭教育对培养个人心性的重要性。最后作者提出了希望——子孙能够信服这本书里面的道理，绝不要仅仅把古书上的告诫听一遍看一遍，而要把它作为自己的言行规范。

　　夫圣贤之书，教人诚孝①，慎言检迹，立身扬名，亦已备矣。魏、晋已来②，所著诸子，理重事复，递相模效③，犹屋下架屋，床上施床耳。吾今所以复为此者，非敢轨物范世也，业④以整齐门内，提撕子孙。夫同言⑤而信，信其所亲；同命而行，行其所服。禁童子之暴谑，则师友⑥之诚不如傅婢之指挥；止凡人之斗阋⑦，则尧、舜之道不如寡妻之诲谕。吾望此书为汝曹之所信，犹贤于傅婢寡妻耳。

【注释】

　　①诚孝：忠孝，隋朝人为了避隋文帝的父亲杨忠的讳将"忠"改为"诚"。

　　②已来：以来。已，通"以"。

　　③模效：模仿，效法，仿效。

　　④业：功业，功用。

　　⑤同言：相同的话。

　　⑥师友：可以求教请益的人，老师和朋友。

　　⑦斗阋（xì）：指家庭内兄弟之间的争执。

【译文】

　　古代圣贤的书籍，教诲人们要忠诚孝顺，说话要谨慎，行为要检点，建功立业使美好的名声播扬，所有这些道理他们也都已讲得很全面详细了。而魏晋以来，阐述这些道理的图书，道理重复而且内容相近，前后互相模仿，这好比屋下又架屋，床上又放床，显得多余无用了。我如今之所以要再写这本书，并非是敢于给大家在为人处世方面作什么规范，而只是用来整顿家风，教育子孙后代。同样的言语，因为是所亲近的人说出的就相信；同样的命令，因为是所佩服的人发出的就执行。要禁止小孩子的胡闹嬉笑，那师友的训诫还不如保姆的指挥；要阻止兄弟间的打架争吵，那尧、舜的教导还不如自己妻子的劝解。我希望这本书能被你们信服，希望它能够比得过保姆、妻子的话。

吾家风教①，素为整密。昔在龆龀②，便蒙诱诲；每从两兄，晓夕温清③，规行矩步，安辞定色，锵锵翼翼，若朝严君焉。赐以优言，问所好尚，励短引长，莫不恳笃。年始九岁，便丁④荼蓼⑤，家涂⑥离散，百口索然。慈兄鞠⑦养，苦辛备至；有仁无威，导示不切。虽读《礼》《传》，微爱属文⑧，颇为凡人之所陶染，肆欲轻言，不修边幅。年十八九，少⑨知砥砺，习若自然，卒难洗荡。二十已后，大过稀焉；每常心共口敌，性与情竞，夜觉晓非，今悔昨失，自怜无教，以至于斯。追思平昔之指，铭肌镂骨，非徒⑩古书之诫，经目过耳也。故留此二十篇，以为汝曹后车⑪耳。

【注释】

①风教：门风与家教。

②龆龀（tiáo chèn）：儿童垂髫换齿时，指童年。龆，通"髫"，指儿童下垂的头发。龀，儿童换齿。

③温清（qìng）：冬季使温暖，夏季使清凉。温，冬季准备好被子，使父母温暖。清，夏季准备好扇子与凉席，给父母带来清爽。

④丁：遭遇，古时称遭逢父母死丧为丁忧。

⑤荼蓼（tú liǎo）：比喻艰难困苦。此处喻指丧父。

⑥家涂：家道。

⑦鞠：生养，抚育。

⑧属（zhǔ）文：写文章。

⑨少：同"稍"，略微。

⑩徒：只，仅仅。

⑪后车：后继之车。引申为借鉴。

【译文】

我家的门风家教，向来严整周密。在我还很小的时候，就受到启蒙教诲；每天跟随两位兄长，早晚孝顺侍奉双亲，冬日准备好暖被，夏日用扇

传统文化小知识

尚
书

《尚书》，又称《书经》《书》，是我国最古老的一部史书。《尚书》是中国上古时期的历史文献和部分追述史迹著作的汇编，共有100篇；所记之事的时间自上古尧舜时期起，直至春秋中期结束，共1300多年。按照时代先后顺序，它分为《虞书》《夏书》《商书》《周书》4个部分，其中大多数是直接收录的原始的文献资料，特别是书中关于商后期以及周初期的资料，相当可靠，是研究当时社会历史的宝贵参考资料。

子把凉席扇凉，做事谨慎，举止端正，言语平和，神色安详，行走时恭敬有礼，小心翼翼，就如同给父母大人请安时一样。长辈经常劝勉鼓励我，问我的爱好崇尚，鼓励我克服自己的缺点，引导我发挥自己的特长，态度都既恳切又深厚。当我九岁的时候，父亲去世了，家庭陷入困境，家道衰落，人口萧条。哥哥抚养我，极其辛苦；但是他只有仁爱而缺少威严，对我的督促也不那么严厉。我当时虽也诵读《礼》《传》，对写文章也稍有爱好，但在很大程度上受到社会世人的影响，轻狂放纵，言语轻率，而且不修边幅，不注意容貌的整洁庄重。到十八九岁，才略微懂得要磨砺自己的操行，只因习惯已成自然，短时间难以彻底改掉自己的不良习惯。直到二十岁以后，大的过错才较少犯；但还是经常信口开河，心里警觉又加以控制，理性与情感相矛盾，夜晚发觉清晨的错误，今天悔恨昨天犯下的过失，自己常叹息由于小时候没有得到好的教育，才会到这种地步。回想起平生的意愿志趣，体会真是深刻，这种感觉不比那光阅读古书上的训诫，只是经过一下眼睛耳朵而已。所以写下这二十篇《家训》，以此作为你们的后车之鉴。

教 子 第 二

　　本篇主要阐述有关士大夫子女教育的问题。首先，作者认为幼年时期是一个人发展的基础阶段，父母应该及时对幼儿进行教育，"教妇初来，教儿婴孩"，甚至推崇"古圣王"的"胎教之法"，也就是说应当在孩子知道辨认大人的脸色、明白大人的喜怒时，开始加以教诲，叫他去做他就能去做，叫他不做他就不能去做。其次，在教育过程中，必须处理好教育和爱护的关系，父母往往是非常疼爱孩子的，但对孩子过分地宠爱是有害无益的。父母平时威严而且慈爱，子女就会敬畏谨慎，从而产生孝心。再次，教育孩子必须要有正确的立场，恰当的方法，必要时要进行笞罚。最后，要重视孩子早期的品德教育，因为良好的品德是成人的基础。

上智不教而成，下愚虽教无益，中庸之人①，不教不知也。古者，圣王有胎教之法：怀子三月，出居别宫，目不邪视，耳不妄听，音声滋味，以礼节②之。书之玉版，藏诸金匮③。生子咳提④，师保固明孝仁礼义，导习之矣。凡庶纵不能尔，当及婴稚⑤，识人颜色，知人喜怒，便加教诲，使为则为，使止则止。比及数岁，可省笞⑥罚。父母威严而有慈，则子女畏慎而生孝矣。吾见世间，无教而有爱，每不能然；饮食运为，恣⑦其所欲，宜诫翻奖，应诃⑧反笑，至有识知，谓法当尔。骄慢已习，方复制之，捶挞至死而无威，忿怒日隆而增怨，逮于成长，终为败德。孔子云"少成若天性，习惯如自然"是也。俗谚曰："教妇初来，教儿婴孩。"诚哉斯语⑨！

【注释】

①中庸之人：智力平常的人。

②节：约束，限制。

③金匮（kuì）：铜制的柜，古时用以收藏文献或文物。

④咳提：指小儿啼哭、笑闹。代指幼小之时。提，通"啼"。

⑤婴稚：指幼小时期。

⑥笞（chī）：用杖、鞭或竹板打人。

⑦恣：放纵。

⑧诃：大声斥责，责骂。

⑨诚哉斯语：应为"斯语诚哉"，译为"这话说得确实有道理"。

【译文】

　　天资聪慧的人不用教育就能成才，资质愚钝的人即使教育再多也不起作用，智力平常的人需要教育，不教育就不懂得道理。古时候，圣贤的君王有"胎教"的做法：后妃在怀孕三个月的时候，出去住到专门的宫室里，眼睛不能乱看，耳朵不能乱听，听的音乐、吃的食物，都要按照礼仪加以节制。这种胎教之法写在玉版上，藏在铜柜里。孩子出生后，尚未懂事，担任太师和太保的人，就要讲解孝、仁、礼、义，来引导他进行学习。普通老百姓家纵然不能做到这样，也应在孩子刚刚能够识人脸色、懂得喜怒时，就对他加以教导，叫他做就得做，叫他不做就不能做。这样等到他长大几岁，就可省免鞭打的惩罚。只要父母既威严又慈爱，那么子女自然敬畏谨慎而有孝行了。我见到世上有些父母，对孩子不讲教育而只是一味溺爱，往往不能严加管教；他们对孩子要吃什么，要干什么，任意放纵，不加管制，该训诫时反而夸奖，该训斥责骂时反而欢笑，到孩子懂事时，就认为这些道理本来就是这样的。到孩子骄傲怠慢已经成为习惯时，才想到去加以制止，那时就算把他们鞭打至死也树立不起父母的威严了，愤怒得再厉害也只会日益增加孩子的怨恨，直到孩子长大成人，最终成为品德败坏的人。孔子说的"从小养成的就像天性，习惯了的也就成为自然"，正是这个道理。俗谚说："教导媳妇要在初来时，教导儿女要在婴孩时。"这话说得确实有道理！

　　凡人不能教子女者，亦非欲陷其罪恶；但①重②于诃怒伤其颜色③，不忍楚④挞惨其肌肤耳。当以疾病为谕，安得不用汤药针艾⑤救之哉？又宜思勤督训者，可愿苛虐于骨肉乎？诚不得已也。

【注释】

　　①但：只，仅仅。

②重：难，不愿意。

③颜色：脸色，神色。

④楚：打人用的荆条。

⑤针艾：针灸。中医谓用针具刺穴位以治病和用艾熏灼穴位以治病。

【译文】

普通人不能教育好子女，也并非想要使子女陷入罪恶的境地；只是不愿意使他因受责骂训斥而神色沮丧，不忍心使他因挨打而皮肉受苦。这应该用治病来作比喻，一个人生了病，难道有不用汤药、针灸来救治就能好的吗？还应该想一想那些经常认真督促训诫子女的父母，他们难道愿意对亲骨肉刻薄凌虐吗？实在是不得已呀！

王大司马①母魏夫人，性甚严正。王在溢城②时，为三千人将，年逾四十，少不如意，犹捶挞之，故能成其勋业。梁元帝③时，有一学士，聪敏有才，为父所宠，失于教义。一言之是④，遍于行路⑤，终年誉之；一行⑥之非，掩⑦藏文饰，冀其自改。年登婚宦⑧，暴慢日滋⑨，竟以言语不择，为周逖抽肠衅⑩鼓云。

【注释】

①王大司马：指王僧辩，字君才，南朝梁时名将。

②溢（pén）城：也称溢口城，即今江西九江。

③梁元帝：指萧绎，字世诚，南朝梁武帝第七子。

④是：正确。

⑤行路：路上的行人。指陌生人。

⑥行：行动。

⑦掩：掩盖，遮蔽。

⑧婚宦：结婚和做官。这里指成年。

⑨滋：滋长。

⑩衅：以牲畜的血涂抹器物进行祭祀。

【译文】

大司马王僧辩的母亲魏老夫人，品性非常严谨方正。王僧辩在湓城时，是三千士卒的统领，年纪已过四十了，但稍微有让母亲不合意的言行，老夫人仍用棍棒教训他。因此，王僧辩才能成就功业。梁元帝的时候，有一位学士，聪明有才气，从小被父亲宠爱，疏于管教。他若有一句话说得正确，他父亲就到处宣扬，巴不得过往行人都晓得，一年到头都挂在嘴上；他若有一件事做错了，他父亲便为他百般遮掩粉饰，希望他自己改正。这位学士成年以后，粗暴傲慢的习气一天赛过一天，最终因为说话不检点，被周逖杀掉，他的血还被拿去祭战鼓。

父子之严^①，不可以狎^②；骨肉之爱，不可以简^③。简则慈孝不接^④，狎则怠慢^⑤生焉。由命士以上，父子异宫，此不狎之道也；抑搔痒痛，悬衾箧枕，此不简之教也⑥。或问曰："陈亢⑦喜闻君子之远其子，何谓也？"对曰："有是也。盖君子之不亲教其子也。《诗》有讽刺之辞，《礼》有嫌疑之诫，《书》有悖乱之事，《春秋》有邪僻之讥，《易》有备物之象：皆非父子之可通言⑧，故不亲授⑨耳。"

【注释】

①严：严肃。

②狎（xiá）：亲近而不庄重。

③简：简慢。

④慈孝不接：慈和孝不能接触，就是慈和孝都做不好。

⑤怠慢：懈怠轻忽。

⑥抑搔痒痛，悬衾箧枕，此不简之教也：为父母按摩止痛止痒，铺床叠被，这是不简慢礼节的教育。

⑦陈亢：孔子的学生。

⑧通言：讲述，谈论。

⑨授：传授，教导。

【译文】

父子之间的关系要严肃，不可以过分亲昵；骨肉至亲间的亲情之爱，不可以简慢不拘礼节。不拘礼节，慈爱和孝顺都做不好；过分亲昵，放肆不敬之心就会产生。从有地位的读书人往上数，父子都不同室居住，这就是使父子之间不过分亲昵的方法；至于长辈身体不适时，晚辈为他们按摩止痒止痛；长辈每天起床后，晚辈为他们整理卧具，这些都是讲究礼节的教育。有人问："孔子的弟子陈亢听到孔子疏远自己的儿子，感到高兴，这是什么缘故呢？"回答是："这是有道理的。因为君子不亲自教导自己的孩子。《诗经》里有讽刺君主的言辞，《礼记》中有自避嫌疑的告诫，《尚书》里有违礼作乱的事，《春秋》里有对淫乱行为的指责，《易经》里有备物致用的卦象：这些都不是父亲可以直接向子女讲述的，所以君子不亲自教导自己的孩子。"

　　齐武成帝子琅邪王，太子母弟也，生而聪慧，帝及后并笃爱之，衣服饮食，与东宫相准①。帝每面称之曰："此黠儿也，当有所成。"及太子即位，王居别宫，礼数②优僭，不与诸王等。太后犹谓不足，常以为言。年十许岁，骄恣无节，器服玩好，必拟乘舆③；尝④朝南殿，见典御⑤进新冰，钩盾⑥献早李，还索不得，遂大怒，诟⑦曰："至尊已有，我何意无？"不知分齐⑧，率皆如此。识者多有叔段、州吁之讥。后嫌宰相，遂矫诏斩之，又惧有救，乃勒麾下军士，防守殿门；既无反心，受劳而罢，后竟坐⑨此幽薨⑩。

【注释】

　　①准：比照。

　　②礼数：古代按名位而分的礼仪等级制度。

　　③乘舆：皇帝的车子，后用以代指皇帝。

　　④尝：曾经。

　　⑤曲御：古代主管帝王饮食的官员。

⑥钩盾：古代官署名，主管皇家园林等事项。

⑦诟（gòu）：通"诟"，骂。

⑧分齐（jì）：本分定限的意思。

⑨坐：获罪的因由。

⑩薨（hōng）：古代称王侯死为薨。

【译文】

齐武成帝的三儿子琅邪王高俨，是太子的同母弟弟，他天生聪慧，武成帝和皇后都非常喜欢他，吃的穿的，都与太子相比照。武成帝经常当面称赞他说："这可是个机灵孩子呀，今后会成器的。"等到太子即位，琅邪王被迁到别的宫室去住，给予他的待遇仍然过于优厚，超过其他的诸侯王。即使这样，太后还认为优待不够，常为此向皇帝进言。琅邪王十多岁的时候，骄横放肆得没有节制，在吃穿住用等方面，一律要与当皇帝的哥哥相比；他曾经到南殿朝拜，正碰上典御官向皇上进献刚从地窖里取出的冰块，钩盾令进献早熟的李子，他回府后就派人去索取，没有得到，就大发脾气，骂道："皇上已经有了的东西，我凭什么就没有？"他的言行不懂得谨守为臣的本分，在其他事情上大抵都是如此。有识之士大多指责他是古代共叔段、州吁一类人。后来，琅邪王讨厌宰相，就假传圣旨将他杀了，又担心有人来救，竟命令手下军士把守殿门；其实他也没有反心，受安抚后就撤了兵，但后来终究因此事被朝廷秘密处死。

人之爱子，罕亦能均①；自古及今，此弊多矣。贤俊者自可赏爱，顽鲁者亦当矜怜②。有偏宠者，虽欲以厚之，更所以祸之。共叔之死，母实为之；赵王③之戮，父实使之。刘表④之倾宗覆族，袁绍⑤之地裂兵亡，可为灵龟明鉴也⑥。

【注释】

①均：同样，这里有一视同仁的意思。

②矜怜：怜悯，同情。

③赵王：即汉高祖与戚夫人所生之子赵隐王如意。

④刘表：字景升，东汉末年山阳高平（治今山东微山西北）人。东汉远支皇族。

⑤袁绍：字本初，东汉末年汝南汝阳（今河南商水西北）人。在与各地势力的混战中，据有冀、青、幽、并四州，成为当时地广兵多的割据势力。建安五年（200年）在官渡为曹操所败，不久病死。

⑥灵龟明鉴：古人以龟壳占卜，以铜镜照形，故以此二物比喻可资借鉴的事。

【译文】

人们疼爱自己的孩子，很少有能做到一视同仁的；从古到今，这造成的弊病一直都很多。其实聪明俊秀的孩子固然招人喜爱，顽劣无知的孩子也应该加以怜悯。那种有偏爱的家长，虽然想以自己的爱厚待他，却反而会给他招致祸殃。共叔段的死，实际是他的母亲造成的；赵王如意被杀，实际是他父亲造成的。其他像刘表的宗族倾覆，袁绍的兵败失地，这些事例都像灵龟显示的卦象和明镜照出的影子一样可供借鉴哪。

齐朝有一士大夫，尝谓吾曰："我有一儿，年已十七，颇晓书疏①，教其鲜卑语及弹琵琶，稍欲通解，以此伏事②公卿，无不宠爱，亦要事也。"吾时俛③而不答。异哉，此人之教子也！若由此业，自致④卿相，亦不愿汝曹为之。

【注释】

①书疏：奏疏、信札之类的书写工作。

②伏事：即服侍。伏，通"服"。

③俛（fǔ）：同"俯"，低头。

④致：到。

【译文】

北齐有个士大夫，曾对我说："我有个儿子，已有十七岁，非常通晓公文的书写，我教他讲鲜卑语、弹奏琵琶，他渐渐地也快学会了，他凭这些来服侍三公九卿，没有不宠爱他的，这也是紧要的事情。"我当时低着头，没有回答。奇怪呀，这个人用这样的方式来教育儿子！如果用这些本领取媚于人，即使能做到卿相，我也不希望你们去这样做。

《 读·品·悟 》

儿童的早期教育非常重要。但是，对于幼儿的教育，必须处理好教育和爱护的关系，父母对幼儿时期的孩子是非常疼爱的，而对孩子过分地宠爱是有害而无益的。教育孩子必须要有正确的立场，恰当的方法，首要的是重视孩子早期的品德教育，因为良好的品德是成人的基础。

兄 弟 第 三

　　本篇主要谈论家庭成员间的相处问题。夫妇、父子、兄弟关系是人伦中最重要的三种关系。九族的亲属，都来自"三亲"，绝不可以轻慢这种亲情。兄弟之情是除父母、子女之外最为深厚的一种感情，只有相亲相爱、感情至深、不受别人影响而改变的兄弟，才可避免让关系疏远淡薄者来决定关系亲密者之间的关系的情况。而在男权社会里，兄弟之间的相亲相爱对于整个家族的团结、和睦、稳定是十分重要的。作者提出了防范兄弟关系变坏的办法：不仅要处理好妯娌关系，而且兄弟之间也要兼顾情礼，"事兄"同于"事父"，"爱弟"及于"爱子"。

　　夫有人民而后有夫妇，有夫妇而后有父子，有父子而后有兄弟：一家之亲，此三而已矣。自兹以往，至于九族①，皆本于三亲焉，故于人伦为重者也，不可不笃②。兄弟者，分形连气③之人也。方其幼也，父母左提右挈④，前襟后裾⑤，食则同案，衣则传服⑥，学则连业⑦，游则共方⑧，虽⑨有悖乱之人，不能不相爱也。及其壮⑩也，各妻其妻，各子其子，虽有笃厚之人，不能不少衰也。娣姒⑪之比兄弟，则疏薄矣；今使疏薄之人，而节量⑫亲厚之恩，犹方底而圆盖，必不合矣。惟友悌⑬深至，不为旁人⑭之所移者，免夫！

【注释】

　　①九族：旧时指本身以上及父、祖、曾祖、高祖，下及子、孙、曾孙、玄孙的亲属。另一种说法是父族四代、母族三代、妻族两代，合为"九族"。

　　②笃：诚笃，忠实。此处指认真对待的意思。

　　③连气：又称"同气"。指兄弟同为父母所生，气息相通相连。

　　④挈（qiè）：提携，扶持。

　　⑤前襟后裾：指兄弟有的拉父母的衣前襟，有的牵父母的衣后摆。襟，上衣的前襟。裾，上衣的后摆。

　　⑥传服：指大的孩子穿过的衣服留给小的孩子穿。

　　⑦连业：指大的孩子用过的经籍，小的孩子又接着用。业，古代书写经籍的大版，引申为书本。

⑧共方：同去一个地方。

⑨虽：即使。

⑩壮：壮年。

⑪娣姒（dì sì）：兄弟之妻互称，兄妻为姒，弟妻为娣，后称"妯娌"。娣，弟妹。姒，嫂。

⑫节量：节制度量之意。

⑬友：兄弟间相亲爱。悌（tì）：敬爱兄长。

⑭旁人：其他的人，局外的人。此处指妻子。

【译文】

有了人类以后才有夫妻，有了夫妻以后才有父子，有了父子以后才有兄弟：一个家庭里的亲人，也就是这三种关系。由这三种关系发展出去，可以产生九族，九族都是来自这三种亲属关系，所以这三种关系在人伦中极为重要，不能不认真对待。兄弟，是一母所生，外表不同，而气息相通的人。他们小的时候，父母左手拉一个，右手牵一个；这个扯着父母的前襟，那个抓住父母的后摆；吃饭时用一个案盘；衣服是哥哥穿过的传给弟弟；学习时，哥哥用过得课本，弟弟接着用；游学也是兄弟同去一个地方；即使有悖礼胡来的人，兄弟间也不会不互相爱护。等到进入壮年时

传统文化小知识

祭祖

各个朝代以及不同性质的祠堂的祭祖的具体形式各所不同，但大同小异。多数祠堂一年在春秋两季各祭一次，有的宗族则只在春天祭祀一次，还有的则是一年分四季祭祀4次。祭祀的日期一般都是在各季的节日期间，如春节（有的在清明节）、夏至、秋分、冬至等。如果遇到宗族子弟科举及第、官爵升职或朝廷恩荣赏赐等，也进行常制外的祭祀。

期，各自娶了妻子，各自生了孩子，即使是诚实厚道的人，兄弟间的感情也不可能不减弱。至于姒娌，比起兄弟来，关系就更疏远而欠亲密了；如今让这种疏远欠亲密的姒娌，来节制度量亲厚的兄弟感情，就好比给方形的底座配个圆形的盖子，一定是合不拢的。只有相亲相爱、感情至深、不受别人影响而改变的兄弟，才能避免出现这种情况啊！

二亲既殁①，兄弟相顾，当如形之与影，声之与响②；爱先人之遗体③，惜己身之分气，非兄弟何念哉？兄弟之际，异于他人，望深④则易怨，地亲⑤则易弭⑥。譬犹居室，一穴则塞之，一隙则涂之，则无颓毁之虑；如雀鼠之不恤⑦，风雨之不防，壁陷楹沦⑧，无可救矣。仆妾之为雀鼠，妻子之为风雨，甚哉！

【注释】

①殁（mò）：死亡。

②响：回声。

③先人之遗体：指兄弟，因为兄弟都是从父母身上分离出来的。先人，指死去的父母。遗体，古人认为自己的身子为父母死后遗留下来的，故称"遗体"。

④望深：要求、期望过高。

⑤地：居住。此处有"相处"之意。亲：亲近。

⑥弭：消除，停止。此处指解除隔阂，停止纠纷。

⑦恤：忧虑。

⑧楹：厅堂前部的柱子。沦：塌陷，此处指摧折。

【译文】

　　双亲已经去世，兄弟之间要相互照顾，应当既像身体和它的影子，又像声音和它的回声那样亲密；互相爱护先人所给予的躯体，互相顾惜自身从父母那儿分得的血气，除了兄弟，谁还能这样互相爱怜呢？兄弟之间的关系，与他人不一样，相互要求高就容易产生埋怨，而彼此关系亲密就容易消除隔阂。譬如住的房屋，出现了一个漏洞就堵塞，出现了一条细缝就填补，那房屋就不会有倒塌的危险；假如有了麻雀、老鼠的侵害也不忧虑，刮风下雨也不防范，那么等到墙壁倒塌，楹柱摧折，就没法补救了。奴仆、婢妾比起那麻雀、老鼠，妻子、儿女比起那风雨，他们的威力更厉害！

　　兄弟不睦，则子侄不爱；子侄不爱，则群从①疏薄；群从疏薄，则僮仆为仇敌矣。如此，则行路皆踏②其面而蹈③其心，谁救之哉！人或交天下之士，皆有欢爱，而失敬于兄者，何其能多而不能少也！人或将数万之师，得其死力，而失恩于弟者，何其能疏而不能亲也！

【注释】

　　①群从：指与子侄同辈的族中子弟。
　　②踏（jí）：践踏。
　　③蹈：踏，踩。

【译文】

　　兄弟之间要是不和睦，子侄之间就不会互相爱护；子侄之间要是不互相爱护，族里的子侄辈就疏远不亲密；族里的子侄辈疏远不亲密，那僮仆之间就成仇敌了。如果这样，即使走在路上的陌生人都可以任意践踏、侮辱他们，那还有谁来救他们呢？世人中有能结交天下之士并做到欢爱，却对兄长不尊敬的人存在，为什么他能和那么多人相处融洽却不能善待自己仅有的几个兄长呢？世人中又有能统率几万大军并使手下为其拼死效力，却对自己的弟弟缺乏关爱的人，为什么对关系疏远的人能广施恩惠，对关系亲密的人却薄情寡恩呢？

娣姒者，多争之地也，使骨肉居之①，亦不若各归四海，感霜露而相思②，伫日月之相望③也。况以行路之人，处多争之地，能无间④者，鲜⑤矣。所以然者，以其当公务⑥而执私情⑦，处重责而怀薄义也；若能恕⑧己而行，换子而抚，则此患不生矣。

【注释】

①骨肉居之：此指亲姐妹成为妯娌住在一起。

②感霜露而相思：感叹霜露的出现而彼此思念。

③伫日月之相望：久立观望日月的运行而盼望相聚。

④间（jiàn）：隔阂，嫌隙。

⑤鲜（xiǎn）：少。

⑥当公务：这里指为兄弟同居的大家庭办事。

⑦执私情：指各为自己的小家室打算。

⑧恕：宽恕，原谅。

【译文】

妯娌之间，争执纠纷最多，即使是亲姐妹成为妯娌住在一起，也不如让她们远嫁各方，这样长久分离之后她们才会感叹霜露的降临而互相思念，久立仰观日月的运行而遥相盼望相聚。何况妯娌本来就像走在路上的陌生人，却处在易产生纠纷之地，能做到不生嫌隙的实在太少了。之所以会这样，是因为办的是大家庭的公事，却都要顾自己的私利，担子虽重心里却挂着个人的恩怨；如果妯娌之间能够用宽恕仁爱的心处理事情，能把对方的孩子当成自己的孩子那样爱抚，那妯娌不和的事情就不会发生了。

　　人之事兄，不可同于事父，何怨爱弟不及爱子①乎？是反照而不明也。沛国②刘琎③尝与兄瓛④连栋隔壁，瓛呼之数声不应，良久方答；瓛怪问之，乃曰："向来⑤未着衣帽故也。"以此事兄，可以免⑥矣。

【注释】

　　①怨爱弟不及爱子：指（弟弟）埋怨兄长爱弟弟不如爱他自己的儿子。

　　②沛国：古时国名。

　　③刘琎（jīn）：字子琎，方轨正直，为世所重。

　　④瓛（huán）：即刘瓛，字子圭，性至孝。笃志好学，博通五经，当世被推为大儒。

　　⑤向来：刚才。

　　⑥免：避免。此处是免除隔阂之意。

【译文】

　　有人在待奉兄长时，不肯像待奉父亲一样，那为什么埋怨兄长爱弟弟不如爱自己的儿子呢？这就是因为人们缺乏对自己的观照而不明白呀。沛国刘琎的住处和哥哥刘瓛的住处连在一起，两家的住房只隔一堵墙。一次，刘瓛呼叫刘琎，连叫几声都没有回应，过了好一会儿才听到刘琎答应；刘瓛感到奇怪，就问原因，刘琎说："因为刚才还没有穿戴好衣帽。"用这样的态度敬事兄长，就不必担心哥哥对弟弟不如对待自己的孩子了。

江陵王玄绍，弟孝英、子敏，兄弟三人，特相爱友，所得甘旨新异，非共聚食，必不先尝，孜孜①色貌，相见如不足者。及西台陷没，玄绍以形体魁梧，为兵所围，二弟争共抱持，各求代死，终不得解，遂并命②尔。

【注释】

①孜孜：勤勉的样子。

②并命：相从而死。

【译文】

江陵的王玄绍与他的弟弟孝英、子敏，一共兄弟三人，特别友爱，谁要得到美味新奇的食品，除非是三人在一起共享，否则决不会有人先去品尝，兄弟三人虽然互相勤勉相待，但见面时仍觉自己替别人做得不够。到了江陵陷落的时候，王玄绍因为身材魁梧，被敌兵包围，两个弟弟争着抱住他，请求替哥哥去死，但终于未能消解厄运，三人一同被杀害。

《 读·品·悟 》

如今的很多家庭，因为矛盾纠纷，兄弟反目成仇的例子已经屡见不鲜了。这些人真应该好好地思考自己家里为什么总是因为那么点儿矛盾来回地争论不休了。一切都是因为兄弟不和睦。"兄弟不睦，则子侄不爱；子侄不爱，则群从疏薄；群从疏薄，则僮仆为仇敌矣。"

后娶第四

　　本篇中，作者提出对续弦一事要慎之又慎。因为通常是前夫之子受宠则父母遭怨恨，后母虐待前妻之子则兄弟成仇敌，后娶的妻子常常同前妻的孩子因感情、财产等问题产生矛盾冲突，冲突的结果轻的便是骨肉分离，严重的则是家庭的再次破碎。而且作者分析了产生这种现象的原因：继母虐待前妻之子而爱自己的孩子是天性；爱前妻的子女的贤继母很难做。因此，再婚千万要慎重。

吉甫，贤父也，伯奇，孝子也。以贤父御^①孝子，合得终于天性^②，而后妻间之，伯奇遂放。曾参妇死，谓其子曰："吾不及吉甫，汝不及伯奇。"王骏丧妻，亦谓人曰："我不及曾参，子不如华、元。"并终身不娶，此等足以为诫。其后，假继^③惨虐孤遗，离间骨肉，伤心断肠者，何可胜数。慎之哉！慎之哉！

【注释】

①御：驾驭，控制。此处指管教。

②天性：先天具有的品质或特性。此处指父子之间相互关心爱护的天性。

③假继：继母。

【译文】

吉甫，是贤明的父亲，伯奇，是孝顺的儿子。以贤明的父亲来管教孝顺的儿子，应该能够一直保有父子之间相互关心爱护的天性，但是由于吉甫的后妻从中挑拨离间，伯奇竟然被父亲放逐。曾参的妻子去世了，他对儿子说："我比不上吉甫贤明，你们也比不上伯奇孝顺。"王骏的妻子死后，他也对劝他再娶的人说："我比不上曾参，我的儿子也比不上曾华、曾元。"曾参与王骏后来都终身没有再娶，这些事例都足以让人引为鉴戒。后世那些做后母的虐待前妻的孩子，离间前妻之子和其生父的骨肉之情，让人伤心断肠的事多得数不清。对于再娶这件事一定要小心哪！一定要小心哪！

江左①不讳庶孽，丧室之后，多以妾媵②终③家事；疥癣蚊虻④，或未能免，限以大分⑤，故稀斗阋之耻。河北鄙于侧出⑥，不预人流⑦，是以必须重娶，至于三四，母年有少于子者。后母之弟，与前妇之兄，衣服饮食，爰及婚宦，至于士庶⑧贵贱之隔，俗以为常。身没之后，辞讼盈公门，谤辱彰道路，子⑨诬母⑩为妾，弟黜兄为佣，播扬先人之辞迹⑪，暴露祖考⑫之长短，以求直己者，往往而有。悲夫！自古奸臣佞妾，以一言陷人者众矣！况夫妇之义，晓夕移之，婢仆求容，助相说引⑬，积年累月，安有孝子乎？此不可不畏。

【注释】

①江左：长江下游以南地区。

②妾媵（yìng）：侍妾的通称。

③终：这里是继续管下去的意思。

④疥癣蚊虻（méng）：这里指家庭内部的一些细小的矛盾纠纷。

⑤大分：名分。

⑥侧出：妾所生的子女。

⑦人流：有身份者的行列。

⑧士庶：士族和庶族。

⑨子：此指前妻之子。

⑩母：此指后母。

⑪播扬先人之辞迹：指传扬先辈隐私。辞迹，言语和行迹。

⑫祖考：指祖先。考，指已去世的父亲。

⑬引：诱引。

【译文】

江左一带的人不避忌妾所生的孩子，正妻死了以后，多由妾来主持家事；家庭内细小的纠纷，有时不能免除，但限于名分，兄弟之间打架争吵等有辱家门的事情就很少见。黄河以北的地方鄙视妾所生的子女，不让他们进入有身份者的行列，所以正妻死后必须重娶，甚至重娶三四次，这样，后妻的年龄有时比前妻儿子的年龄还小。后妻生的孩子（弟弟）和前妻生的孩子（兄长），会在衣服饮食以及婚姻做官上都有差异，甚至会有士人与庶人、贵族与下等人一样的差别，而当地人对此却习以为常。到父亲死亡之后，家里的人为诉讼挤破衙门，把诽谤污辱的言语嚷得路人都能听到，前妻之子污蔑后母为妾，后妻之子贬斥前妻之子为仆役，他们到处宣扬亡父的言语和行迹，暴露先人的是非好坏，以此来证明自己的正直，这种事在那些再娶的家庭中经常可以见到。真可悲呀！自古以来的奸臣佞妾，用一句话来害人的多得很呢！何况后母凭夫妻间的关系和情义，日夜想办法来改变丈夫的心意，而婢仆为了讨主子的欢心，帮着劝说引诱，长年累月地这样，怎么还有孝子呢？这不能不让人感到害怕。

传统文化小知识

诗经

《诗经》又称《诗三百》，是我国第一部诗歌总集，收集了从西周初期到春秋中期的305篇民歌、庙堂宴饮乐歌和祭祀乐歌。它是中国现实主义文学的光辉起点，对中国的文学传统和民族特色的形成起到了重要作用。"风、雅、颂、赋、比、兴"被称为《诗经》的"六义"。

　　凡庸之性，后夫多宠前夫之孤，后妻必虐前妻之子；非唯妇人怀嫉妒之情，丈夫有沉惑^①之僻^②，亦事势使之然也。前夫之孤，不敢与我子争家，提携鞠养，积习生爱，故宠之；前妻之子，每居己生之上，宦学^③婚嫁，莫不为防焉，故虐之。异姓^④宠则父母被怨，继亲^⑤虐则兄弟为仇，家有此者，皆门户之祸也。

【注释】

　　①沉惑：溺于所爱而不明。

　　②僻：通"癖"，不良嗜好。

　　③宦学：做官和进学。宦，指学习仕宦之事。学，指学习"六经"之事。

　　④异姓：前夫之子。

　　⑤继亲：后母。

【译文】

　　按照一般人的习性，后夫大多宠爱前夫的孩子，后妻必然虐待前妻的孩子。这不是说只有妇人才会心怀妒忌之情，男人才有一味溺爱的毛病，这是环境和事物发展的形势促使他们这样做的。前夫的孩子，不敢和自己的孩子争夺家业，将前夫的孩子提携抚养，天长日久自然会产生爱心，因而后夫会宠爱前夫的孩子；前妻的孩子，年龄地位常常居于自己所生孩子之上，无论做官进学，还是婚姻嫁娶，没有不须防范的，因而后母会虐待他们。前夫之子受宠则父母会被自己的孩子怨恨，后母虐待前妻之子则使兄弟成为仇敌，家庭里发生这类事情，都是家里的祸患哪。

思鲁①等从舅②殷外臣，博达之士也。有子基、谌，皆已成立，而再娶王氏。基每拜见后母，感慕③呜咽，不能自持，家人莫忍仰视。王亦凄怆，不知所容，旬月求退，便以礼遣，此亦悔事也。

【注释】

①思鲁：字孔归，颜之推的长子。

②从舅：母亲的叔伯兄弟。

③感慕：思念。此指对死者的哀念。

【译文】

思鲁他们的舅父殷外臣，是位博学通达的读书人。他有两个孩子，分别叫殷基、殷谌，都已长大成人，殷外臣在妻子死后又娶了王氏为妻。殷基每当拜见后母时，因念及生母而失声痛哭，难以控制自己的感情，家里人都不忍抬头看他。王氏也非常悲伤，不知如何是好，才过门十几天就要求退婚，殷外臣只好依照礼节将她送回娘家，这也是令人懊悔的事呀。

《后汉书》曰："安帝时，汝南薛包孟尝，好学笃行，丧母，以至孝闻。及父娶后妻而憎包，分出之。包日夜号泣，不能去，至被殴杖。不得已，庐于舍外，旦入而洒扫①。父怒，又逐之，乃庐于里门②，昏晨不废。积岁余，父母惭而还之。后行六年服，丧过乎哀③。既而弟子求分财异居，包不能止，乃中分其财；奴婢引④其老者，曰：'与我共事久，若不能使也。'田庐取其荒顿⑤者，曰：'吾少时所理⑥，意所恋也。'器物取其朽败者，曰：'我素所服⑦食，身口所安也。'弟子数破其产，还复赈给。建光⑧中，公车⑨特征，至拜侍中。包性恬虚，称疾不起，以死自乞。有诏赐告⑩归也。"

【注释】

①洒扫：洒水扫除污垢。

②里门：乡里之门。

③丧过乎哀：守丧超过哀礼的限制。封建社会，父母死，儿女要服丧三年，薛包服丧六年，所以说"丧过乎哀"。

④引：取。

⑤荒顿：荒废。

⑥理：整治。

⑦服：用。

⑧建光：东汉安帝年号。

⑨公车：汉代官署名。臣民上书和征召，都由公车接待。

⑩赐告：汉制，官吏病满三月当免，天子特赐其保留官职，回家养病，称赐告。

【译文】

《后汉书》上说："安帝的时候，汝南有位姓薛名包字孟尝的人，他喜爱学习，行为诚实，母亲已去世，他因为格外孝顺而闻名。等到他父亲娶了后妻，就开始憎恨薛包，让他分家别住。薛包日夜放声痛哭，不肯离开，以致被父亲用棍棒殴打。薛包不得已，在家门外搭了间小屋暂住，清晨就进家清扫房屋。他的父亲很生气，又赶他走。薛包就只好在里巷外搭了间茅屋暂住，但从不忘记早晚向父母问安。过了一年多，他的父母感到羞愧，让他回家了。父母死后，薛包守丧六年，超过了一般守孝三年的丧礼的要求。不久，弟弟要求分家另过，薛包不能劝止，就把家产平均分配；奴婢，他主动分取年老体弱的，说：'这些人与我共事时间长，你使唤不了。'田地房屋要那荒废了的，说：'我年轻时经营过的，我对它们有所依恋。'器物要朽坏了的，说：'这都是我平时使用的，已经习惯了。'弟弟几次败家，薛包屡次接济。建光年间，官府特地征聘薛包，任命他为侍中。但薛包生性恬淡，称病不起，乞求回家终老。朝廷只得下诏让他回家养病。"

《读·品·悟》

后组建的家庭多数都存在着或大或小的矛盾，而这些矛盾似乎都对孩子没有好处，会影响他们的心理发展。为了孩子的未来，为了孩子健康的成长，夫妻之间还是应该更多考虑怎么互相体谅，如果万一离了婚，那么后娶还是要慎重的。不能为了自己所谓的"爱情"而耽误了孩子的一生。父母不爱自己的子女，哪里还能算是父母呢？

治家第五

　　本篇主要探讨了治家的一些基本理论和方法。治理家庭要从上面推行到下面，由长辈施行到后辈，"父不慈则子不孝，兄不友则弟不恭，夫不义则妇不顺矣"，所以要言传身教，以身作则。作者继承了"男尊女卑"的思想，主张妇女主持家中饮食之事，也就是说妻子在家庭中应处于从属地位，只能主持家务，辅佐丈夫，弥补丈夫的不足，不能参与国家大事，不能干预家庭重要事务。作者还认为家庭应该讲究节俭，与其奢侈，不如简朴。在这里作者提出了关于节俭的独特观点：节俭并不是吝啬，持家应该"施而不奢，俭而不吝"，既要躬俭节约，又要不吝啬小气。作者认为管理家庭也要像管理国家一样，有章有法，宽严适度。

夫风化①者，自上而行于下者也，自先而施于后者也。是以父不慈则子不孝，兄不友则弟不恭，夫不义则妇不顺矣。父慈而子逆，兄友而弟傲，夫义而妇陵②，则天之凶民，乃刑戮之所摄③，非训导之所移也。

【注释】

①风化：教育感化。

②陵：通"凌"，侵侮。

③摄：通"慑"，使人畏惧。

【译文】

教育感化这种事，是从上向下推行的，前人影响后人。所以如果父亲不慈爱，子女就不孝顺；兄长不友爱，弟弟就不恭敬；丈夫不仁义，妻子就不温顺了。假如父亲慈爱而子女却忤逆不孝，哥哥友爱而弟弟却傲慢不恭，丈夫仁义而妻子却盛气凌人，那这些人就是天生的凶恶之人，要用刑罚杀戮来使他们畏惧，而不是用训诲诱导能改变的。

传统文化小知识

斋戒

中国古人的斋戒是参加祭祀前所作的一些清洁身心的准备。所谓斋，指的是主动意义上的沐浴更衣、凝聚神思；戒，则是防范意义上的杜绝欲望和欢娱，如禁止饮酒食辛以及各种娱乐活动等。其目的在于表示对所祭祀的鬼神的虔诚，同时也使人通过几天在身心方面的准备，最终能够心无杂虑，澄明清澈，以与鬼神进行精神交流。

　　笞怒废于家，则竖子^①之过立见；刑罚不中，则民无所措^②手足。治家之宽猛，亦犹国焉。

【注释】

　　①竖子：未成年的人。
　　②措：安放。

【译文】

　　如果在家庭内部取消鞭笞一类的体罚，那孩子们的过错就会马上出现；如果国家的刑罚用得不恰当，那老百姓就会不知如何是好。治家的宽仁和严格的标准，也要像治国一样恰当合度。

　　孔子曰："奢则不孙^①，俭则固^②；与其不孙也，宁固。"又云："如有周公^③之才之美，使骄且吝，其余不足观也已。"然则可俭而不可吝已。俭者，省约为礼之谓也；吝者，穷急不恤之谓也。今有施则奢，俭则吝；如能施而不奢，俭而不吝，可矣。

【注释】

　　①孙：通"逊"，恭顺。
　　②固：鄙陋。
　　③周公：姓姬名旦，周文王之子，周武王之弟。

【译文】

　　孔子说："奢侈了就不恭顺，节俭了就鄙陋；与其不恭顺，宁可鄙陋。"又说："如果一个人有周公那样的才华和美德，但只要他既骄傲又吝啬，那他的其他方面也就不值得称道了。"这样说来，那是可以节俭而不可以吝啬了。节俭，是合乎礼的节省；吝啬，是对困难危急的人也不救助。当今舍得施舍的人奢侈无度，讲节俭的人却又吝啬小气；如果能够做到施舍他人而自己不奢侈，勤俭节约而不吝啬，那就很好了。

生民之本，要当稼穑①而食，桑麻以衣。蔬果之畜，园场之所产；鸡豚之善②，坫③圈之所生。爰及栋宇器械，樵苏④脂烛，莫非种殖之物也。至能守其业者，闭门而为生之具以足，但家无盐井耳。今北土风俗，率能躬俭节用，以赡衣食；江南奢侈，多不逮焉。

【注释】

①稼穑（sè）：指农业生产。稼，播种谷物。穑，收获谷物。
②善：通"膳"，饮食。
③坫（shí）：鸡窝。
④樵苏：用作燃料的柴草。

【译文】

老百姓生存的根本，是进行农业生产以解决吃饭的问题，种植桑麻以解决穿衣的问题。所贮藏的蔬菜果品，是果园菜圃所出产的；所食用的鸡猪，是鸡窝猪圈所畜养的。还有那房屋器具，柴草蜡烛，没有不是耕种养殖的产物。那种善于经营家业的人，不用出门而生活必需品都够用，家里只是没有盐井而已。如今北方的风俗，大部分家庭都能做到省俭节用，以保障衣食所需；而江南一带地方的风俗奢侈，在节俭持家方面多数家庭比不上北方。

　　梁孝元世，有中书舍人①，治家失度，而过严刻。妻妾遂共货②刺客，伺醉而杀之。

【注释】

　　①中书舍人：官名，为中书省属官，任起草诏令之职，参与机密，权力甚重。

　　②货：买，买通。

【译文】

　　梁朝孝元帝的时候，有一位中书舍人，治家有失法度，对待家人过于严厉苛刻。结果，他的妻妾就共同买通刺客，乘他喝醉时杀了他。

　　世间名士，但务宽仁；至于饮食馈馈，僮仆减损，施惠然诺①，妻子节量，狎侮宾客，侵耗乡党②：此亦为家之巨蠹③矣。

【注释】

　　①然诺：应允之言。

　　②乡党：泛指乡里。

　　③蠹（dù）：蛀虫。此处指为害家庭的人或事。

【译文】

　　世上的一些名士，治家时只知讲究宽厚仁慈；至于日常的饮食和馈赠客人的礼品，被僮仆从中克扣，承诺接济亲友的东西，由妻子儿女把持控制，甚至发生轻视侮辱宾客，侵吞克扣乡里百姓的东西的事：这也是家中的一大祸害。

　　齐吏部侍郎房文烈，未尝嗔怒，经霖雨绝粮，遣婢籴米，因尔逃窜，三四许日，方复擒之。房徐曰："举家无食，汝何处来？"竟无捶挞。尝寄人宅①，奴婢彻②屋为薪略尽，闻之颦蹙③，卒无一言。

【注释】

①寄人宅：即以宅寄人，把房子借给别人居住。

②彻：通"撤"，意为拆毁。

③颦蹙（pín cù）：皱眉蹙额，不快乐的样子。

【译文】

　　齐朝的吏部侍郎房文烈，从不生气发怒，一次因连续几天降雨而家中断粮，房文烈派一名婢女（外出）买米，婢女乘机逃跑了，过了三四天，才把她抓回。房文烈语气平缓地对她说："一家人都没吃的了，你跑到哪里去啦？"竟然没有责打她。房文烈曾经把房子借给别人居住，那家的奴婢们拆房子当柴烧，差不多要拆光了，他听到后只是皱了皱眉头，始终没说一句话。

　　裴子野有疏亲故属饥寒不能自济者，皆收养之。家素清贫，时逢水旱，二石米为薄粥，仅得遍焉，躬自同之，常无厌色。邺下有一领军①，贪积已甚，家僮八百，誓满一千；朝夕每人肴膳，以十五钱为率，遇有客旅，更无以兼。后坐事伏法，籍其家产，麻鞋一屋，弊衣数库，其余

财宝，不可胜言。南阳有人，为生奥博②，性殊俭
吝，冬至后女婿谒之，乃设一铜瓯③酒，数脔④獐
肉；婿恨其单率，一举尽之。主人愕然，俛仰⑤命
益，如此者再。退而责其女曰："某郎⑥好酒，故
汝常贫。"及其死后，诸子争财，兄遂杀弟。

【注释】

①领军：官名。

②奥博：指深藏广蓄，积累丰厚。

③瓯：盛酒器。

④脔（luán）：切成小块的肉。

⑤俛（fǔ）仰：周旋，应付。俛，通"俯"。

⑥郎：六朝人呼婿为郎。

【译文】

　　南朝的裴子野，每当有远亲故旧陷于饥寒不能自救时，他都收养下来。他的家里一向清贫，有时遇上水旱灾害，用二石米煮成稀粥，才勉强让大家都能吃上一点儿，裴子野也和大家一起喝粥，从没有厌烦的表情。邺下有个领军，贪得无厌，积聚得实在够多，家里的仆人已有了八百个，还发誓要凑满一千个；早晚每人的饭菜开支，以十五文钱为标准，即使遇到客人来，也不增加一些。后来这位领军因犯罪被处死，没收他的家产时，发现他家的麻鞋就有一屋子，旧衣服堆满了几个仓库，其余的财宝，更多得说不完。南阳有个人，生平积蓄十分丰厚，但性情极为吝啬，冬至后女婿来拜见他，他只准备了一铜瓯的酒，还有几块獐子肉来招待；女婿嫌他过于简慢小气，一下子就吃尽喝光了。这个人很吃惊，只好勉强应付添上一点儿，这样添过两次。退席后他责怪女儿说："你丈夫太爱喝酒，

才弄得你老是贫穷。"等到他死后，几个儿子争夺遗产，哥哥竟然把弟弟杀了。

妇主中馈①，惟事酒食衣服之礼耳。国不可使预政，家不可使干蛊②。如有聪明才智，识达古今，正当辅佐君子③，助其不足，必无牝鸡④晨鸣，以致祸也。

【注释】

①妇主中馈：指妇女在家中主持饮食等事。

②干蛊（gǔ）：主事。蛊，事。

③君子：古时妻子对丈夫的敬称。

④牝（pìn）鸡：母鸡。

【译文】

妇女主持家中饮食之事，只操办有关酒食衣服等礼仪方面的事就行了。就国家而言，不能让妇女过问政事；就家庭而言，不能让妇女主持家政。如果真有聪明才智，见识通达古今，也只应辅佐丈夫，弥补他的不足，一定不要像母鸡代替公鸡报晓一样凌驾于男子之上，以招致祸殃。

江东妇女，略无交游。其婚姻之家①，或十数年间，未相识者，惟以信命赠遗，致殷勤焉。邺下风俗，专以妇持门户②，争讼曲直，造请逢迎，车乘填街衢，绮罗盈府寺，代子求官，为夫诉屈。此乃恒、代之遗风乎？南间贫素，皆事外饰，车乘衣服，必贵整齐；家人妻子，不免饥寒。河北人事③，多由内政④，绮罗金翠，不可废阙，羸马悴奴，仅充而已；倡合⑤之礼，或尔汝⑥之。

【注释】

①婚姻之家：亲家。

②持门户：掌管家庭事务，当家。

③人事：交际应酬。

④内政：家庭内部事务。这里借指主持家务的妻子。

⑤倡合：夫唱妇随。

⑥尔汝：指夫妻间互相轻贱的称呼。

【译文】

江东的妇女，很少对外交往。结成婚姻的亲家，有的十几年未曾见面的，只派人传达音信或送礼品，来表示各自的情谊。邺下的风俗，专门让妇女当家，她们和外人争辩是非，应酬交际，乘的车马填塞道路，穿着锦衣华服挤满官家的府邸，有的替儿子乞求官职，有的给丈夫诉说冤屈。这大概是恒州、代郡地区的鲜卑遗风吧？南方地区，即使是贫寒人家，丈夫都注意修饰外表，车马、衣服，一定讲究整齐；而家中的妻子儿女，却难免挨饿受冻。黄河以北的地区，交际应酬，也多由妻子出面，因此锦衣华服和金银珠翠都是必不可少的，而家中羸弱的马匹和憔悴的奴仆，不过是勉强凑数而已；至于夫妇之间一唱一和的礼节，已经被"尔""汝"这样轻贱的称呼代替了。

河北妇人，织纴组纫①之事，黼黻②锦绣罗绮之工，大优于江东也。

【注释】

①织纴（rèn）组紃（xún）：指妇女从事的织作事务。纴，缯帛。组、紃，丝带。

②黼黻（fǔ fú）：古代礼服上所绘或绣的花纹。

【译文】

黄河以北地区的妇女，不论是从事编织纺织的工作，还是制作绣有花纹绸布的手工技巧，都大大胜过江南的妇女。

太公曰："养女太多，一费也。"陈蕃曰："盗不过五女之门。"女之为累，亦以深矣。然天生蒸①民，先人传体，其如之何？世人多不举女，贼行骨肉，岂当如此，而望福于天乎？吾有疏亲，家饶妓媵，诞育将及，便遣阍竖②守之。体有不安，窥窗倚户，若生女者，辄持将去③；母随号泣，使人不忍闻也。

【注释】

①蒸：众多。

②阍（hūn）竖：守门的僮仆。

③持将去：抱走。

【译文】

姜太公说："女儿养得太多，是一种耗费。"陈蕃说："盗贼都不愿偷窃有五个女儿的家庭。"女儿带来的拖累，实在够深重了。但天下芸芸众生，都是先辈传下的骨肉，能把女儿怎么样呢？世人多有生了女儿不养育，甚至残害亲生骨肉的，难道这样做还盼望上天降福给他们吗？我有个远亲，家里有许多姬妾，有谁将要生育，他就派人守候着。临产时，僮仆从门窗往里窥视，如果生了女孩儿，马上抱走；产妇随即号啕大哭，真叫人不忍心听。

妇人之性，率宠子婿而虐儿妇。宠婿，则兄弟①之怨生焉；虐妇，则姊妹②之谗行焉。然则女之行③留④，皆得罪于其家者，母实为之。至有谚云："落索⑤阿姑⑥餐。"此其相报也。家之常弊，可不诫哉！

【注释】

①兄弟：指女儿的兄弟。

②姊妹：指儿子的姊妹。

③行：指女儿出嫁。

④留：指儿子娶媳妇。

传统文化小知识

避讳　　避讳是中国古代特有的现象，指的是在口头或书面提到某个人的名字中含有的字时，避开此字。避讳的原则是"为尊者讳，为亲者讳，为贤者讳"。避讳的方法，分为4种：代称法，即用另外一个名称替代本名称；改字法，即将所避讳的字改作另一字；空字法，即遇到避讳的字时，留空不写，读者也往往心领神会；缺笔法，即在写到这个字时，故意少写一至二笔。

⑤落索：冷落萧索。
⑥阿姑：婆婆。

【译文】

妇女的习性，大多宠爱女婿而虐待儿媳妇。宠爱女婿，那女儿的兄弟就会产生怨恨；虐待儿媳妇，那儿子的姐妹就易进谗言。这样看来，女儿不论出嫁，还是在兄弟娶媳妇后待嫁在家，都会得罪家人，这都是当母亲的造成的。以至有谚语说："婆婆吃饭好冷清。"这是对她的报应啊。这是家庭里经常出现的弊端，不能不警诫！

婚姻素对①，靖侯②成规。近世嫁娶，遂有卖女纳财，买妇输绢，比量父祖，计较锱铢③，责多还少，市井④无异。或猥婿在门，或傲妇擅室，贪荣求利，反招羞耻，可不慎欤！

【注释】

①素对：清白的配偶。素，寒素。
②靖侯：即颜之推的九世祖颜含。颜含，字宏都，谥号为靖侯。
③锱（zī）铢（zhū）：均为古代很小的计量单位。比喻微小的事物。
④市井：这里指商贩。

【译文】

男女婚配要选择清白人家，这是当年先祖靖侯立下的老规矩。近年来，竟然有利用婚姻接受财礼出卖女儿的，运送绢帛买进儿媳妇的。这些人在为子女选择配偶时，比量算计对方父辈、祖辈的权势地位，斤斤计较对方财礼的多少，个个都想多索取、少付出，这和小商贩没有区别。结果，有的家里招来个猥琐鄙贱女婿，有的娶到凶悍儿媳妇，因为贪荣求利，反而招来耻辱，这样的事不能不慎重！

借人典籍，皆须爱护，先有缺坏，就为补治，此亦士大夫百行①之一也。济阳江禄，读书未竟，虽有急速，必待卷束②整齐，然后得起，故无损败，人不厌其求假焉。或有狼籍几案，分散部③帙④，多为童幼婢妾之所点⑤污，风雨虫鼠之所毁伤，实为累德。吾每读圣人之书，未尝不肃敬对之；其故纸有《五经》词义，及贤达姓名，不敢秽用⑥也。

【注释】

①百行：封建社会士大夫所订立身行己之道，共有百事，称之为百行。

②卷束：卷起束理。南北朝时，书籍是抄写在绢帛上的，然后卷成一卷收藏，称之为书卷。

③部：部分，类别。古代书籍按内容分为若干门类，称部，后引申称一种书为一部书。

④帙（zhì）：古人用以装书卷的书套。

⑤点：通"玷"。

⑥秽用：指把书卷用在不干净的地方。

【译文】

借别人的书籍，都必须爱护，借来时如有缺失损坏，要给人家修补完好，这也是士大夫该做的善行之一。济阳人江禄，每当读书未结束时，即使有紧急事情，也要先把书本卷束整齐，然后才起身，因此书籍不会损坏，人家对他来借书也不感到厌烦。有的人把书籍在桌案上乱丢，以致书卷分散，大多被小孩儿、婢妾弄脏，有时又遭到风雨侵蚀、虫鼠毁伤，这样做真是有损道德。我每次读圣人写的书，从没有不严肃恭敬地面对它的；废旧纸张上如果有《五经》的文义和圣贤的姓名，我也不敢拿来用在污秽之处。

吾家巫觋①祷请②，绝于言议；符书③章醮④，亦无祈焉，并汝曹所见也。勿为妖妄之费。

【注释】

①巫觋（xí）：男女巫的合称。
②祷请：向鬼神祈祷请求。
③符书：旧时道士用来驱鬼召神或治病延年的神秘文书。
④醮（jiào）：道士设坛祈祷。

【译文】

我们家里从来不讲巫师向神鬼祈祷之事；也没有用符书设道场去祈求的举动，这都是你们所见到的。切莫把钱花费在这些妖佞虚妄的事情上。

《读·品·悟》

治家并不是一味地严格要求，过于严格和过于放纵都是对孩子和自己有无穷害处的。"治家失度，而过严刻。妻妾遂共货刺客，伺醉而杀之。"这样的例子在今天也有不少，这是家庭教育失败的悲剧，应该引起我们的重视。一味地给孩子施加各种学习方面的压力，总会对孩子的性格和心理造成一定程度的影响。

卷二

风 操 第 六

　　魏晋南北朝时的主流思想是玄学，玄学使知识分子逐渐与统治阶级剥离，使整个社会形成一种"尚清谈、务虚名"的风气。作者在本篇里，对于士大夫风操方面的问题，从传统经学出发，结合当时的实际，充分表达了对避讳、取名、称呼、送迎、离别、丧礼、先人遗物、忌日、生日，以及变故、兵乱、结交等方面的看法。作者认为讲究门风节操是必要的，但是为了个人的荣誉和名声而废弃公务、不接庶物也是不可取的。所以作者反对一味崇古，主张"礼缘人情"而设。礼的形式会随时代不同而有所变化，但礼的精神始终如一，那就是风度节操，发自内心；礼缘人情，恩由义断。

吾观《礼经》，圣人之教：箕帚①匕箸②，咳唾③唯诺④，执烛⑤沃盥⑥，皆有节文⑦，亦为至矣。但既残缺，非复全书；其有所不载，及世事变改者，学达君子，自为节度⑧，相承行之，故世号士大夫风操。而家门⑨颇有不同，所见互称长短；然其阡陌⑩，亦自可知。昔在江南，目能视而见之，耳能听而闻之；蓬生麻中，不劳翰墨。汝曹生于戎马之间，视听之所不晓，故聊记录，以传示子孙。

【注释】

①箕帚：畚箕和扫帚。指家内洒扫之事。

②匕箸（zhù）：汤匙和筷子。指饮食之事。

③咳唾：比喻言论、谈吐。

④唯诺：应答。

⑤执烛：手持蜡烛。

⑥沃盥（guàn）：倒水洗手。在这里指为长辈洗手应遵循的礼仪。

⑦节文：制定礼仪。在这里为规定，礼节的意思。

⑧节度：规则，法则。

⑨家门：家庭。

⑩阡陌：比喻途径，门路。

【译文】

我看《礼经》，那上面都是圣人的教诲：在长辈面前怎样用簸箕、笤帚打扫，吃饭时怎样用汤匙、筷子，怎样应答得体，怎样持烛照明，还有怎样端盆送水侍奉长辈盥洗等，《礼经》里都有专门的规定和礼节，而且讲得很详细。但是此书已经残缺，不再是全本；而且有一些礼仪规范，书上没有记载，有些则随着世事的变化有了改变，于是博学通达的君子，就自己斟酌制定了一些规范，代代相传，世人就把这些称为士大夫的风范和节操。然而各个家庭情况各不一样，其看法也各有长短，不过基本脉络还是可以知道的。过去我在江南的时候，对这些礼仪，亲眼所见，亲耳所闻，早已深受其熏染；就像蓬草生长在麻地里，不用扶持也能长直。你们生于兵荒马乱的年代，对这些礼仪规范自然是看不见也听不到的，所以我姑且将它们记录下来，用以传示子孙后代。

《礼》曰："见似目瞿，闻名心瞿。"有所感触，恻怆心眼；若在从容平常之地，幸须申其情耳。必不可避，亦当忍之。犹如伯叔兄弟，酷类先人，可得终身肠断，与之绝耶？又："临文不讳，庙中不讳，君所无私讳①。"益知闻名，须有消息②，不必期于颠沛③而走也。梁世谢举④，甚有声誉，闻讳必哭，为世所讥。又有臧逢世，臧严⑤之子也，笃学修行，不坠门风。孝元⑥经牧江州，遣往建昌⑦督事，郡县民庶，竞修笺书⑧，朝夕辐辏⑨，几案盈积，书有称"严寒"者，必对之流涕，不省⑩取记，多废公事，物情怨骇，竟以不办⑪而还。此并过事也。

【注释】

①临文不讳，庙中不讳，君所无私讳：指在写文章时，不应因避家讳而改换字，以失去事物的原貌；在宗庙里祭礼时，对被祭者的晚辈不用避讳；在君王面前也不应避自己先人的名讳。

②消息：斟酌。

③颠沛：颠覆，仆倒。此处形容听到先人名讳后立即趋避的狼狈样。

④谢举：字言扬，南朝梁人。

⑤臧严：字彦威，南朝梁著名文人。

⑥孝元：即梁元帝萧绎。

⑦建昌：梁时江州属地。

⑧笺书：指书信。

⑨辐辏：集中，聚集。指信函集中到官署。

⑩省：检查，察看。此指观看，阅览。

⑪不办：无能，不称职。

【译文】

《礼记》上说："看见和过世父母相似的容貌，就要神情恭谨；听到过世父母的名字，会惊惧不安。"这是触景生情，从而心中不由得难过伤心。如果是在闲时平常的地方碰到这种情况，或许能够把感情宣泄出来。

传统文化小知识

慎独

"慎独"，是儒家提倡的一种重要的修身方法，语出《礼记·中庸》："莫见乎隐，莫显乎微，故君子慎其独也。"其基本含义就是人在不为他人所察知的情况下，或在自己独处的时候更能遵守道德，谨慎不苟，这才是真正的君子所为。

若实在难以回避的，也应当忍一忍。就像自己的叔伯兄弟，其相貌酷似已故的父亲，难道就因为一见面就伤心悲痛，而一辈子与他们断绝往来吗？《礼记》又说："写文章时，不应因避家讳而改换字，导致失去事物的原貌；在宗庙里祭祀时，对被祭者的晚辈不用避讳；在君王面前也不应避自己先人的名讳。"这就使我们更加明白：听到先父母的名字时，需要仔细斟酌一番自己的态度，不要一听名讳就痛苦难耐，奔走回避，这实在大可不必。梁朝的谢举，颇具声望，但他一听到别人称呼自己父母的名讳必定要哭，因此被世人讥笑。还有一个臧逢世，是臧严的儿子，他学习专心，行为规矩，从不败坏自家门风。梁元帝时他担任江州刺史，被派到建昌督理政务。当地的民众纷纷给他写信，信函集中到官署，案桌上公牍信札堆积如山。可是臧逢世看信时，只要一看到"严寒"一类字样，就会伤感流泪，无心查看和回复，因此常常耽误公务。人们对此颇多抱怨，他也因为办事不力，只好返回江州。这些都是避讳不当的事呀。

近在扬都，有一士人讳审，而与沈氏交结周厚[1]，沈与其书，名而不姓，此非人情也。

【注释】

[1]周厚：关系亲密深厚。

【译文】

最近在扬州，有一位读书人忌讳"审"字，他与一位姓沈的人交情深厚。这位姓沈的人给他写信，只署名而不署姓，这就不合情理了。

凡避讳者，皆须得其同训[1]以代换之：桓公名白，博[2]有五皓之称；厉王名长，琴有修短之目。不闻谓布帛为布皓，呼肾肠为肾修也。梁武小名阿练，子孙皆呼练为绢；乃谓销炼物为销绢物，恐乖③其义。或有讳云者，呼纷纭为纷烟；有讳桐者，呼梧桐树为白铁树，便似戏笑耳。

【注释】

①同训：指同义词。

②博：指博戏，是古代的一种游戏。

③乖：背离，违背。

【译文】

凡要避讳的字，都必须用它的同义词来替代：齐桓公名叫小白，所以博戏中的"五白"就有了"五皓"的称呼；淮南厉王名长，于是"琴有长短"就被说成"琴有修短"。但是，还没有听说过把"布帛"说成"布皓"，把"肾肠"说成"肾修"的。梁武帝的小名叫阿练，他的子孙都把"练"说成"绢"；可是，如果把"销炼"物品说成"销绢"物品，恐怕就有悖于这个词的含义了。至于那忌讳"云"字的人把"纷纭"说成"纷烟"；忌讳"桐"字的人把"梧桐树"说成"白铁树"，就更像是在开玩笑了。

周公名子曰禽，孔子名儿曰鲤，止在其身，自可无禁。至若卫侯、魏公子①、楚太子，皆名虮虱；长卿②名犬子，王修③名狗子，上有连及④，理未为通。古之所行，今之所笑也。北土多有名儿为驴驹、豚子者，使其自称及兄弟所名，亦何忍哉？前汉有尹翁归，后汉有郑翁归，梁家亦有孔翁归，又有顾翁宠；晋代有许思妣⑤、孟少孤，如此名字，幸当避之。

【注释】

①魏公子：应为韩公子。

②长卿：西汉著名文学家司马相如，字长卿。

③王修：东晋外戚。小字苟子，六朝时人往往以苟、狗通用。

④连及：牵连涉及。

⑤妣（bǐ）：指死去的母亲。

【译文】

　　周公给儿子取名叫"伯禽"，孔子给儿子取名叫"鲤"，这些名字只与被命名的人本身相关，自然无须禁止。可是像卫侯、韩公子、楚太子等人的名字都叫"虮虱"；司马相如名叫"犬子"，王修名叫"狗子"，这就牵涉到他们父辈，情理上就说不通了。古人所做的一些事，现在我们看来会觉得可笑。北方人多给儿子起名为驴驹、猪崽之类的，假如让他们这样称呼自己，或者让他的兄弟这样称呼他，他又怎么受得了呢？前汉有人叫尹翁归，后汉有人叫郑翁归，梁朝也有人叫孔翁归，还有人叫顾翁宠；晋代有人叫许思妣、孟少孤，像这一类名字，还是避开为好。

　　今人避讳，更急于古。凡名子者，当为孙地①。吾亲识②中有讳襄、讳友、讳同、讳清、讳和、讳禹，交疏③造次，一座百犯，闻者辛苦，无憀赖④焉。

【注释】

①为孙地：为孙辈留有余地。

②亲识：即亲友。

③交疏：即交往不深，交情疏浅。此处指交情疏浅的人。

④无憀（liáo）赖：无所依从。

【译文】

　　现在的人避讳，比古人更严格。给儿子取名的父母，都应当为孙辈留有余地。我的亲友中有讳"襄"字的、讳"友"字的、讳"同"字的、讳"清"字的、讳"和"字的、讳"禹"字的，大家在一起时，交往疏远的人不了解情况一时仓促，讲话时很容易触犯众人的忌讳，听到的人感到难受，往往无所适从。

　　昔司马长卿慕蔺相如，故名相如，顾元叹慕蔡邕，故名雍，而后汉有朱伥字孙卿，许暹字颜回，梁世有庾晏婴、祖孙登，连古人姓为名字，亦鄙事①也。

【注释】

①鄙事：庸俗浅薄之事。

【译文】

　　从前，司马长卿因为仰慕蔺相如，所以就把名字改为相如；顾元叹仰慕蔡邕，因此改名为雍；而后汉有朱伥字孙卿，许暹字颜回；梁朝有庾晏婴、祖孙登，这些人竟然把古人的姓和名都用来做自己的名字，这也是一件庸俗浅薄的事。

　　昔刘文饶①不忍骂奴为畜产②，今世愚人遂以相戏，或有指名为豚犊者。有识傍观，犹欲掩耳，况当之者乎？

【注释】

①刘文饶：即东汉人刘宽，字文饶。

②畜产：畜生，是骂人的话。

【译文】

　　从前，刘文饶不忍心骂奴仆为畜生，而现在愚蠢的人们却互相用这种话来开玩笑，有的人还称呼别人为猪崽、牛犊。有见识的旁观者尚且听不下去，想把耳朵捂住，何况那些被称呼的人呢？

　　近在议曹①，共平章②百官秩禄，有一显贵，当世名臣，意嫌所议过厚。齐朝有一两士族文学③之人，谓此贵曰："今日天下大同④，须为百代典式，岂得尚作关中旧意？明公定是陶朱公⑤大儿耳！"彼此欢笑，不以为嫌。

【注释】

①议曹：汉代郡守所辟属吏之称，掌言职。

②平章：商量处理。

③文学：汉代官制名。

④大同：指国家统一。

⑤陶朱公：即春秋时越国大夫范蠡。

【译文】

　　最近我在议曹与众人一起商讨关于百官的俸禄问题，有一位显贵，是当今名臣，他认为大家商议的标准过于优厚了。有一两位原为齐朝的士族文学侍从对这位显贵说："现在天下统一了，我们应该为后世树立一个典范，怎么能仍然沿袭以前的关中旧规呢？您如此吝啬，一定是陶朱公的大儿子吧！"他们说罢，彼此哄笑，并不在乎这种戏谑。

　　昔侯霸之子孙，称其祖父曰家公；陈思王①称其父为家父，母为家母；潘尼②称其祖曰家祖：古人之所行，今人之所笑也。今南北风俗，言其祖及二亲，无云家者；田里猥人③，方有此言耳。凡与人言，言己世父④，以次第称之，不云家者，以尊于父，不敢家也。凡言姑姊妹女子子⑤：已嫁，则以夫氏称之；在室，则以次第称之。言礼成他族⑥，不得云家也。子孙不得称家者，轻略之也。蔡邕书集，呼其姑姊为家姑家姊，班固书集，亦云家孙，今并不行也。

【注释】

传统文化小知识

六艺　　六艺即礼、乐、射、御、书、数，是中国古代教育中要求学生掌握的六种基本才能。"六艺"的提法最早见于《周礼·保氏》："养国子以道，乃教之六艺：一曰五礼，二曰六乐，三曰五射，四曰五御，五曰六书，六曰九数。"礼，即礼节；乐，即音乐；射，即射箭；御，即驾驭马车；书，包括识字和书法；数，即算术。

①陈思王：指曹操之子曹植。

②潘尼：字正叔，西晋文学家。

③猥人：鄙俗之人。

④世父：伯父。

⑤女子子：女子。

⑥礼成他族：指女子出嫁到婆家。

【译文】

从前，侯霸的子孙称他们的祖父为家公；陈思王曹植称他的父亲为家父，母亲为家母；潘尼称他的祖父为家祖：古人的这种做法，在现在的人看来觉得可笑。如今南北各地的风俗，提到祖父及双亲，没有人称"家"的；只有那些农村里的鄙俗之人才这样称呼。凡是和别人说话，提及自己的伯父，只是按照父辈排行顺序称呼，而不称"家"，因为伯父比父亲年长，不敢称"家"。凡是提及自己的姑姊妹等女子的时候：已经出嫁的，就以她丈夫的姓氏称呼；没有出嫁的，则以长幼排行顺序称呼。这是说女子一经行了婚嫁之礼，就成了夫家的人，不能再称为"家"了。对于子孙，也不能称"家"，以示对他们轻略。蔡邕在文集中称呼他的姑、姊为家姑、家姊，班固在文集中也有家孙的称呼：这些称呼如今都不流行了。

凡与人言，称彼祖父母、世父母、父母及长姑，皆加尊字，自叔父母已下，则加贤字，尊卑之差也。王羲之书，称彼之母与自称己母同，不云尊字，今所非也。

【译文】

凡是和别人交谈，称呼对方的祖父母、伯父母、父母以及长姑，都要在称呼前加个"尊"字；从叔父母以下，则在称呼前加个"贤"字，这是为了表示尊卑差别。王羲之在书信中，称呼别人的母亲和称呼自己的母亲时一样，前面都不加"尊"字，现在的人认为这是不可取的。

南人冬至岁首，不诣丧家；若不修书，则过节束带①以申慰。北人至岁②之日，重行吊礼；礼无明文，则吾不取。南人宾至不迎，相见捧手而不揖，送客下席③而已；北人迎送并至门，相见则揖，皆古之道也，吾善其迎揖。

【注释】

①束带：整饬衣冠，束紧衣带，表示端庄，恭敬。

②至岁：即冬至、岁首二节的缩略语。

③下席：离开席位，表示恭敬。

【译文】

南方人在冬至和岁首这两个节日，都不去有丧事的人家吊唁；如果不写信致哀，就等过了冬至、岁首，再穿戴整齐前去吊唁，以表示慰问。北方人在冬至、岁首这两个节日里，特别重视吊唁活动；这种做法在礼仪上没有明文记载，因而我觉得不可取。南方人在宾客到来时不去门外迎接，宾主相见时只是拱手而不弯腰，送客时也仅仅是起身离座而已；北方人送迎客人都要走到门口，相见后还作揖为礼，他们的这些做法都是从古代沿袭下来的，我赞许他们这种待客之礼。

昔者，王侯自称孤、寡、不穀，自兹以降，虽孔子圣师，与门人言皆称名也。后虽有臣、仆

之称，行者盖亦寡焉。江南轻重①，各有谓号，具
诸《书仪》；北人多称名者，乃古之遗风，吾善
其称名焉。

【注释】

①轻：地位低。重：地位高。

【译文】

从前，王公诸侯都自称为孤、寡、不穀，自此以后，即使是孔子这样
的至圣先师，与他的徒弟们谈话时也自称名字。后来虽然有人自称为臣、
仆，但这样做的人也不多。江南地区的人不论地位高低，都有专门的称
号，这都记载在《书仪》这本书中；北方地区的人则大多用名字相称，这
是古代流传下来的风俗习惯，我赞许他们自称名字的做法。

言及先人，理当感慕，古者之所易，今人
之所难。江南人事不获已①，须言阀阅，必以文
翰②，罕有面论者。北人无何③便尔话说，及相
访问。如此之事，不可加于人也。人加诸己，则
当避之。名位未高，如为勋贵所逼，隐忍方便，
速报取了；勿使烦重，感辱祖父。若没，言须及
者，则敛容肃坐，称大门中④，世父、叔父则称从
兄弟门中，兄弟则称亡者子某门中，各以其尊卑
轻重为容色之节，皆变于常。若与君言，虽变于
色，犹云亡祖亡伯亡叔也。吾见名士，亦有呼其

亡兄弟为兄子弟子门中者，亦未为安贴也。北土风俗，都不行此。太山⑤羊侃，梁初入南；吾近至邺，其兄子肃访侃委曲，吾答之云：“卿从门中在梁，如此如此。”肃⑥曰：“是我亲第七亡叔，非从也。”祖孝徵在坐，先知江南风俗，乃谓之云：“贤从弟门中，何故不解？”

【注释】

　　①不获已：不得已，没有办法。

　　②文翰：公文书，信札。

　　③无何：无故书，没有由来。

　　④大门中：对别人称自己已故的祖父和父亲。

　　⑤太山：即泰山。

　　⑥肃：即羊肃，羊侃的侄子。

【译文】

　　提到先人的名字时，按理应产生哀念之情，这对古人来说是很容易的事，而现在的人却觉得很难。江南人除非万不得已，否则，在必须谈论家世的时候，一定是用书信的形式，很少面谈。北方人则没有什么由来而想找人聊天，就会到家相访。那么，像当面谈及家世这种事情各有各的习惯，不能强加于人。如果别人把这样的事强加于你，你就应当尽力设法予以回避。名声地位不高的人，如果被功高位尊的人逼着去讲，也还是默默忍着敷衍为好，要随机应变，简单说说尽快结束谈话；切勿讲得太多太详细而辱没了祖辈父辈。如果自己的祖父、父亲已经去世，在必须提及他们的时候，就要表情严肃，坐姿端正，口称“大门中”；提及去世的伯父、叔父时，就称“从兄弟门中”；提到已过世的兄弟，则称兄弟的儿子“某某门中"，并且要根据他们身份的高低、地位的尊卑贵贱，来确定自己在表情流露上应该掌握的分寸，与平时的神情都要有所不同。如果与君王谈起自己已故的长辈，虽然也要表情上有所变化，但还可以称他们为"亡祖、亡伯、亡叔"。我看见一些名士，与国君谈话时，也有将已故的兄、弟称作兄之子"某某门中"或弟之子"某某门中"的，这也是不妥帖的。北方地区的风俗，都不这样称呼。泰山的羊侃，在梁朝初年到了南方；我最近到邺城，羊侃哥哥的儿子羊肃特地向我询问羊侃的具体情况，我回答他说："您的从门中在梁朝时，具体情况如何如何。"羊肃说："他是我的亲第七亡叔，不是堂叔。"当时祖孝徵也在座，他早就知道江南的风俗，就对羊肃说："就是指贤从弟门中，您怎么不理解呢？"

　　古人皆呼伯父叔父，而今世多单呼伯叔。从父兄弟姊妹已孤，而对其前，呼其母为伯叔母，此不可避者也。兄弟之子已孤，与他人言，对孤者前，呼为兄子弟子，颇为不忍；北土人多呼为侄。案：《尔雅》《丧服经》《左传》，侄虽名通男女，并是对姑之称。晋世已来，始呼叔侄；今呼为侄，于理为胜也。

【译文】

　　古人都称呼伯父、叔父，但现在的人大多单称伯、叔。如果叔伯兄弟、姊妹丧父后，那么在他们面前说话的时候，称他们的母亲为伯母、叔母，这是无法回避的。如果兄弟的儿子死了父亲，你在当着他们的面与别人说话时，直称他们为兄之子或弟之子，也是很不忍心的；北方人大多称呼他们为"侄"。据考证：在《尔雅》《丧服经》《左传》等书中，"侄"

的称呼虽说男女都可以通用，但都是相对于姑姑而言的。晋代以来，才开始有"叔侄"的称呼；现在统称为"侄"，从情理上说是恰当的。

　　别易会难，古人所重；江南饯送，下泣言离。有王子侯①，梁武帝弟，出为东郡，与武帝别，帝曰："我年已老，与汝分张②，甚以恻怆。"数行泪下。侯遂密云③，赧然④而出。坐此被责，飘飘舟渚，一百许日，卒不得去。北间风俗，不屑此事，歧路言离，欢笑分首⑤。然人性自有少涕泪者，肠虽欲绝，目犹烂然⑥；如此之人，不可强责。

【注释】

①王子侯：皇室所封列侯。

②分张：分别。

③密云：无泪。指强作悲凄之态而不掉泪。

④赧（nǎn）然：因惭愧而脸红的样子。

⑤分首：即分手。

⑥烂然：目光明亮、炯炯有神的样子。

【译文】

　　分别容易相见难，古人是很看重离情的；江南人为亲友送别时，谈到分离就掉眼泪。梁朝有位王子侯，是梁武帝的弟弟，他在前往东边的州郡任职前，与梁武帝告别，梁武帝说："我已年迈，如今与你分别，无比感伤。"说完，不禁流下眼泪。王子侯也勉强做出悲伤的样子，却挤不出眼泪，只得面有愧色地离去。他因为这件事而受到指责，坐船在江渚边徘徊了一百多天，最终还是不能离开。北方的风俗，就不屑沉溺于离别的凄切，在岔道口说起别离，欢笑着分手。当然，有的人天生就很少流泪，即使悲痛得肠断欲绝，双眼依然炯炯有神；像这样的人，就不能过分指责他。

凡亲属名称，皆须粉墨①，不可滥也。无风教者，其父已孤，呼外祖父母与祖父母同，使人为其不喜闻也。虽质于面，皆当加外以别之；父母之世叔父②，皆当加其次第以别之；父母之世叔母，皆当加其姓以别之；父母之群从世叔父母及从祖父母，皆当加其爵位若姓以别之。河北士人，皆呼外祖父母为家公家母，江南田里间亦言之。以家代外，非吾所识。

【注释】

①粉墨：本指白和黑。此处指像分辨黑、白一样分辨清楚。
②世叔父：伯父与叔父。

传统文化小知识

避席　避席是古代的一种表示尊敬的行为，古时没有椅子，人们席地而坐，在需要的时刻离开席子站立一边，也就是避席。《孝经》中记载了曾子在听到孔子提问后即避席而立的故事，该故事被广泛传诵，被引为美谈。当今通常的离座起立以表敬意的礼节就是古代避席之礼的转化。

【译文】

凡是亲属的名称，都必须分辨清楚，不可随意乱用。没有教养的人，在祖父母去世以后，称呼外祖父、外祖母与称呼祖父、祖母相同，让人听了不高兴。就算是当着外祖父、外祖母的面，也应当在称呼上加个"外"字以示区别；称呼父母亲的伯父、叔父，都应加上他们的排行顺序来予以区别；称呼父母亲的伯母、叔母，都应当加上她们的姓氏来予以区别；称呼父母亲的堂伯父、堂伯母、堂叔父、堂叔母以及堂祖父、堂祖母，都应该加上他们的爵位或者姓氏来予以区别。黄河以北地区的士人，都称呼外祖父、外祖母为家公、家母，江南的乡下偶尔也有这种叫法。用"家"字代替了"外"字，这其中的原因我就不清楚了。

凡宗亲世数，有从父，有从祖，有族祖。江南风俗，自兹已往，高秩者，通呼为尊；同昭穆者，虽百世犹称兄弟；若对他人称之，皆云族人。河北士人，虽三二十世，犹呼为从伯从叔。梁武帝尝问一中土人曰："卿北人，何故不知有族？"答云："骨肉易疏，不忍言族耳。"当时虽为敏对，于礼未通。

【译文】

同宗亲属的世系辈分，有从父，有从祖，有族祖。江南的风俗，由此而往，对官职高的，通称为尊；同一个祖宗而辈分相同的人，即使相隔百代也还是称作兄弟；如果是对外人称呼自己宗族的人，则均称作族人。黄河以北地区的士人，虽然隔了二三十代，仍然称作从伯、从叔。梁武帝曾经问一个中原人："你是北方人，为什么不知道有'族'这个称呼呢？"中原人回答说："同宗骨肉之间的关系容易疏远，所以我不忍心用'族'

这个称呼。"这在当时虽然算得上是一种聪敏的回答，但从礼制上却是讲不通的。

　　吾尝问周弘让曰："父母中外①姊妹，何以称之？"周曰："亦呼为丈人②。"自古未见丈人之称施于妇人也。吾亲表所行，若父属者，为某姓姑；母属者，为某姓姨。中外丈人之妇，猥俗呼为丈母③，士大夫谓之王母、谢母④云。而《陆机⑤集》有《与长沙顾母书》，乃其从叔母也，今所不行。

【注释】

　　①中外：中表亲。中指舅父子女，为内兄弟；外指姑母子女，为外兄弟。

　　②丈人：通称老人。此处是对亲戚长辈的通称。

　　③丈母：古称父辈的妻子为丈母。今指岳母。

　　④王母、谢母：王、谢乃虚指。泛指王姓母、谢姓母。王、谢，六朝大姓，影响颇大。

　　⑤陆机：字士衡，西晋文学家。

【译文】

　　我曾经问周弘让："儿女们对于父母的中表姐妹应如何称呼？"周弘让回答说："也把她们称为丈人。"自古以来没有见过把丈人的称呼用于妇人的。我的表亲们所奉行的称呼是：如果是父亲的中表姐妹，就称她为某姓姑；如果是母亲的中表姐妹，就称她为某姓姨。中表长辈的妻子，俚俗称她们为丈母，而士大夫则称她们为王母、谢母等。而《陆机集》中有《与长沙顾母书》，其中的顾母就是陆机的从叔母，这种称呼现在已不通行了。

　　齐朝士子，皆呼祖仆射①为祖公，全不嫌有所涉也，乃有对面以相戏者。

【注释】

　　①祖仆射（yè）：即北齐大臣祖珽。仆射，古代官名，始置于秦朝。

【译文】

　　齐朝的士大夫们，都称仆射祖珽为"祖公"，一点儿都不忌讳这样称呼会和自己祖父的称呼有所牵涉，甚至还有当着祖珽的面用这样的称呼开玩笑的。

　　古者，名以正体，字以表德①，名终则讳之，字乃可以为孙氏②。孔子弟子记事者，皆称仲尼；吕后微时，尝字高祖为季；至汉爰种，字其叔父曰丝；王丹③与侯霸子语，字霸为君房；江南至今不讳字也。河北士人全不辨之，名亦呼为字，字固呼为字。尚书王元景④兄弟，皆号名人，其父名云，字罗汉，一皆讳之，其余不足怪也。

【注释】

　　①表德：表示德行。

　　②氏：上古时期，人们不仅有姓，还有氏。姓是一种族号，氏是姓的分支。战国以前，男子只称氏，不称姓；战国以后，人们往往以氏为姓，姓氏渐渐合一。汉代时，通称为姓。

　　③王丹：东汉官吏，字仲回，京兆下邽人。

　　④王元景：即北齐官吏王昕，字元景。

【译文】

古时候，名用来表明本身，字则用来表示品德，人去世后，后人对他的名是应避讳的，但他的字却可以当作孙辈的氏。孔子的弟子在记叙孔子的言行时，都以他的字"仲尼"称呼他；当吕后还是一个平民百姓时，她曾用汉高祖的字"季"来称呼他；汉代的爰种，也直称他叔父的字"丝"；王丹与侯霸的儿子交谈时，也称侯霸的字"君房"；江南地区至今对称字仍不避讳。黄河以北地区的士大夫对名和字完全不加区别，名叫作字，字也叫作字。尚书王元景兄弟俩，都号称为名人，他们的父亲名云，字罗汉，他们两人对父亲的名和字一概加以避讳，其他的人不能分辨其中的差别，也就不足为怪了。

〖 读·品·悟 〗

古人有这样的说法：名以正体，字以表德。名是一辈子都要避讳的，但是字却是在孙辈时都可以被称的。这也只不过有地域之分罢了。江南地区从来不避讳称字，黄河以北地区的士人名与字则全不区别，称名也是字，称字还是字。可见这样才真正的随意，能够让人有亲和力。与人交往如果过多地强调讲究的东西，那么是很容易让人不敢接近的。

《礼·间传》云："斩缞之哭，若往而不反；齐缞之哭，若往而反；大功之哭，三曲而偯[1]；小功缌麻，哀容可也，此哀之发于声音也。"《孝经》云："哭不偯。"皆论哭有轻重质文之声也。礼以哭有言者为号，然则哭亦有辞也。江南丧哭，时有哀诉之言耳；山东重丧，则唯呼苍天，期功以下，则唯呼痛深，便是号而不哭。

【注释】

①偯（yǐ）：哭的尾音。

【译文】

《礼记·间传》上说："穿斩缞这种丧服居丧时，一声痛哭便至气竭，好像再也哭不出第二声一样；穿齐缞这种丧服居丧时，要哭得死去活来；穿大功这种丧服居丧时，要哭得一声三折，拖着长长的尾音；穿小功、缌麻这两种丧服居丧时，脸上只要表现出悲哀的表情就行了。这些就是哀痛之情在声音上的表现。"《孝经》说："孝子丧亲，哭声不拖尾音。"这些都是在论说哭在声音上的轻、重、直接、含蓄的区别。丧礼中把边哭边哀诉称作号，这样的话，哀哭也可以带有言辞了。江南人在居丧哀哭时，经常夹杂有哀诉的言语；北方人在服重丧时，只知呼天抢地，而在服一年以下的轻丧时，则只是叫呼悲痛深重，这便是哀号而不哭泣。

传统文化小知识

大理寺

大理寺是我国南北朝到清代的中央司法审判机构。初设于北齐，隋时确立。寺指官署，其首长称大理寺卿，亦简称大理寺。大理寺的主官称卿，下设副职少卿及丞等其他员役，编制及名额各代略有不同。大理寺的职责是审核刑狱案件。唐代，大理寺一度改称详刑寺，不久复名大理寺。宋代分左右寺，左寺复审各地方奏劾和疑狱大罪，右寺审理京师百官的刑狱。明清沿用，至清末改称大理院。明清两代的大理寺与刑部、都察院合称"三法司"。

江南凡遭重丧，若相知者，同在城邑，三日不吊则绝之；除丧①，虽相遇则避之，怨其不已悯也。有故及道遥者，致书可也；无书亦如之。北俗则不尔。江南凡吊者，主人之外，不识者不执手②；识轻服③而不识主人，则不于会所而吊，他日修名④诣其家。

【注释】

①除丧：除去丧服。

②不识者不执手：与不认识的人不握手。

③轻服：五种丧服中较轻的几种，如大功、小功、缌麻之类。

④修名：书写名刺。

【译文】

在江南地区凡遇到重丧的人家，如果是与他家交好的人，又住在同一个城邑，三日之内不来吊唁，丧家就会与他绝交；即使在除掉丧服之后，丧家与他在路上遇见，也会避开不跟他打招呼，因为怨恨他不怜恤自己。如果另有原因或路途遥远而不能前来吊唁，写封信表示安慰也可以；假如不写信，丧家也会与他绝交。北方的风俗则不同。江南地区凡来吊唁的人，除了丧主之外，与不认识的人不握手；如果只认识披戴较轻丧服的人而不认识丧主，就不必到治丧现场吊唁，改天书写好名刺再到丧家表示慰问。

阴阳说①云："辰为水墓，又为土墓，故不得哭。"王充《论衡》云："辰日不哭，哭必重丧②。"今无教者，辰日有丧，不问轻重，举家清谧，不敢发声，以辞吊客。道书又曰："晦③歌朔④哭，皆当有罪，天夺其算⑤。"丧家朔望⑥，哀感弥深，宁当惜寿，又不哭也？亦不谕。

【注释】

①说：《群书类编故事》卷二"说"作"家"。

②重丧：再死人。

③晦：阴历每月的最后一天。

④朔：阴历每月初一。

⑤算：寿命。

⑥望：阴历每月十五日。

【译文】

阴阳家说："辰日是水墓，又是土墓，因此辰日不能哭丧。"王充在《论衡》中说："辰日不能哭丧，要是哭丧便会再死人。"现在有些缺乏教养的人，辰日遇到丧事，不论轻丧还是重丧，全家都静悄悄的，不敢

传统文化小知识

卿大夫　　卿大夫最初是西周时期分封制度下的一个分封级别。秦统一六国之后，由于分封制已经被郡县制所取代，卿大夫这个封建领主也便不再存在。"卿大夫"这个词分裂为"卿"和"大夫"，均是官职名称。秦汉朝廷于"三公"之下设"九卿"，如大理寺卿、太常寺少卿等。而"大夫"也是古代高级官员的称呼，秦汉之际的中央要职中便有御史大夫、谏议大夫等官职。

发出哭声，并且谢绝前来吊丧的宾客。道家的书上说："晦日唱歌，朔日哭泣，都是有罪的，上天会减损他的寿命。"丧家在朔日和望日，哀痛的感情特别深切，难道只为了珍惜自己的寿命，就不哭泣了吗？这真是莫名其妙。

偏傍之书①，死有归杀②。子孙逃窜，莫肯在家；画瓦③书符，作诸厌胜④；丧出之日，门前然火，户外列灰，袚⑤送家鬼，章断注连。凡如此比，不近有情，乃儒雅之罪人，弹议所当加也。

【注释】

①偏傍之书：旁门左道的书。偏傍，不正。

②归杀：亦作归煞、回煞。旧时迷信谓人死后若干日灵魂回家一次叫"归杀"。

③画瓦：旧时在瓦片上画图像以镇邪。

④厌胜：古代的一种巫术，谓能以诅咒制服、压服人或物。

⑤袚（fú）：古代习俗，为除灾去邪祈福而举行的仪式。

【译文】

一些旁门左道的书说，人死之后灵魂会回家一次。这一天，子孙们都逃避在外，没有人肯留在家里；又说用画瓦和书符的办法可以镇邪，用诅咒可以制妖；还说出殡那天，门前要烧火，屋外要铺灰，还要举行仪式来送走家鬼，写奏章向上天祈求断绝死者的灾祸延及家人。类似这样的做法，都不近情理，是儒学雅道的罪人，应当对此进行批评。

己孤，而履岁①及长至②之节，无父，拜母、祖父母、世叔父母、姑、兄、姊，则皆泣；无母，拜父、外祖父母、舅、姨、兄、姊，亦如之。此人情也。

【注释】

①履岁：一年之始，指元旦。

②长至：夏至的别称。此处应指冬至。

【译文】

父亲或母亲去世以后，在元旦和冬至这两个节日里，如果是父亲去世了，就要拜见母亲、祖父母、伯叔父母、姑母、堂兄、堂姐，拜时都要哭泣；如果是母亲去世了，就要去拜见父亲、外祖父母、舅父、姨母、表兄、表姐，也一样要哭泣。这都是人之常情啊！

　　江左朝臣，子孙初释服①，朝见二宫②，皆当泣涕；二宫为之改容。颇有肤色充泽，无哀感者，梁武薄其为人，多被抑退。裴政出服，问讯③武帝，贬瘦枯槁，涕泗滂沱，武帝目送之曰："裴之礼不死也。"

【注释】

①释服：指服丧期满，除去丧服。下文"出服"也是一样的意思。

②二宫：指皇帝和太子。

③问讯：僧尼等向人曲躬合掌致敬，谓之问讯。因梁武帝信佛，故裴政以僧礼拜见。

【译文】

　　南朝的大臣亡故以后，他们的子孙服丧期满，除去丧服，进宫朝见皇帝和太子，都应该哭泣流泪；皇帝和太子也会为之动容。但是，也有一些人在朝拜时容光焕发，全然没有悲痛之色，梁武帝鄙薄他们的为人，往往将他们贬退降谪。裴政除去丧服后，按照僧尼的礼节朝见梁武帝，他面容消瘦憔悴，应答时涕泪横流，梁武帝目送他离去，说："裴政的父亲裴之礼虽死犹生啊！"

二亲既没，所居斋寝①，子与妇弗忍入焉。北朝顿丘李构，母刘氏，夫人亡后，所住之堂，终身锁闭，弗忍开入也。夫人，宋广州刺史纂之孙女，故构犹染江南风教。其父奖②，为扬州刺史，镇寿春，遇害。构尝与王松年③、祖孝徵数人同集谈宴。孝徵善画，遇有纸笔，图写为人。顷之，因割鹿尾，戏截画人以示构，而无他意。构怆然动色，便起就马而去。举坐惊骇，莫测其情。祖君寻悟，方深反侧④，当时罕有能感此者。吴郡陆襄，父闲被刑，襄终身布衣蔬饭，虽姜菜有切割，皆不忍食；居家惟以掐摘供厨。江宁姚子笃，母以烧死，终身不忍啖炙。豫章熊康，父以醉而为奴所杀，终身不复尝酒。然礼缘人情，恩由义断，亲以噎死，亦当不可绝食也。

【注释】

①斋寝：斋戒时居住的旁屋。
②奖：李奖，字遵穆，为李平之子，李构之父。

③王松年：北齐名臣。

④反侧：形容惶恐不安。

【译文】

父母亡故以后，他们生前斋戒时所住的旁屋，儿子和媳妇都不忍心再进去。北朝顿丘郡有个人叫李构，他的母亲刘氏夫人亡故以后，她生前所居的屋子就此紧锁不开了，李构一辈子都不忍心再打开门进去。刘氏夫人是宋广州刺史刘纂的孙女，所以李构在礼制上仍受南方风俗的影响。李构的父亲李奖，曾是扬州刺史，在镇守寿春时被人杀害。李构曾经有一次和王松年、祖孝徵等人在一起喝酒谈天。祖孝徵擅长绘画，见到纸笔，就画了一幅人物画。宴会开始后不久，祖孝徵拿刀割下一条鹿尾，就开玩笑地把画的人像斩断拿给李构看，当时他这样做是无心的。但李构看后，悲痛得变了脸色，并立刻起身骑马而去。当时在座的人都大为惊讶，不明白其中的原委。祖孝徵经过反复思考，才明白李构是因他斩断画中人想起其父被杀一事而悲痛，他为此深感不安，当时已很少有人能明白其中原委。吴郡有个人名叫陆襄，其父陆闲被处刑戮，陆襄终身只穿布衣，吃素食，即便是生姜之类，只要是用刀切过的，他都不忍去吃；他家里只用手掐摘蔬

传统文化小知识

知
行
合
一

"知行合一"是明代思想家王守仁的认识论命题。这里的"知"，指的是人的道德意识和思想理念，而"行"，是指人的道德践履。王守仁指出，"知"与"行"二者必是统一的，既要反对"懵懵懂懂的任意去做，全不解思惟省察"，也要反对"茫茫荡荡悬空去思索，全不肯着实躬行"。人的行为应以道德意识为指导思想，在道德指导下产生的良知是行为的开始，符合道德要求的行为则是良知的完成。

菜供厨房之需。江宁人姚子笃，因为他的母亲是被大火烧死的，他就一生不再吃烤肉。豫章人熊康，他的父亲是酒醉后被奴仆杀死的，所以熊康一辈子都不再饮酒。然而，礼制是按照人的感情需要而制定的，感念父母之德也要用事理来判断，父母亲如果是因为吃饭而噎死，也不能因此而绝食吧。

《礼经》：父之遗书，母之杯圈，感其手口之泽①，不忍读用。政②为常所讲习，雠校③缮写，及偏加服用，有迹可思者耳。若寻常坟典④，为生什物，安可悉废之乎？既不读用，无容散逸，惟当缄保⑤，以留后世耳。

【注释】

①手口之泽：指手汗和口气的滋润。

②政：通"正"，只。

③雠（chóu）校：校对文字。

④坟典：三坟、五典的并称。此处指书籍。

⑤缄保：封存。

【译文】

《礼经》上说：父亲遗留下的书籍，母亲生前用过的杯子，子女因为感受到上面存留着父母的手汗与口气，就不忍心再阅读和使用。只因这些书籍是父亲生前经常讲习的，亲手校对缮写过的，或是特别常用的，上面留着他的痕迹，所以会触发子女的思念之情。如果只是一般的书籍，以及各种生活日用品，怎么可以全都废弃不用呢？父母的遗物既然不阅读和使用，又不允许随意散失，那就只能封存起来，留传给后代了。

思鲁等第四舅母，亲吴郡张建女也，有第五妹，三岁丧母。灵床①上屏风，平生旧物，屋漏沾湿，出曝晒之，女子一见，伏床流涕。家人怪其不起，乃往抱持；荐席②淹渍③，精神伤悒④，不能饮食。将以问医，医诊脉云："肠断矣！"因尔便吐血，数日而亡。中外怜之，莫不悲叹。

【注释】

①灵床：即灵座，供奉亡者灵位的几案。

②荐席：垫席。

③淹渍：被泪水浸湿。

④伤悒（dá）：悲伤痛苦。

【译文】

思鲁兄弟几个的四舅母，是吴郡张建的女儿，她的五妹刚满三岁时就失去了母亲。灵座上摆着的屏风，是她母亲生前使用的旧物，有一次，房屋漏雨，弄湿了屏风，被人拿出去曝晒，那女孩一见到屏风，就伏在床上痛哭不已。家人见她一直不起来，觉得奇怪，就过去抱她起来，只见垫席已被泪水浸湿，那女孩伤心欲绝，不能饮食。家人带她去看医生，医生诊脉后说道："她已伤心至断肠了！"女孩后来因此而吐血，没几天就死了。中表亲属都很怜惜她，没有不悲伤感叹的。

《礼》云："忌日①不乐。"正以感慕罔极，恻怆无聊，故不接外宾，不理众务耳。必能悲惨自居，何限于深藏也？世人或端坐奥室②，不妨

言笑，盛营甘美，厚供斋食③；迫有急卒，密戚至
交，尽无相见之理：盖不知礼意乎！

【注释】

①忌日：父母去世的日子，禁忌饮酒作乐。

②奥室：内室，深宅。

③斋食：素食。

【译文】

《礼记》上说："忌日不宴饮作乐。"正是因为对亡故的父母有说不
尽的感念和思慕，悲痛哀伤，所以忌日不接待宾客，也不处理日常事务。
但是，如果人们真的能够自觉地做到悲痛和哀伤，那又何必一定要把自己
关在内室不出门呢？如今有人在忌日那天虽然端坐在深室，但仍不妨碍他
们谈笑风生，他们依旧置办起丰盛的美味佳肴，对亡者也供奉着丰厚的素
食；可是，当遇到紧急要办的事情，或者有至亲好友来访，他们却认为没
有理由出去接见：这都是因为他们并不懂得礼仪的本质呀！

魏世①王修，母以社日亡。来岁社日，修感念
哀甚，邻里闻之，为之罢社。今二亲丧亡，偶值
伏腊②分至之节，及月小③晦后，忌之外，所经此
日，犹应感慕，异于余辰，不预饮宴、闻声乐及
行游也。

【注释】

①魏世：指三国时期的曹魏。

②伏腊：伏祭和腊祭这两种祭祀的名称。

③月小：指农历只有二十九天的月份。

【译文】

　　魏朝王修的母亲是在社日这天去世的。第二年社日那天，王修因为思念母亲，非常悲伤，他的邻居们听说后，都为此而取消了社日的庆祝活动。现在，父母去世的日子，如果偶尔碰到了伏祭、腊祭、春分、秋分、夏至、冬至这些节日，或者碰到小月晦后的那一天，人们除了应遵守一般忌讳的规矩外，在这些日子里，还应因感念思慕父母，而与其他日子有所区别，不能去参加宴会、听音乐和外出游玩。

　　刘绍、缓、绥，兄弟并为名器①，其父名昭，一生不为照字，惟依《尔雅》火旁作召耳。然凡文与正讳相犯，当自可避；其有同音异字，不可悉然。刘字之下，即有昭音。吕尚②之儿，如不为上；赵壹③之子，傥不作一：便是下笔即妨，是书皆触也。

【注释】

　　①名器：知名之器，著名人士。古人称人才为器，故以喻栋梁之才。

　　②吕尚：即姜太公。

　　③赵壹：字元叔，东汉辞赋家。

【译文】

　　刘绍、刘缓、刘绥三兄弟都是名人，他们的父亲名叫昭，所以他们兄弟一辈子都不写照字，只是依照《尔雅》，用火字旁加召来替代。当然，在写文章时，凡遇到与人的正名相同的，自然应该避讳；但要是碰到的是与正名同音不同形的字，那就不要全都避讳了。"刘"字的下半部分，就有"昭"的读音。吕尚的儿子如果不能写"上"字，赵壹的儿子如果不能写"一"字：那便会一下笔就有妨碍，一写字都触犯忌讳了。

　　尝有甲设宴席，请乙为宾；而旦于公庭①见乙之子，问之曰："尊侯②早晚顾宅？"乙子称其父已往。时以为笑。如此比例③，触类慎之，不可陷于轻脱。

【注释】

　　①公庭：朝廷，公室。

　　②尊侯：对他人父亲的尊称。

　　③比例：可以比照的事例。

【译文】

　　曾有某人甲摆设宴席，请某人乙来做客；当他早上在朝堂见到乙的儿子时，就问道："令尊何时能光顾寒舍？"乙的儿子说他父亲已经去了。这事一时被传为笑话。遇上这类事情，一定要慎重对待，千万不可过于轻佻、草率。

　　江南风俗，儿生一期①，为制新衣，盥浴装饰，男则用弓矢纸笔，女则刀尺针缕，并加饮食之物，及珍宝服玩，置之儿前，观其发意所取，以验贪廉愚智，名之为试儿②。亲表聚集，致宴享焉。自兹已后，二亲若在，每至此日，尝有酒食之事耳。无教之徒，虽已孤露③，其日皆为供顿④，酣畅声乐，不知有所感伤。梁孝元年少之时，每八月六日载诞之辰⑤，常设斋讲⑥；自阮修容薨殁之后，此事亦绝。

【注释】

①期：指一周年。

②试儿：亦称"试周""抓周"。

③孤露：魏晋时人以父亡为孤露，也称便露。孤单无所荫庇的意思。

④供顿：设宴待客。

⑤载诞之辰：即生日。

⑥斋讲：吃素讲经。

【译文】

江南地区有种风俗，当子女出生满一年时，要为他们缝制新衣，梳洗打扮，若是男孩，就给他拿出弓箭、纸、笔，若是女孩，就给她取出剪

刀、尺子、针线，另外还有一些吃的喝的，以及珍宝玩具等，把它们都摆放在孩子的面前，由他们去任意取拿，以此测试他们将来是贪婪还是廉洁，是愚蠢还是聪明，这种风俗被称作"试儿"。这一天，亲戚们聚集一堂，欢宴一番。之后，如果父母在世，每逢这天，都要设宴欢庆。但没有教养的人，即使自己的父母已经不在了，每当生日这天都要设宴待客大吃一顿，而且尽情地在乐舞中欢乐一番，全不懂得应该为怀念那辛勤了一生的父母而悲痛感伤。梁孝元帝少年时，每逢八月六日生日这天，总是要摆下素食，讲习经文。自从他的母亲阮修容去世后，他就不再这样做了。

人有忧疾，则呼天地父母，自古而然。今世讳避，触途①急切。而江东士庶，痛则称祢②。祢是父之庙号，父在无容称庙，父殁何容辄呼？《苍颉篇》有"侑"字，《训诂》云："痛而謼③也，音羽罪反④。"今北人痛则呼之。《声类》音于耒反，今南人痛或呼之。此二音随其乡俗，并可行也。

【注释】

①触途：各方面，处处。

②祢（nǐ）：已去世的父亲在宗庙中立主之称。

③謼：同"呼"，大声呼喊。

④反：指反切，是我国古代的一种注音方法。

【译文】

人有忧患疾病时，就会呼喊天地父母，自古以来都是这样。现在的人讲究避讳，处处比古人更加严格。江南地区无论是士大夫还是老百姓，悲痛时都呼喊"祢"。祢是已故父亲的庙号，父亲在世时不存在立庙的可能，所以不能去喊；父亲去世后，虽然要立庙，但怎么能动不动就乱喊他的庙号呢？《苍颉篇》中有个"侪"字，《训诂》上说："这是因痛苦而发出的声音，其读音为羽罪反。"现在北方人在悲痛时就这样呼喊。《声类》上又说这个字的音是于未反，现在南方人在悲痛时这样呼喊。这两种发音随乡俗的不同而不同，但都是可行的。

梁世被系劾①者，子孙弟侄，皆诣阙②三日，露③跣④陈谢；子孙有官，自陈解职。子则草屩⑤粗衣⑥，蓬头垢面，周章⑦道路，要候⑧执事，叩头流血，申诉冤情。若配徒隶，诸子并立草庵⑨于所署门，不敢宁宅，动经旬日，官司⑩驱遣，然后始退。江南诸宪司弹人事，事虽不重，而以教义见辱者，或被轻系而身死狱户者，皆为怨仇，子孙三世不交通矣。到洽为御史中丞，初欲弹刘孝绰，其兄溉先与刘善，苦谏不得，乃诣刘涕泣告别而去。

【注释】

①系劾（hé）：囚禁论罪。系，拘囚。劾，审理，判决。

②诣阙：赶赴朝堂。

③露：露髻，即不戴帽子露出发髻。

④跣（xiǎn）：跣足，光着脚不穿鞋。

⑤草屩（juē）：草鞋。

⑥粗衣：粗布衣服。

⑦周章：惊恐不安。

⑧要（yāo）候：中途等候，迎候。

⑨草庵：小草舍。

⑩官司：官府，多指政府的主管部门。

【译文】

梁朝被拘禁论罪的官吏，他的子孙弟侄们，都要持续三天前往朝廷陈述谢罪，而且不能戴帽，不能穿鞋；如果子孙中有做官的，还得主动请求免除官职。他的儿子则穿上草鞋和粗布衣裳，蓬头垢面，惶恐不安地在路上迎候主管官员，叩头至流血，为父亲申诉冤情。假如被拘囚的人被发配成为服苦役的犯人，他的儿子们就要在官署门前搭个小草棚栖身，而不敢安居家中，一住往往就是十几天，直到官府来驱逐才离开。江南地区的御史宪司拥有弹劾纠察官吏的权力，有的官宦的案情虽不严重，他只是因为教义而受弹劾之辱，或者是微微受到牵连而被拘囚，身死狱中，这些人家便与御史结下了冤仇，双方子孙三代不相往来。到洽当御史中丞的时候，一开始便要弹劾刘孝绰，他的哥哥到溉在此之前与刘孝绰关系友善，苦苦规劝到洽不要弹劾刘孝绰，却未能奏效，他只得前往刘孝绰那里，与他挥泪而别了。

兵凶战危，非安全之道。古者，天子丧服以临师，将军凿凶门①而出。父祖伯叔，若在军阵，贬损自居，不宜奏乐宴会及婚冠②吉庆事也。若居围城之中，憔悴容色，除去饰玩，常为临深履薄③之状焉。父母疾笃，医虽贱虽少，则涕泣而拜之，以求哀也。梁孝元在江州，尝有不豫④；世子方等亲拜中兵参军李猷焉。

【注释】

①凶门：古代将军出征时，凿一扇向北的门，由此出发，如办丧事一样，以示必死的决心。

②冠：冠礼。古代男子二十岁成年时举行结发加冠仪式的礼节。

③临深履薄：出自《诗经·小雅·小旻》："如临深渊，如履薄冰。"形容小心翼翼、战战兢兢的样子。

④不豫：天子有病的讳称。

【译文】

兵器是凶险的事物，战争是危险的事情，都不是安全之道。古代打仗之前，国君总要身穿丧服去看望军队，将军则是先凿开一扇向北的凶门而后才率军队由此出征。如果自己的父亲、祖父、伯父、叔父等在军中参战，那么自己就要压抑自己的欲望，不再讲究日常起居，更不应演奏音乐和参加宴会、婚礼、冠礼等喜庆活动。如果他们身陷被围的城中，自己更是要面容憔悴，除去身上佩戴的饰物器玩，经常表现出如临深渊、如履薄冰的样子。父母患病，而且病情危急时，即使医生的身份比自己低下，或者年纪比自己小，都应该哭着跪拜向他求救，以求得他的怜悯。梁孝元帝在江州时，曾生过一场大病；他的长子方等就亲自去拜求过他的下属中兵参军李猷。

四海之人，结为兄弟，亦何容易。必有志均义敌，令终如始①者，方可议之。一尔②之后，命子拜伏，呼为丈人，申父友之敬；身事彼亲，亦宜加礼。比见北人，甚轻此节，行路相逢，便定昆季③，望年观貌，不择是非，至有结父为兄，托子为弟者。

【注释】

　　①令终如始：善始善终，始终如一。

　　②一尔：一旦如此，一经这样。

　　③昆季：兄弟。长为昆，幼为季。

【译文】

　　四海之内的异姓之人结拜为兄弟，这并不容易。必须是志同道合而又始终如一的人，才能谈及此事。一旦结为兄弟，就应让自己的儿子向他们伏地下拜，称他们为"丈人"，以表示对孩子父亲朋友的尊重；自己对结拜兄弟的父母，也应以礼相待。但是，我所见到的北方人对结拜的事很随便，有的只不过在路上相遇就结拜为兄弟，在排定长幼次序时，他们只从表面上看年龄的长幼而定，不去分辨对错，以至于出现了将父辈的人当成兄长，把子侄辈的人当成弟弟的。

　　昔者，周公一沐三握发，一饭三吐餐①，以接白屋之士②，一日所见者七十余人。晋文公以沐辞竖③头须，致有图反④之诮。门不停宾，古所贵也。失教之家，阍寺⑤无礼，或以主君寝食嗔怒，拒客未通，江南深以为耻。黄门侍郎裴之礼，号善为士大夫，有如此辈，对宾杖之。其门生僮仆，接于他人，折旋⑥俯仰⑦，辞色应对，莫不肃敬，与主无别也。

【注释】

　　①周公一沐三握发，一饭三吐餐：《史记·鲁周公世家》：周公诫

伯禽曰："然我一沐三捉发，一饭三吐哺，起以待士，犹恐失天下之贤人。"形容求贤之心迫切。

②白屋之士：指平民。

③竖：小臣。

④图反：想法反常。

⑤阍寺：指守门人。

⑥折旋：曲行。古代行礼时的动作。

⑦俯仰：举动，举止。

【译文】

从前，周公宁愿在洗头时多次挽发停下，吃饭时多次吐出口中的食物去接待来访的贫寒贤士，曾在一天内接见了七十多人。而晋文公以正在洗头为借口，拒绝接见下人头须，头须因此讥笑他思维颠倒。不使宾客滞留在门口，是古人所注重的礼节。那些没有教养的人家，看门人也没有礼貌，他们以主人正在睡觉、吃饭或发脾气为借口，将来访的客人拒之门外，不为客人通报，江南人以这种做法为耻。黄门侍郎裴之礼，被称作士大夫的楷模，他如果发现家中仆人怠慢客人，就会当着客人的面杖责这个仆人。他家的门子、童仆在接待宾客时，进退礼仪，言行举止，无不严肃恭敬，这与主人没有区别。

慕 贤 第 七

　　慕贤，即仰慕贤才之意，贤才难得，得贤则昌，失贤则亡。一个人在年少的时候，精神性情都没有定型，往往会受到所交往的人的熏陶、濡染，无意中学习效仿周围人的言行举止。所以应该多接触有德行的君子，在潜移默化之中，自己的性情会得到很好的陶冶，自己也会变得有德行。对那些有德有才的人，一定要尊敬，以礼相待，不能轻慢侮弄，并且努力向他们学习。作者还指出了世人多存在的问题，敬慕贤人往往会舍近求远，重远轻近，贵耳贱目；反对"用其言，弃其身"，只要他的一句话或一个行为，是有益于别人的，大家都应公开加以称赞，即使这个人地位低下，身份卑贱。

古人云："千载一圣，犹旦暮也；五百年一贤，犹比髆①也。"言圣贤之难得，疏阔如此。傥遭不世②明达君子，安可不攀附景仰之乎？吾生于乱世，长于戎马，流离播越，闻见已多。所值名贤，未尝不心醉魂迷③向慕之也。人在年少，神情未定，所与款狎，熏渍陶染④，言笑举动，无心于学，潜移暗化，自然似之。何况操履⑤艺能，较明易习者也？是以与善人居，如入芝兰⑥之室，久而自芳也；与恶人居，如入鲍鱼之肆，久而自臭也。墨子⑦悲于染丝，是之谓矣。君子必慎交游焉。孔子曰："无友不如己者。"颜、闵⑧之徒，何可世得！但优于我，便足贵⑨之。

【注释】

①比髆（bó）：肩膀挨着肩膀，挨得近。比，紧靠。髆，肩膀。

②不世：世上所少有。

③心醉魂迷：形容仰慕之深。

④熏渍陶染：熏炙、渐渍、陶冶、濡染。

⑤操履：操守德行。

⑥芝兰：芝，兰都为有香味的草本植物。

⑦墨子：春秋战国之际思想家、政治家、墨家学派的创始人。

⑧颜、闵：指颜回和闵损。他们都是孔子学生中的杰出人物。

⑨贵：崇尚，敬重。

【译文】

古人说："一千年出一位圣人，已经近得像从早到晚那么快了；五百年出一位贤人，已经密得像肩碰肩一样了。"这是说圣人贤人稀少难得，已经到这种地步了。假如遇上世间少有的明达君子，怎能不去攀附景仰呢？我出生在乱世，在兵荒马乱中长大，颠沛流离，所见所闻已经很多。遇上名流贤士，总是心醉魂迷地向往仰慕人家。人在年轻的时候，精神性情都还没有定型，和那些情投意合的朋友朝夕相处，受到他们的熏渍陶染，人家的一言一笑，一举一动，虽然没有存心去学，但是潜移默化之中，自然跟他们相似。何况操守德行和本领技能都是比较容易学到的东西呢？因此，与善人相处，就像进入满是芝和兰的屋子中一样，时间一长自己也变得芬芳起来；与恶人相处，就像进入满是鲍鱼的店铺一样，时间一长自己也变得腥臭起来。墨子因看见人们染丝而感叹，说的也就是这个意思。君子与人交往一定要慎重。孔子说："不要和不如自己的人交朋友。"像颜回、闵损那样的贤人，我们一生都难遇到！只要比我强的人，也就足以让我敬重了。

世人多蔽①，贵耳贱目，重遥轻近。少长②周旋③，如有贤哲，每相狎侮，不加礼敬。他乡异县，微藉④风声⑤，延颈企踵⑥，甚于饥渴。校其长短，核其精粗，或彼不能如此矣。所以鲁人谓孔子为东家丘⑦。昔虞国⑧宫之奇⑨，少长于君，君狎之，不纳其谏，以至亡国，不可不留心也。

【注释】

①蔽：蒙蔽。此处引申为不通达的见识，即偏见。

②少长：从年少到长大成人。

③周旋：指交际应酬。

④藉：凭借，依靠。

⑤风声：名声。

⑥延颈企踵：伸长脖子踮起脚后跟，形容殷切的盼望。

⑦东家丘：东边的邻居孔丘。丘是孔子的名，孔子是鲁国人，住在东边。当时鲁国人不知孔子的价值所在，不知敬仰他，只把他当平常人看，因此随便叫他"东家丘"。

⑧虞国：周武王时建立的诸侯国，姬姓。

⑨宫之奇：春秋时虞国大夫。

【译文】

世间的人大多见识不明，对传闻的人和事很感兴趣，对亲眼所见的东西则很轻视；对远处的事物很感兴趣，对近处的事物却不放在心上。从小一起长大的人，如果有谁成了贤能之士，人们也往往对他轻慢侮弄，而不是以礼相待。而处在远方异土的人，凭着那么点儿名声，就能令大家伸长脖子、踮起后脚跟去朝思暮盼，那种心情好像比饥渴还难以忍受。其实比较两人的长短，审察两人的优劣，很可能远处的人还不如身边的人。因此，鲁国人会称孔子为"东家丘"。从前，虞国的宫之奇年龄稍长于国君，国君和他比较亲近，反而不采纳他的意见，以至于亡了国，这个教训不能不牢记在心。

用其言，弃其身，古人所耻。凡有一言一行，取于人者，皆显称①之，不可窃人之美，以为己力；虽轻虽贱者，必归功焉。窃人之财，刑辟②之所处；窃人之美，鬼神之所责。

【注释】

①称：颂扬。

②刑辟（pì）：刑法，刑律。

【译文】

采用了某人的言论却又嫌弃这个人，这种行为在古人看来是可耻的。凡是一句话或一个举措，取自他人的，就应该公开颂扬人家，而不该公开窃取他人成果，当成自己的功劳；即使是地位低下的人，也必须要肯定他的功劳。窃取别人的钱财，会遭到刑罚的处置；窃取别人的成果，会遭到鬼神的谴责。

梁孝元前在荆州，有丁觇①者，洪亭民耳，颇善属文，殊工草隶。孝元书记②，一皆使之。军府轻贱，多未之重，耻令子弟以为楷法③，时云："丁君十纸，不敌王褒数字。"吾雅④爱其手迹，常所宝持。孝元尝遣典签惠编送文章示萧祭酒，祭酒问云："君王比⑤赐书翰⑥，及写诗笔，殊为佳手，姓名为谁？那得都无声问⑦？"编以实答。子云叹曰："此人后生无比，遂不为世所称，亦是奇事。"于是闻者稍复刮目。稍仕至尚书仪曹郎⑧，末为晋安王侍读，随王东下。及西台陷殁⑨，简牍湮散，丁亦寻卒于扬州。前所轻者，后思一纸，不可得矣。

【注释】

①丁觇：南朝梁洪亭人，书法家，工草隶，与智永齐名，世称"丁真

永草"。

②书记：指文书抄写。

③楷法：学习书法的楷模。

④雅：甚，非常。

⑤比：近来。

⑥书翰：书信，书札。

⑦声问：声誉，名声。

⑧尚书仪曹郎：官名。梁朝尚书省设郎二十三人，仪曹郎是其中之一，掌管吉凶礼制。

⑨西台陷殁：因梁元帝在江陵称帝，江陵在西，故称西台。元帝承圣三年（554年），西魏攻陷江陵，杀元帝，即这里所说的"西台陷殁"。

【译文】

梁孝元帝以前在荆州时，他属下有一位叫丁觇的人，是洪亭人氏，很会写文章，特别擅长草书和隶书。孝元帝的文书抄写，全都交给他负责。军府中那些人，大多数瞧不起他，耻于让自己的子弟去临习他的书法，当时人们都说："丁觇写上十张纸，抵不上王褒几个字。"我十分喜爱丁觇的书法作品，经常把它们珍藏起来。孝元帝曾经派典签惠编送文章给祭酒萧子云看，萧子云就问惠编："君王最近写有书信给我，还有他的诗歌文

传统文化小知识

三教九流

"三教"指儒教、道教、佛教。"九流"最早出现在《汉书·艺文志》中，指儒家、道家、阴阳家、法家、名家、墨家、纵横家、杂家、农家。后来"三教九流"泛指宗教、学术上的各种流派或社会上的各种行业，也用来泛指江湖上各种各样的人。

章，书法特别漂亮，那书写者实在是一个罕见的高手，他姓甚名谁？怎么会一点儿名声都没有呢？"惠编据实回答了。萧子云感叹道："没有哪个后生能与他相比，他竟然没有得到世人的称道，也算是奇事一桩。"从此，别人听说了萧子云的评价之后才渐渐改变了对丁觇的看法。丁觇后来渐渐升任到尚书仪曹郎的位置，最后任晋安王侍读，随晋安王东下。等到江陵陷落的时候，那些文书信札一起散失了，丁觇没多久也在扬州逝世。过去轻视他的人，后来再想得到他的一纸墨迹也是不可能了。

　　侯景初入建业，台门^①虽闭，公私草扰，各不自全。太子左卫率羊侃坐东掖门，部分^②经略^③，一宿皆办，遂得百余日抗拒凶逆。于时，城内四万许人，王公朝士，不下一百，便是恃侃一人安之，其相去如此。古人云："巢父、许由^④，让于天下；市道小人，争一钱之利。"亦已悬矣。

【注释】

　　①台门：禁城之门。晋、宋时期朝廷禁近之地称台，台城即禁城。

　　②部分：部署安排。

　　③经略：策划处理。

　　④巢父、许由：俱为尧时人，尧以天下让此二人，皆不受。

【译文】

　　侯景刚进入建业城时，禁门虽已闭守，但城内的官员和普通百姓都惶恐不安，人人自危。这时，太子左卫率羊侃坐镇东掖门，他部署策划抵抗事宜，一夜之间就全安排好了，因此才能争取到一百多天的时间来抵挡凶恶的叛军。当时，禁城里有四万多人，其中王公大臣不下一百人，就是靠羊侃一个人安定了大局，他们的才能高下相差竟然到了如此地步。古人说："巢父、许由把天下这样的大利都让给别人了；而市井小人为了一个小钱也要争夺不休。"这两者的差距就更悬殊了。

齐文宣帝①即位数年，便沉湎纵恣②，略无纲纪③；尚能委政尚书令④杨遵彦，内外清谧⑤，朝野晏如⑥，各得其所，物无异议，终天保⑦之朝。遵彦后为孝昭⑧所戮，刑政⑨于是衰矣。斛律明月⑩，齐朝折冲⑪之臣，无罪被诛，将士解体⑫，周人始有吞齐之志，关中⑬至今誉之。此人用兵，岂止万夫之望⑭而已哉！国之存亡，系其生死。

【注释】

①齐文宣帝：即北齐的建立者高洋，字子进，乃高欢次子。他即位后改定律令，修建长城。后以功业自矜，嗜酒昏狂，以淫乱残暴著称于世。

②纵恣：放纵恣肆，想怎么干就怎么干。

③纲纪：法纪，法度。

④尚书令：尚书省长官，直接对君主负责，是总揽一切政令的首脑。

⑤谧（mì）：安宁。

⑥晏如：平静，安然。

⑦天保：北齐文宣帝年号。

⑧孝昭：北齐孝昭帝高演，字延安，为高欢第六子。

⑨刑政：刑律政令。

⑩斛律明月：即斛律光，字明月，北齐名将，长期从事对北周的战争，以勇武闻名，后被北周用离间计陷害致死。

⑪折冲：使敌人的战车后撤，即击退敌军。

⑫解体：肢体解散。比喻人心叛离。

⑬关中：地理上的习惯用语，有时专指今陕西关中盆地，有时也包括陕北、陇西。当时归属北周。

⑭万夫之望：意谓万人之所瞻望，即众望所归。

【译文】

齐朝文宣帝即位几年以后，便沉湎酒色，放纵恣睢，一点儿不顾及法纪。但他尚能将政事交给尚书令杨遵彦处理，所以朝廷内外也能清静安宁，各种事务都能够得到妥善安排，大家都没有什么意见，这种局面一直保持到天保之朝结束。杨遵彦后来被孝昭帝杀害，国家的刑律政令从那儿以后就废弛了。斛律明月是齐朝安邦却敌的重臣，却无罪被杀，齐军军队因此而人心涣散，这才使北周产生了吞并齐国的欲望，关中一带人民一直到现在仍对斛律明月称赞不已。这个人用兵，岂止是众望所归呀！他的生死简直牵系着国家的存亡。

张延儁之为晋州行台①左丞，匡维主将②，镇抚疆埸③，储积器用，爱活黎民，隐④若敌国⑤矣。群小不得行志，同力迁之。既代之后，公私扰乱，周师一举，此镇先平。齐亡之迹，启于是矣。

【注释】

①行台：在大行政区代表朝廷的机构。

②匡维主将：辅助支持主将。匡，帮助。维，维护。

③疆埸（yì）：边界，边境。

④隐：威重的样子。

⑤敌国：相当于一国。

【译文】

张延隽任晋州行台左丞时，辅助主将，镇守安抚边疆，储藏聚集物资，爱护救助百姓，使晋州城沉稳威重，可与一国相匹敌。那些卑鄙小人不能按照自己的意愿行事，就联合起来排挤他。张延隽的职位被小人取代了之后，晋州城一片混乱，周国军队一起兵，晋州城就先被平定了。齐国败亡的迹象，就从这里开始了。

《读·品·悟》

在教育孩子的方面需要谨慎，家长对孩子的与人交往和自己的交往，都应该谨慎。但是只要别人有贤于自己的地方，就应该让孩子学习。不管别人是不是在自己周围，是不是和自己认识，因为我们所要学习的是他的行为和精神。向自己仰慕的人学习，是我们每个人都应该做到的。

卷三

勉 学 第 八

本篇是《颜氏家训》中的著名篇章。颜之推对当时士族子弟不务学业、凭门第而猎取高位的现状进行了抨击。作者首先认为即使是圣明的帝王仍需要学习，说明了凡俗之人学习的必要。其次，作者认为士、农、工、商、兵等行业都大有学问，不可轻视，无论哪个行业，学好了都可以安身立命。最后，作者还提出了一些学习理念，如要"固须早教"且"不可自弃"；要博学，切忌自高自大、高谈阔论；要学以致用；要博览和专精并重等。

自古明王圣帝，犹须勤学，况凡庶乎！此事遍于经史，吾亦不能郑重①，聊举近世切要，以启寤②汝耳。士大夫子弟，数岁已上，莫不被教，多者或至《礼》《传》，少者不失《诗》《论》。及至冠婚，体性稍定；因此天机，倍须训诱。有志尚者，遂能磨砺，以就素业③，无履立④者，自兹堕⑤慢，便为凡人。人生在世，会当有业：农民则计量耕稼，商贾则讨论货贿⑥，工巧则致精器用，伎艺⑦则沉思法术，武夫则惯习弓马，文士则讲议经书。多见士大夫耻涉农商，羞务工伎，射则不能穿札，笔则才记姓名，饱食醉酒，忽忽⑧无事，以此销日，以此终年。或因家世余绪，得一阶⑨半级，便自为足，全忘修学；及有吉凶大事，议论得失，蒙然⑩张口，如坐云雾；公私宴集，谈古赋诗，塞默低头，欠伸而已。有识旁观，代其入地。何惜数年勤学，长受一生愧辱哉！

【注释】

①郑重：频繁，反复多次。

②寤：通"悟"，使明白。

③素业：清修有为之业，即士族所从事的儒业。

④履立：操守品行。

⑤堕：通"惰"，散漫。

⑥货贿：货物，财物。

⑦伎艺：技艺。

⑧忽忽：迷糊，恍惚。

⑨阶：官阶。

⑩蒙然：迷糊不清醒、无知的样子。

【译文】

　　自古以来的那些贤明的帝王，都必须勤奋学习，何况我们这些平常的老百姓呢！这种事例在经书典籍中随处可见，我也不能一一列举，姑且举出近代重要的事例，来启发点悟你们。士大夫的子弟，几岁以后，没有不接受教育的，学得多的，已学完《礼记》《春秋三传》；即使读书读得少的，也学完了《诗经》和《论语》。等到成年，体质和性情已逐渐定型；便要趁此机会，利用他们的灵性，加倍对他们进行教诲。倘若有志向的人，就得再经受磨砺，以成就自己清白有为的儒业；那些没有操守品行的人，则从此散漫懈怠起来，成了平庸之辈。人生在世，应当从事

一定的工作：当农民的就要计量自己的耕作，当商人的就要谈论自己的货物价钱，当工匠的就要致力于制作精巧的器物，当技艺之士就必须潜心钻研各种技艺，当武夫的则要熟习刀箭骑马，而文人则要讲论儒家经书。我经常看到一些士大夫耻于从事务农和经商，让他们去从事手工技艺又欠缺技巧，让他们射箭又不能射穿最外层的铠甲，让他们动笔写作，他们又只能写出自己的姓名，他们整天吃喝玩乐，无所事事，就这样度过一日又一日，一年又一年，过完了一辈子。有的人凭借祖上的荫庇，得到一官半职，就自我满足，不思进取，完全忘了修习学业；一旦遇上了吉凶之类的大事，议论起得失，便是张口结舌，茫然无知，好像坠入云雾之中；在各种公私宴会的场合，别人在谈古论今，讨论诗词歌赋，他却像被堵住了嘴，只能低头打呵欠、伸懒腰而已。有见识的人在一旁看到了，都替他感到羞耻，恨不得代他钻到地下的洞里去。这些人为什么不舍得用几年的时间去勤奋学习，以致要因此承受一生的羞愧和耻辱呢！

【读·品·悟】

颜之推是一个没有职业偏见的人，他对任何的职业都是平等看待的。只要自己能够有饭糊口，最基本的生活条件就有了。作为读书人，就应该好好读书。因为好好读书是读书人实现一种更大的志向的必要条件。古人讲求"修身齐家治国平天下"，所以这一点我们还是能够理解的。

梁朝全盛之时，贵游①子弟，多无学术，至于谚云："上车不落则著作，体中何如则秘书②。"无不熏衣剃面，傅粉施朱，驾长檐车③，跟高齿屐，坐棋子方褥④，凭斑丝隐囊⑤，列器玩于左右，从容出入，望若神仙。明经⑥求第，则顾⑦人答策；三九⑧公宴，则假手赋诗。当尔之时，亦快士⑨也。及离乱之后，朝市迁革，铨衡⑩选举，非复曩者之亲；当路⑪秉权，不见昔时之党。求诸身而无所得，施之世而无所用。被褐而丧珠，失皮而露质，兀⑫若枯木，泊若穷流，鹿独⑬戎马之间，转死沟壑之际。当尔之时，诚驽材⑭也。有学艺者，触地而安。自荒乱已来，诸见俘虏，虽百世小人，知读《论语》《孝经》者，尚为人师；虽千载冠冕⑮，不晓书记者，莫不耕田养马。以此观之，安可不自勉耶？若能常保数百卷书，千载终不为小人也。

【注释】

①贵游：无官职的王公贵族。

②上车不落则著作，体中何如则秘书：上车不掉下来，就可以当著作郎；提笔能写身体如何等问候语，就可以做秘书郎。形容不学无术。

③长檐车：一种用车幔盖过整个车身的马车。

④棋子方褥：一种用方格图案的织品制成的方形坐褥。

⑤隐囊：类似于今日的靠枕。

⑥明经：通晓经术。以明经取士，由来已久。

⑦顾：通"雇"。

⑧三九：即三公九卿，封建王朝执掌中央政权的高级官员。

⑨快士：优秀人物。

⑩铨衡：衡量，品评。

⑪当路：执政，掌权。

⑫兀：光秃。

⑬鹿独：流离失所、颠沛流离的样子。

⑭驽材：蠢材。

⑮冠冕：指仕宦之家。

【译文】

　　梁朝在全盛的时候，那些王公贵族的子弟大多不学无术，以至当时有谚语说："上车不掉下来的，就可以成为著作郎了；提笔能写身体如何的，就可以当秘书郎了。"他们没有一个不是用香草熏衣，修鬓剃面，涂脂抹粉的；他们进出都是乘坐一种长檐车，走路穿的是高跟齿屐，坐着的是用绮罗做成的有方格图案的方形坐褥，靠的是五彩丝线织成的靠枕。他们的身边摆着各种玩赏的器物，进进出出，从容自如，远远看上去，好像神仙一般。到了以明经答问考取功名的时候，他们就雇人去考；参加三公九卿的宴会时，他们又叫他人帮自己写诗词。在那个时候，他们也挺像名士的样子。等到动乱发生以后，改换了朝代，掌管考核选拔官吏的人，已经不是从前的亲信；在朝中掌大权执政的，也不是旧时的朋友。到了这时，这些贵族子弟想自力更生，却一无所长；想出头扬名，却没有什么本领。他们只能披着粗布麻衣，卖掉家中的珠宝，失去华丽的外表，露出了本来的真面目，就好像没有树叶的枯木，又像没水的河流。他们在乱军之中颠沛流离，辗转丧命于荒沟野壑之间。在这时，他们成了绝对的蠢材。而那些有本领的人，就能随遇而安。自从兵荒马乱以来，我见过不少俘虏，即使他们世代都是平民百姓，但是由于懂得《论语》和《孝经》，还能成为别人的老师；那些虽然是世代相传的世家子弟，但由于不懂得读书写字，最终没有一个不沦为耕田养马的平民的。由此看来，怎么可以不勉励自己奋发图强，刻苦读书呢？假若能经常保有几百卷书，那么再过一千年也不会成为贫贱之人的。

　　夫明《六经》①之指，涉百家之书，纵不能增益德行，敦厉风俗，犹为一艺，得以自资②。父兄不可常依，乡国不可常保，一旦流离，无人庇荫，当自求诸身耳。谚曰："积财千万，不如薄伎③在身。"伎之易习而可贵者，无过读书也。世人不问愚智，皆欲识人之多，见事之广，而不肯读书，是犹求饱而懒营馔，欲暖而惰裁衣也。夫读书之人，自羲、农④已来，宇宙之下，凡识几人，凡见几事，生民之成败好恶，固不足论，天地所不能藏，鬼神所不能隐也。

【注释】

　　①六经：指《诗》《书》《礼》《乐》《易》《春秋》六部儒家经典。

　　②自资：自谋生计。

　　③伎：通"技"，技艺，才能。

　　④羲、农：即伏羲、神农，古代传说中的帝王。

【译文】

　　领悟《六经》的要旨，涉猎百家的著作，即使不能增长个人的道德操行，劝勉社会风俗，但总算是一门技艺，可以用来自谋生计。父亲兄长是不能长期依赖的，家乡邦国也是不能常保无事的。一旦被迫颠沛流离，没有人能庇护你的时候，你只有依靠自身了。俗语说："积财千万，不如薄技在身。"各种技艺当中最容易学会而又值得推崇的，无过于读书。世上的人不论是愚蠢的还是聪明的，都希望认识的人多，见识的事广，但却不肯用功读书，这样就像是想要吃一顿饱餐却懒于动手去做饭，想要衣服暖身却懒于去裁衣一样。那些读书的人，从伏羲、神农以来，这天底下所见的多少人，所识的多少事，他们都是懂得的，一般平民百姓的成败好恶，那固然不用说，就连天地万物之间蕴含的道理也不能隐藏，鬼神的事都逃不过他们的眼睛。

有客难主人曰："吾见强弩长戟，诛罪安民，以取公侯者有矣；文①义习吏，匡时富国，以取卿相者有矣；学备古今，才兼文武，身无禄位，妻子饥寒者，不可胜数，安足贵学乎？"主人对曰："夫命之穷达，犹金玉木石也；修以学艺，犹磨莹雕刻也。金玉之磨莹，自美其矿②璞③；木石之段块，自丑其雕刻。安可言木石之雕刻，乃胜金玉之矿璞哉？不得以有学之贫贱，比于无学之富贵也。且负甲为兵，咋笔④为吏，身死名灭者如牛毛，角立杰出者如芝草；握素披黄⑤，吟道咏德，苦辛无益者如日蚀，逸乐名利者如秋荼⑥，岂得同年而语⑦矣。且又闻之：生而知之者上，学而知之者次。所以学者，欲其多知明达耳。必有天才，拔群出类，为将则暗与孙武、吴起同术，执

政则悬得管仲、子产之教，虽未读书，吾亦谓之
学矣。今子即不能然，不师古之踪迹，犹蒙被而
卧耳。"

【注释】

①文：文饰。此作阐释解。

②矿：未经冶炼的金属。

③璞：未经雕琢的玉石。

④咋笔：操笔。

⑤握素披黄：意指专心攻读诗书。素，绢素，古代的书籍多用绢素书
写。黄，黄卷，古代的书籍为了防蛀虫而用黄檗染之，故称黄卷。

⑥秋荼：比喻繁多。荼，茅、苇一类植物的白花，到秋天繁茂盛多。

⑦同年而语：相提并论。

【译文】

有位客人为难我说："我看到有人手持强弩长戟，去讨伐叛逆，安抚
百姓，以此博取公侯的爵位；有人阐释法度，研习吏道，匡扶时世，富邦
强国，以此博取卿相职位；有些人学通古今，文武兼备，却没有什么职位
俸禄，妻子儿女挨饿受冻，这样的人多得数不清，如此看来，学习又怎么
值得重视呢？"我回答说："一个人的命运是困厄还是显达，就好像是金
玉与木石；钻研学问，掌握技艺，就好像琢磨金、玉和雕刻木、石。金、
玉经过琢磨，就比未经冶炼的金属和未加雕琢的玉石更加美丽；一段木
头、一块石头，就比经过雕刻的木石显得丑陋。然而，怎能说经过雕刻的
木、石就胜过未经琢磨的金、玉呢？所以，我们不能把有学问的人的贫贱
与没学问的人的富贵相比。况且披上铠甲去当兵的人，操笔做小吏的人，
身死名灭的人多如牛毛，可脱颖而出的人少如灵芝仙草；苦学攻读，颂扬
传播道德，辛苦而又没有好处的人就像日食那样少见，而闲适安乐、追名

逐利的人却如秋天的茶花那样繁多，这二者怎能相提并论呢？况且我又听说：一生下来就先知先觉的人是天才，通过学习才明白事理的人就差了一等。人之所以要不断学习，就是要多懂得一些道理，明白通达而已。如果说一定有天才的话，那也是出类拔萃的人，当将领的就像孙武、吴起那样，天生具备了过人的谋略；当宰相的天生就具备管仲、子产那样的素质，即使他们没有读过书，我也说他们是有学问之人。现在您没有他们那种本事，如果再不学习古人的做法，那就好像蒙着被子睡觉，什么都不知道了。"

人见邻里亲戚有佳快①者，使子弟慕而学之，不知使学古人，何其蔽也哉？世人但见跨马被甲，长矟②强弓，便云我能为将；不知明乎天道，辩乎地利，比量逆顺，鉴达兴亡之妙也。但知承上接下，积财聚谷，便云我能为相；不知敬鬼事神，移风易俗，调节阴阳，荐举贤圣之至③也。但知私财不入，公事夙办，便云我能治民；不知诚己刑物④，执辔如组⑤，反风灭火，化鸱为凤⑥之术也。但知抱令守律，早刑晚舍⑦，便云我能平狱；不知同辕观罪，分剑追财，假言而奸露，不问而情得之察也。爰及农商工贾，厮役奴隶，钓鱼屠肉，饭牛牧羊，皆有先达，可为师表，博学求之，无不利于事也。

【注释】

①佳快：极好，优秀。

②矟（shuò）：即槊，古代的兵器。

③至：周密。

④刑物：给人做出榜样。

⑤执辔（pèi）如组：比喻治教有方。辔，马缰绳。组，用丝织成的宽带子。

⑥化鸱（chī）为凤：比喻感化恶人，使其转变。鸱，猫头鹰，古人视之为恶鸟。

⑦早刑晚舍：用刑宁早，纵舍宁迟。

【译文】

人们看到乡里邻居亲戚中有优秀的人，就让自己的子弟钦慕他们，向他们学习，却不知道让自己的子弟向古人学习，这是多么糊涂哇！世上的人只知道当将军的能跨骏马，披铠甲，能举长矛，拉强弓，于是便认为自己也能做将军；却不知道了解天时，洞悉地理，估量形势的优劣，审察国家兴亡等种种奥妙。一般人只知道做宰相的承接皇上的旨意，下达任务，指挥官员，为国积财储粮，便认为自己也能做宰相；却不知道敬奉鬼神，移风易俗，调节阴阳五行，保荐举送贤能等种种周密的工作。只知道当地方官的不能收敛私财，要及早办理公事，就以为自己也能治理百姓；却不知道诚心待人，为人楷模，治理百姓如驾马车，止风灭火，化恶为善的种种方法。只知道管司法的要谨守法律条令，判刑宜早，赦免宜迟，就以为自己也能平冤狱讼；却不知同辕观罪、分剑追财，用假言诱使奸诈者暴露，不需反复审问就能查清案情这种深刻的洞察力。推而广之，那些农夫、商贾、工匠、奴仆、厮役、渔夫、屠户、喂牛的、放羊的，他们中间都有杰出之士，都可以作为学习的榜样，广泛地向他们学习，对事业不是没有好处的。

夫所以读书学问，本欲开心明目，利于行耳。未知养亲者，欲其观古人之先意承颜①，怡声下气②，不惮劬劳③，以致甘腝④，惕然惭惧，起而行之也。未知事君者，欲其观古人之守职无侵，见危授命，不忘诚谏，以利社稷，恻然自念，思欲效之也。素骄奢者，欲其观古人之恭俭节用，卑以自牧，礼为教本，敬者身基，瞿然⑤自失，敛容抑志也；素鄙吝者，欲其观古人之贵义轻财，少私寡欲，忌盈恶满，赒⑥穷恤匮，赧然悔耻，积而能散也；素暴悍者，欲其观古人之小心黜己，齿弊舌存，含垢藏疾，尊贤容众，茶然⑦沮丧，若不胜衣⑧也；素怯懦者，欲其观古人之达生⑨委命，强毅正直，立言必信，求福不回，勃然奋厉，不可恐慑也：历兹以往，百行皆然。纵不能淳，去泰去甚。学之所知，施无不达。世人读书者，但能言之，不能行之，忠孝无闻，仁义不足；加以断一条讼，不必得其理；宰千户县，不必理其民；问其造屋，不必知楣横而梲竖也；问其为田，不必知稷早而黍迟也；吟啸谈谑，讽咏辞赋，事既优闲，材增迂诞⑩，军国经纶⑪，略无施用，故为武人俗吏所共嗤诋，良由是乎！

【注释】

①先意承颜：不用父母说出来便能迎合父母的心意。

②怡声下气：声气和悦。形容恭顺的样子。

③劬（qú）劳：辛苦，劳累。

④腝（ér）：肉烂熟。

⑤瞿然：十分惊愕的样子。

⑥赒（zhōu）：周济，救济。

⑦苶（nié）然：十分疲惫的样子。

⑧不胜衣：谦恭有礼、退让的样子。

⑨达生：指参透人生，不受世务牵累。

⑩迂诞：迂阔荒诞，不合情理。

⑪经纶：治理国家，筹划大事。

【译文】

　　人之所以要读书和学习，本来是为了明白事理，增长见识，以利于自己的行为举止。对那些不知如何奉养双亲的人，要让他们看到古人如何体察父母的心意，按父母的愿望办事；如何轻声细气，和颜悦色地和父母交谈；如何不辞劳苦地侍奉，让父母吃到美味可口的食物，这样一来，那些不懂孝道的人就感到惭愧，从而师法古人，每日都自觉地那样做。对那些不懂如何侍奉君主的人，要让他们看到古人如何坚守职责，不侵凌犯上，在危急时刻，不惜献出生命；如何不忘自己忠心进谏的职责，以维护国家和平民百姓的利益，要使他们反思自己，进而想仿效学习古人。对那些向来奢侈骄横的人，要让他们看到古人的恭谨简朴，节约克制；如何以谦卑自守，以礼让为教之根本，以恭敬为立身之根，使他们惊觉自己的行为有失，从而收敛并抑制骄奢的心态；对那些一向吝啬自私的人，要让他们看到古人的重情义轻钱财，没有私心和贪念，忌盈恶满，如何周济穷困之人，使他们脸红并产生懊悔羞耻之心，从而能做到广积钱财和周济他人。

对那些向来暴戾骄傲的人，要让他们看到古人的小心谨慎、自我约束和说话有度；如何宽仁大方，敬重贤士并广纳众人，这样使他们受到打击，从而气焰低落，学会谦恭礼让。对那些胆小懦弱的人，要让他们看到古人的任天由命；如何刚毅正直，言行有信，祈求福分而不违背祖训，从而让他们发愤图强，不再胆怯：以此类推，所有的品行都可以采取上述的方式培养。即使不能使风气完全纯正，也能去掉那些极端不良的行为。学到的知识学问，在哪里都可以使用。然而现在也有一些读书人，只能空头说说，不能亲身来做，既不忠孝，又欠缺仁义；再加上他们审断一个诉讼，不一定明白其中的道理；管理一个千户小县，不一定能亲自管理过问百姓；问他们怎样造房子，不一定知道楣是横着放而棁是竖着放的；问他们怎样种田，他们不一定知道稷应先种而黍要后种。他们只懂得吟啸咏唱，谈欢作乐，写诗作赋，所做的事都是悠闲自在的，除了做些迂阔荒诞的事情外，对治理国家大事是没有用的，因而这些人被一些将军武士、小官吏所嗤笑辱骂，也确实因为这些呀！

夫学者所以求益耳。见人读数十卷书，便自高大，凌忽①长者，轻慢同列②。人疾之如仇敌，恶之如鸱枭③。如此以学自损，不如无学也。

【注释】

①凌忽：凌辱，冒犯。

②同列：指地位相同者。

③鸱枭：像猫头鹰之类的恶鸟。

【译文】

人学习是为了有所收获、增长见识。但我看到有些人读了十几卷书，便自高自大起来，轻慢长辈，蔑视同等地位的人。人们憎恶这种人就像憎恨仇敌一样，厌恶他们就像厌恶像猫头鹰那样的恶鸟一样。像这样用学习来损坏自身，还不如不学习。

古之学者为己，以补不足也；今之学者为人，但能说之也。古之学者为人，行道以利世也；今之学者为己，修身以求进也。夫学者犹种树也，春玩其华，秋登其实；讲论文章，春华①也，修身利行，秋实也。

【注释】

①春华：比喻学，华，同"花"。下文中以秋实比喻用。

【译文】

古代的读书人学习是为了充实自己，弥补自己的不足之处；现在的读书人学习是为了向别人炫耀，只要求能说会道。古代的读书人学习是为了广利大众，推行自己的主张，以造福社会；现在的读书人是为了自身需要，提高自身知识水平以谋求官职。其实学习应该像种树一样，春天可以欣赏到它的花朵，秋天可以收获它的果实；讨论文章，就好比赏玩春花，利于修身养性和自己的言行，这就像是摘取秋果。

人生小幼，精神专利，长成已后，思虑散逸，固须早教，勿失机也。吾七岁时，诵《灵光殿赋》①，至于今日，十年一理，犹不遗忘；二十之外，所诵经书，一月废置，便至荒芜矣。然人有坎壈②，失于盛年，犹当晚学，不可自弃。孔子云："五十以学《易》，可以无大过矣。"魏武③、袁遗④，老而弥笃，此皆少学而至老不倦也。曾子⑤七十乃学，名闻天下；荀卿⑥五十，始来游学，犹为硕儒；公孙弘⑦四十余，方读《春秋》，以此遂登丞相；朱云⑧亦四十，始学《易》《论语》；皇甫谧⑨二十，始受《孝经》《论语》：皆终成大儒，此并早迷而晚寤也。世人婚冠未学，便称迟暮，因循面墙⑩，亦为愚耳。幼而学者，如日出之光，老而学者，如秉烛夜行，犹贤乎瞑目而无见者也。

【注释】

①《灵光殿赋》：即《鲁灵光殿赋》，东汉王延寿所作。

②坎壈（lǎn）：困顿，不得志。

③魏武：指魏武帝曹操。

④袁遗：字伯夜，袁绍从兄，以好学闻名。

⑤曾子：曾参，孔子弟子。

⑥荀卿：即荀子，名况，时人尊之而号为荀卿。

⑦公孙弘：汉武帝时丞相。

⑧朱云：西汉元帝、成帝时名儒。

⑨皇甫谧：西晋著名学者。

⑩面墙：比喻不学无术，一无所见。

【译文】

人在年龄较小时，精神专注敏锐，长大成人以后，思想容易分散，学东西就不够专一，因而要重视早期的教育，不要坐失良机。我七岁时，就会背诵《灵光殿赋》，到了今天，每隔十年温习一次，仍然没有遗忘；二十岁以后，我所背诵的经书，要是一个月没有温习，便到荒废的地步了。然而人总有不得志的时候，即使在盛年时失去学习的好时机，也应该在晚年时抓紧时间学习，不能自暴自弃。孔子说："五十岁的时候学习《易经》，可以不犯较大的过错。"魏武帝曹操和袁遗，他们两个到晚年时学习得更加认真，这些都是少年好学到老了仍然孜孜不倦的例子。曾子七十岁才开始学习，最后名闻天下；荀子五十岁才开始外出游学，最终成为一个大学问家；公孙弘四十多岁才开始读《春秋》，并因此登上了丞相之位；朱云也是四十岁时才开始学习《易经》和《论语》；皇甫谧二十岁了才开始学习《孝经》和《论语》：这些人后来都成为大学者，他们都是少时没有用功而后来醒悟并立志成才的人。有些人到了成年之时仍没开始学习，便认为是太晚了，于是一直拖延下去，成为不学无术、毫无见识的人，那实在是太愚昧了。从小时候就学习的人，就好像是日出时的万丈光芒；而老年才开始学习的人，如同拿着蜡烛在夜里走路，这总比那种闭着眼睛什么都看不见的人好多了。

　　学之兴废，随世轻重。汉时贤俊，皆以一经弘圣人之道，上明天时，下该人事，用此致卿相者多矣。末俗①已来不复尔，空守章句，但诵师言，施之世务②，殆无一可。故士大夫子弟，皆以博涉为贵，不肯专儒。梁朝皇孙以下，总帅③之年，必先入学，观其志尚，出身④已后，便从文史，略无卒业者。冠冕为此者，则有何胤、刘瓛、明山宾、周舍、朱异、周弘正、贺琛、贺革、萧子政、刘绍等，兼通文史，不徒讲说也。洛阳亦闻崔浩、张伟、刘芳，邺下又见邢子才：此四儒者，虽好经术，亦以才博擅名。如此诸贤，故为上品，以外率多田野间人，音辞鄙陋，风操蚩拙⑤，相与专固⑥，无所堪能，问一言辄酬数百，责其指归⑦，或无要会⑧。邺下谚云："博士买驴，书券三纸，未有驴字。"使汝以此为师，令人气塞。孔子曰："学也禄在其中矣。"今勤无益之事，恐非业也。夫圣人之书，所以设教，但明练经文，粗通注义，常使言行有得，亦足为人；何必"仲尼居"即须两纸疏义，燕寝讲堂，亦复何在？以此得胜，宁有益乎？光阴可惜，譬诸逝水。当博览机要，以济功业；必能兼美，吾无间焉。

【注释】

①末俗：末世的习俗。

②世务：谋生处世之事。

③丱（guàn）：儿童束发成两角的样子。

④出身：出仕。

⑤蚩拙：愚昧，笨拙。

⑥专固：专断，顽固。

⑦指归：主旨和意向。指，通"旨"，即主旨。

⑧要会：要旨。

【译文】

学习风气的兴盛与荒废，是随着社会风气的变化而变化的。汉代的贤才俊士，都是靠精通一部经书来弘扬圣人的道理的，上可洞察天文，下可明了世事情理，凭此当上了卿相的人可多得很。汉末的习俗改变以后，就不再是这样子了，读书人都空守章句之学，只会背诵老师所说的话，并用这些来处理实际事务，大概不会有任何用处。因此后来的士大夫的子弟都崇尚广泛地涉猎各种典籍，不肯再专攻一本经书了。梁朝自皇孙以下，就规定在年少时就让他们入学读书，观察他们的志向和爱好，到了步入仕途的年龄以后，就（让他们）去参与文官的事务，几乎没有人能把学习坚持到最后。既能当官又能坚持学业的，有何胤、刘瓛、明山宾、周舍、朱异、周弘正、贺琛、贺革、萧子政、刘绍等人，他们能够兼通文史，并不仅仅是会讲解经书而已。我也曾听说洛阳有崔浩、张伟、刘芳，邺城又有邢子才：这四人虽然都喜爱经术，然而也以博学多才闻名。像上述各位贤士，应该视之为学者中的上品，除了他们以外时大部分是山野村夫，他们语言鄙陋，举止粗劣，没有操守，与人相处时，固执武断，没有一件事能胜任的，你问他一句，他会回答上几百句，倘若问他其中的主旨是什么，他大概自己都不得要领。邺城有句谚语："博士去买驴，契约写了三张纸，还没有写到一个驴字。"如果让这种人做你们的老师，还不把人气死。孔子说："学习吧，俸禄就在其中了。"如今这些人却在毫无益处的事情上下功夫，这恐怕不是正当的行为吧。圣贤的书籍，是用来教育人的，只要能够熟读经书，粗通注文的意思，那就经常能使自己的言行从中得到帮助，也就足以立身为人了；何必对"仲尼居"三个字，也要用两张纸的疏文来解释呢？无论指闲居也好，还是指讲习之所也罢，现在还存在吗？在这种问题上去争输赢，有什么好处呢？光阴值得珍惜，它会像流水那样一去不复返。我们应当广泛阅读书中的那些精要之处，以求帮助成就自己的事业；假如你们能做到博览和专精并重，那我也挑不出毛病来了。

俗间儒士，不涉群书，经纬①之外，义疏②而已。吾初入邺，与博陵崔文彦交游，尝说《王粲集》中难郑玄《尚书》事。崔转为诸儒道之，始将发口，悬见排蹙③，云："文集只有诗赋铭诔④，岂当论经书事乎？且先儒之中，未闻有王粲也。"崔笑而退，竟不以粲集示之。魏收之在议曹，与诸博士议宗庙事，引据《汉书》，博士笑曰："未闻《汉书》得证经术。"收便忿怒，都不复言，取《韦玄成传》，掷之而起。博士一夜共披寻之，达明，乃来谢曰："不谓玄成如此学也。"

【注释】

①经纬：经书和纬书。

②义疏：注解经书的书。

③排蹙（cù）：斥责。

④诔（lěi）：悼念死者的文词。

【译文】

世间的读书人，不能博览群书，除了研读一些经书和纬书之外，也无非就是学习儒家经典的注疏而已。我刚到邺城的时候，与博陵的崔文彦有交往，曾与他谈起《王粲集》中关于王粲诘问郑玄注解《尚书》的事。崔文彦转而又与几位儒士谈起这件事，刚一开口，就被他们训斥道："文集中只有诗、赋、铭、诔之类文体，难道还会论及有关经书的问题吗？况且在先辈的儒士中，也没有听说过王粲这个人。"崔文彦笑了笑，便走了，终究没有把《王粲集》拿给他们看。魏收在做议曹官时，曾经和几位博士议论有关宗庙的事情，并引《汉书》为据，众博士笑他说："从没有听说《汉书》可以用来论证儒家经术的。"魏收非常气愤，一句话也不说，拿出《汉书·韦玄成传》，把书掷给他们，转身走了。博士们在一起，用了一夜的时间来研读这本书，天亮时，他们来向魏收道歉说："没有想到韦玄成还有这等学问哪。"

　　夫老、庄之书，盖全真①养性，不肯以物累己也。故藏名柱史，终蹈流沙；匿迹漆园，卒辞楚相，此任纵之徒耳。何晏、王弼，祖述玄宗，递相夸尚，景②附草靡，皆以农、黄之化，在乎己身，周、孔之业，弃之度外。而平叔以党曹爽见诛，触死权之网也；辅嗣以多笑人被疾，陷好胜之阱也；山巨源以蓄积取讥，背多藏厚亡之文也；夏侯玄以才望被戮，无支离臃肿之鉴也；荀奉倩丧妻，神伤而卒，非鼓缶③之情也；王夷甫悼子，悲不自胜，异东门之达也；嵇叔夜排俗取祸，岂和光同尘之流也；郭子玄以倾动专势，宁后身外己之风也；阮嗣宗沉酒荒迷，乖畏途相诚之譬也；谢幼舆赃贿黜削，违弃其余鱼之旨也：彼诸人者，并其领袖，玄宗所归。其余桎梏④尘滓之中，颠仆名利之下者，岂可备言乎！直取其清谈雅论，剖玄析微，宾主往复，娱心悦耳，非济世成俗之要也。洎于梁世，兹风复阐，《庄》《老》《周易》，总谓《三玄》。武皇、简文，躬自讲论。周弘正奉赞大猷⑤，化行都邑，学徒千余，实为盛美。元帝在江、荆间，复所爱习，召置学生，亲为教授，废寝忘食，以夜继朝，至乃倦剧愁愤，辄以讲自释。吾时颇预末筵，亲承音旨，性既顽鲁，亦所不好云。

【注释】

①全真：保全本性。

②景：同"影"。

③缶：瓦器。

④桎梏：手铐脚镣。后比喻一切束缚人的东西。

⑤大猷：治国的大道。

【译文】

老子、庄子的著作，强调的是保全本性、修养品性，不肯被身外之物拖累自身。因此，老子隐姓埋名在周朝担任柱下史，最后隐遁于沙漠之中；庄子隐身为漆园小吏，最后也拒绝出任楚相，他们都是无拘无束、自由自在的人。后来有何晏、王弼，仿效前人，解说道家的精义，宣扬老、庄之学，当时的人如影随形，如草随风，都以神农、黄帝的教化来装饰自己，把周公、孔子的事业置之度外。然而何晏因为党附曹爽而被杀，这是死在贪欲的罗网下；王弼因为以自己的所长讥笑别人而招来嫉恨，落入了争强好胜的陷阱；山涛因为贪吝积敛而遭到世人议论，违背了聚敛越多丧失越多的古训；夏侯玄因为自己的才学名望而遭杀害，因为他没有从庄子所说的支离和臃肿大树等无用之才得以自保的故事中吸取教训；荀粲丧妻之后，因为悲哀而死，这是缺乏庄子在丧妻之后鼓盆而歌的通达；王衍痛失幼子而悲不自胜，没有东门吴面对丧子所持有的潇洒豁达；嵇康因为排斥流俗而招来杀身之祸，哪儿是与世无争之人呢？郭象因声名显赫最终走上了权势之路，也没有达到甘于别人之后的忘我境界；阮籍贪酒、荒诞迷乱，背离了险途应小心谨慎的古训；谢鲲因家童贪赃而被罢免，违背了不该贪得无厌、节欲知足的宗旨：以上这些人，都是玄学中人心所向的领袖人物。至于其余那些在尘世中束手缚脚、身套名利枷锁的人，就更不用说了。他们只不过选取了老、庄书中的清谈雅论，剖析其中玄奥精妙的地方，宾主相互问答，只求娱心悦耳，但这并不是有利于形成良好社会风俗的事。梁朝之时，这种崇尚道教的风气又兴盛起来，《庄子》《老子》《周易》被总称为《三玄》。梁武帝和简文帝都亲自讲解评论。周弘正奉旨讲述以玄学治国的大道理，风气影响了整个京城，门徒达到了数千人，盛况空前。梁元帝在江陵、荆州的时候，也很喜欢并熟悉此道，召集了学生，亲自为他们讲解，甚至达到了废寝忘食、夜以继日的地步，甚至在他极度疲倦或忧愁烦闷的时候，也是用玄学来自我排解。那时，我偶尔也在末位就座，亲耳聆听元帝的教诲，只是我天资愚笨，对此又缺乏兴趣，所以没有特别的收益。

齐孝昭帝侍娄太后①疾，容色憔悴，服膳减损。徐之才为灸两穴，帝握拳代痛，爪入掌心，血流满手。后既痊愈，帝寻疾崩，遗诏恨不见太后山陵之事②。其天性至孝如彼，不识忌讳如此，良由无学所为。若见古人之讥欲母早死而悲哭之，则不发此言也。孝为百行之首，犹须学以修饰之，况余事乎！

【注释】

①娄太后：齐孝昭帝高演的母亲。

②山陵之事：这里指孝昭帝母亲娄太后的丧事。

【译文】

北齐孝昭帝在母亲娄太后病重期间，一直在她身边侍奉，因而脸色憔悴，茶饭不思。徐之才为太后针灸两个穴位，孝昭帝在一边紧握拳头以代痛，以致指甲刺入掌心，血流得满手都是。娄太后的病终于痊愈，而孝昭帝不久却因病而逝，他在遗诏中说最遗憾的是不能为娄太后办理后事，以尽最后的孝心。他的天性是这样的孝顺，但都不懂忌讳到如此的地步，这全都是由不学习造成的。他如果能从书中看到古人讽刺那些盼望母亲早死以便痛哭尽孝的人的记载，就不会在遗诏中说出那样的话来了。行孝是所有德行中最重要的事情，尚且需要通过学习去培养完善，何况其他的事呢！

梁元帝尝为吾说："昔在会稽，年始十二，便已好学。时又患疥，手不得拳，膝不得屈。闲斋张葛帏①避蝇独坐，银瓯贮山阴甜酒，时复进之，以自宽痛。率意自读史书，一日二十卷，既未师受，或不识一字，或不解一语，要自重之，不知厌倦。"帝子之尊，童稚之逸，尚能如此，况其庶士，冀以自达者哉？

【注释】

①葛帏：葛布制成的围帐。

【译文】

　　梁元帝曾经对我说："以前我在会稽的时候，年龄只有十二岁，就已经很喜欢学习了。当时我患有疥疮，手不能握拳，膝不能弯曲。我在闲斋中挂上葛布帏帐，用以遮挡苍蝇，自己独自坐在帐中，身边的小银盆里装着山阴产的甜酒，不时喝上几口，以此缓解疼痛。我随意地读一些史书，一天读了二十卷，因为当时没有老师传授，就会有一个字也不认识，或一句话也不理解的情况出现，这就需要严格要求自己，不感到厌倦。"梁元帝以帝王之子的尊贵，孩童的闲逸，尚能对学习如此用功，何况那些希望通过学习来谋求腾达的普通读书人呢？

　　古人勤学，有握锥①投斧，照雪聚萤，锄则带经，牧则编简，亦为勤笃。梁世彭城刘绮，交州刺史勃之孙，早孤家贫，灯烛难办，常买荻尺寸折之，然②明夜读。孝元初出会稽，精选寮案③，绮以才华，为国常侍兼记室，殊蒙礼遇，终于金紫光禄。义阳朱詹，世居江陵，后出扬都，好学，家贫无资，累日不爨④，乃时吞纸以实腹。寒无毡被，抱犬而卧，犬亦饥虚，起行盗食，呼之不至，哀声动邻，犹不废业，卒成学士，官至镇南录事参军，为孝元所礼。此乃不可为之事，亦是勤学之一人。东莞臧逢世，年二十余，欲读班固《汉书》，苦假借不久，乃就姊夫刘缓乞丐客刺⑤书翰纸末，手写一本，军府服其志尚，卒以《汉书》闻。

【注释】

①握锥：指战国时苏秦以锥刺股促己求学之事。比喻用功刻苦。

②然：同"燃"。

③寮宷（liáo cǎi）：官吏。

④爨（cuàn）：烧火煮饭。

⑤客刺：相当于如今的名片，拜帖。

【译文】

古人非常勤奋好学，有用锥子刺大腿以防止自己瞌睡的苏秦，有把斧子扔到高树上决心到长安求学的文党，有在夜间靠雪地的反光来读书的孙康，有以布袋收集萤火虫以照明学习的车胤，也有兒宽、常林等人耕地时不忘带上经书，路温舒一边放牛一边摘草织成"小简"用以写字，他们都十分勤奋好学。梁朝彭城的刘绮，是交州刺史刘勃的孙子，幼年丧父，家

境贫困，没有钱买灯烛，就时常买些荻草，将它的茎折成尺把长，点燃后用来照明夜读。梁元帝开始在会稽任官的时候，精心选拔了一批官吏，刘绮凭自己的才华，被选任为太子府中的国常侍兼记室，很受器重，最终官至金紫光禄大夫。义阳的朱詹，祖居江陵，后来到了建业。他刻苦好学，但因家中没钱，有时几天都不能生火做饭，因而时常靠吞纸来充饥。天气寒冷，没有被子，就抱着狗互相取暖睡觉。狗也饿得受不了，跑到外面偷食，朱詹大声呼唤，它也不回来，那悲哀的叫声，震惊了周围的邻居，然而他仍没有放弃苦读，最终成为大学士，官至镇南录事参军，受到孝元帝的礼待。这是一般人做不到的，这也是勤奋好学的人中的一个典型。东莞的臧逢世，二十多岁的时候，想读班固的《汉书》，但苦于借来的书不能长久阅读，就只好向姐夫刘缓乞求名片、信纸的边角，亲手抄录了一本。军府中的人都佩服他的志气和毅力，后来，臧逢世终于因研究《汉书》而闻名于世。

齐有宦者内参①田鹏鸾，本蛮人也。年十四五，初为阉寺②，便知好学，怀袖握书，晓夕讽诵。所居卑末，使役苦辛，时伺闲隙，周章③询请。每至文林馆，气喘汗流，问书之外，不暇他语。及睹古人节义之事，未尝不感激沉吟久之。吾甚怜爱，倍加开奖。后被赏遇，赐名敬宣，位至侍中开府。后主之奔青州，遣其西出，参伺④动静，为周军所获。问齐主何在，绐⑤云：“已去，计当出境。”疑其不信，欧⑥捶服之，每折一支⑦，辞色愈厉，竟断四体而卒。蛮夷童丱，犹能以学成忠，齐之将相，比敬宣之奴不若也。

【注释】

①内参：即太监。

②阍（hūn）寺：古代宫中掌管门禁的官。

③周章：周游，游览。

④参伺：侦察，窥视。

⑤绐（dài）：欺骗。

⑥欧：通"殴"，殴打，攻击。

⑦支：肢体。

【译文】

　　北齐有个太监叫田鹏鸾，本来是一个少数民族人。十四五岁时，被选入宫内做了守门人。那时，他便爱好读书，随身带着书本，早晚诵读。尽管当时所处的地位十分卑下，差役十分辛苦，但他仍能够利用空隙时间，四处求人指点。每次到文林馆的时候，他都是气喘吁吁，汗流浃背，除了请教书上的知识外，其他的话语都没有空暇去说。每次看到古人重节操讲情义的事，他都会十分感动，连声称赞，感慨良多。我十分喜欢他，对他加倍教导勉励。后来他被皇上赏识，赐名敬宣，官至侍中开府。北齐后主逃往青州的时候，派他去西边侦察动静，结果被北周的军队掳获。周军问他齐后主在哪里，他欺骗周军说："已经离开了，估计已经出了边境。"周军怀疑他说的话，不相信，就殴打他，企图让他屈服。他的四肢每被打断一条，他的声音和神色就更加严厉，他最后因四肢断裂而死。一个偏远民族的少年，尚且能够通过学习成为忠心的侍臣，北齐的将相们，比起敬宣这种奴才来还不如。

　　邺平之后，见徙入关。思鲁尝谓吾曰："朝

无禄位，家无积财，当肆①筋力，以申供养。每被课笃②，勤劳经史，未知为子，可得安乎？"吾命之曰："子当以养为心，父当以学为教。使汝弃学徇财，丰吾衣食，食之安得甘？衣之安得暖？若务先王之道，绍家世之业，藜羹③缊褐④，我自欲之。"

【注释】

①肆：极，尽。

②笃：视察，督促。

③藜羹：比喻粗劣的饭菜。

④缊（yùn）褐：泛指穷人所穿的破旧的衣服。

【译文】

邺城被攻陷之后，我们被逼迁徙入关。那时候思鲁曾经对我说："我们在朝廷又没了俸禄，家中又没有积攒的财产，我应当竭尽全力干活儿赚钱，以维持家用。现在您常督促我们学习，勤习经史，但您可知道，我这做儿子的，在这种情况下如何能安心学习呢？"我教导他说："做儿子当然要把供养双亲的责任放在心上，做父亲的更应该用学到的知识教育子女。如果让你放弃学习而去挣钱财，即使我能丰衣足食，我吃起饭来怎会觉得香甜？穿起衣服来怎会觉得温暖？假如你致力于先王之道，继承我们祖辈相传的读书传统，那么，即使是吃粗劣的饭菜，穿破旧的衣服，我也是心甘情愿的。"

《书》曰："好问则裕。"《礼》云："独学而无友，则孤陋而寡闻。"盖须切磋相起明①也。见有闭门读书，师心自是②，稠人广坐，谬误差失者多矣。《穀梁传》称公子友与莒挐相搏，左右呼曰："孟劳。"孟劳者，鲁之宝刀名，亦见《广雅》。近在齐时，有姜仲岳谓："孟劳者，公子左右，姓孟名劳，多力之人，为国所宝。"与吾苦诤。时清河郡守邢峙，当世硕儒，助吾证之，赧然而伏。又《三辅决录》云，灵帝殿柱题曰："堂堂乎张，京兆田郎。"盖引《论语》，偶以四言，目京兆人田凤也。有一才士，乃言："时张京兆及田郎二人皆堂堂耳。"闻吾此说，初大惊骇，其后寻愧悔焉。江南有一权贵，读误本《蜀都赋》注，解"蹲鸱，芋也"，乃为"羊"字；人馈羊肉，答书云："损惠③蹲鸱。"举朝惊骇，不解事义，久后寻迹，方知如此。元氏之世，在洛京时，有一才学重臣，新得《史记音》，而颇纰缪，误反④"颛顼"字，顼当为许录反，错作许缘反，遂谓朝士言："从来谬音'专旭'，当音'专翾'耳。"此人先有高名，翕然信行；期年之后，更有硕儒，苦相究讨，方知误焉。《汉书·王莽赞》云："紫色蛙声，余分闰位。"谓以伪乱真耳。昔吾尝共人谈书，言及王莽形状，有一俊士，自许史学，名价甚高，乃云："王莽非直鸱目虎吻，亦紫色蛙声。"又《礼乐志》云："给太官挏马酒。"李奇注："以马乳为酒也，捶挏⑤乃成。"二字并从手。捶挏，此谓撞捣挺挏之，今为酪酒⑥亦然。向学士又以为种桐时，太官酿马酒乃熟。其孤陋遂至于此。太山羊肃，亦称学问，读潘岳赋"周文弱枝之枣"，为杖策之杖；《世本》"容成造历"，以历为碓磨之磨。

【注释】

①起明：启明，启发使明白。

②师心自是：自以为是，固执己见。

③损惠：致谢别人馈送礼物所作的敬辞。

④反：反切。

⑤捶挏（chòng dòng）：上下撞击。

⑥酪酒：用马牛羊等的乳汁制成的酒。

【译文】

《尚书》中说："喜欢提问则知识充足。"《礼经》上说："独自学习而没有朋友共同商讨，就会孤陋寡闻。"由此看来，学习必须相互切磋，互相启发引导，才能使自己更加明白。我看见有些人闭门读书，自以为是，大庭广众之中经常出错，谬语连篇。《穀梁传》中叙述公子友与莒两人相互搏斗，公子友的手下在一旁大声叫："孟劳。""孟劳"，是鲁国宝刀的名称，《广雅》中也是这样认为的。最近在齐朝的时候，我遇到了一位叫姜仲岳的人，他却认为："孟劳是公子友身边的人，姓孟名劳，是一位大力士，鲁国人将他当作宝贝。"为了这个他和我苦苦争辩。当时，清河郡守邢峙也在场，他是当今的大学者，帮我证实了孟劳的真实含义，姜仲岳这才红着脸，低头认输。再比如说《三辅决录》上说，汉灵帝宫殿的门柱上题有："堂堂乎张，京兆田郎。"这是引用《论语》中的话，而以四言句式，是用来品评京兆人田凤的。然而有一位才士，却把这句话解释为："当时的张京兆和田郎二人都相貌堂堂。"他听了我的解释后，先是十分惊讶，后来才明白，并为此感到羞愧。江南有一位权贵，读了有很多错误的《蜀都赋》的注本，书中将"蹲鸱，芋也"的"芋"字错作"羊"字；因而当他收到别人馈赠的羊肉时，回信答谢说："感谢您赠我蹲鸱。"大家都感到非常惊讶，不明他是用了什么典故。很久以后，才弄清这到底是怎样的一回事。北魏时，京都洛阳有一位颇有才学又身份显贵的大臣，新得到一本《史记音》，书中错漏百出，将"颛顼"的"顼"字读音注错了，"顼"字本作"许录反"，书中错为"许缘反"。这位重臣，对朝中官员说："人们历来将'颛顼'误读成'专旭'，其实应当读作'专翾'。"这位大臣名望很高，他的意见大家相信并照办。直至一年多之后，又有一位大学者对这个读音苦心研究，才知道那位大臣读错了。《汉书·王莽赞》说："紫色蛙声，余分闰位。"这句话意思是说王莽以假乱真。以前我曾经和人一起谈论书籍时，谈及王莽的相貌，有一位俊秀之士，自诩精通史学，名声和身价都很高，他竟然说："王莽不但长得虎嘴鹰目，而且肤色青紫，声音如蛙鸣。"再如《汉书·礼乐志》说："给太官桐马酒。"李奇的注解是："以马乳为酒，撞捣乃成。"撞捣二字都是"手"偏旁。所谓撞捣，这里指上下捣击、搅拌的意思，现在做酪酒也是这样。然而刚才那位学士又认为李奇的注解意思是说要等种桐树的时候，太官酿造的马酒才熟。他竟孤陋寡闻到了这个地步。太山郡的羊肃，也算得上有学问的人了，他读潘岳赋中"周文弱枝之枣"一句，把"弱枝"的"枝"误作"杖策"的"杖"；《世本》中有"容成造历"这句话，他却把"历"字当作碓磨的"磨"字。

谈说制文，援引古昔，必须眼学，勿信耳受。江南闾里①间，士大夫或不学问，羞为鄙朴，道听途说，强事饰辞：呼徵质为周、郑，谓霍乱为博陆，上荆州必称陕西，下扬都言去海郡，言食则餬口②，道钱则孔方，问移则楚丘，论婚则宴尔，及王则无不仲宣，语刘则无不公幹。凡有一二百件，传相祖述③，寻问莫知原由，施安④时复失所。庄生有乘时鹊起⑤之说，故谢朓诗曰："鹊起登吴台。"吾有一亲表，作《七夕》诗云："今夜吴台鹊，亦共往填河。"《罗浮山记》云："望平地树如荠。"故戴暠诗云："长安树如荠。"又邺下有一人《咏树》诗云："遥望长安荠。"又尝见谓矜诞⑥为夸毗⑦，呼高年⑧为富有春秋⑨，皆耳学之过也。

【注释】

①闾里：里巷。

②餬口：吃东西的意思。

③祖述：效法、遵循前人的说法、做法。

④施安：施用，使用。

⑤鹊起：指见机而作，后多为乘时运崛起之意。

⑥矜诞：自大，狂妄。

⑦夸毗：以阿谀卑屈取媚于人。

⑧高年：指年纪大。

⑨富有春秋：指年轻，春秋尚多。

【译文】

说话写文章，援引古代的例证，必须亲眼目睹，不要相信耳朵听来的。江南民间里巷，有许多士大夫不肯努力学习，又羞于被视为没有文化的粗鄙之人，就把一些道听途说的东西拿来装饰门面，比如：把徵质说成周、郑，把霍乱称作博陆，上荆州一定要说成去陕西，下扬都则要说成去海郡，把吃饭说成糊口，提起钱就说孔方，问起迁徙就说楚丘，论嫁谈婚就说宴尔，提到姓王的就说仲宣，谈起姓刘的就提公幹。像这样的说法不下一二百种，士大夫们相互传袭，互相影响，如果向他们问这些说法的原因，没有一个能说出来的；平时使用的时候，又用得不恰当。庄子有"乘时鹊起"的说法，因而谢朓作诗道："鹊起登吴台。"我有一位表亲，作了一首《七夕》诗，其中道："今夜吴台鹊，亦共往填河。"《罗浮山记》上说："望平地树如荠。"于是戴暠的诗说："长安树如荠。"邺城也有个人在《咏树》诗中说："遥望长安荠。"我还曾经见过有人把秋诞解释成夸毗，把高年称为富有春秋，诸如此类都是过分相信耳朵，只凭听闻而造成的过失。

夫文字者，坟籍①根本。世之学徒，多不晓字：读《五经》者，是徐邈而非许慎；习赋诵者，信褚诠而忽吕忱；明《史记》者，专徐、邹而废篆籀②；学《汉书》者，悦应、苏③而略《苍》《雅》。不知书音是其枝叶，小学乃其宗系。至见服虔④、张揖音义则贵之，得《通俗》《广雅》而不屑。一手⑤之中，向背如此，况异代各人乎？

【注释】

①坟籍：指古代典籍。

②篆籀（zhuàn zhòu）：古代书体。篆指小篆，籀指大篆。

③应、苏：指应邵、苏林，二者皆注释过《汉书》。

④服虔：东汉经学家、文字学家。

⑤一手：指出自同一个人的手笔。

【译文】

　　文字是典籍的根本。世上从事学业的人，大多不精通字义：读《五经》的人，赞扬徐邈而非议许慎；学习辞赋的人，信服褚诠而忽略吕忱；通读《史记》的人，注重徐野民、邹诞生对音义的研究，却废弃了对篆文字义的研究；学习《汉书》的人，欣赏应邵、苏林的注释而忽略了《苍颉篇》和《尔雅》。他们不明白语音只是字的枝叶，字义才是文字的根本。甚至有人见到服虔、张揖有关音义的书就十分看重，而对同样由他们所写的《通俗文》和《广雅》却不屑一顾。对同出一人之手的著作尚且如此厚此薄彼，何况对不同时代不同人的著作呢？

传统文化小知识

丁忧与夺情

　　古代官员因父、母亡故暂时辞官回乡守制称作丁忧，又叫"丁艰""守孝"。该制度始于汉代，一般时间为3年。古代官员遇到需要丁忧的情况，如果朝廷因为特殊情况，比如政治或军事方面的需要而要求官员不得回乡丁忧，而必须留在朝廷，或者官员已经回乡丁忧但期限未满，朝廷提前强令召回其出仕，这两种情况都叫作夺情。丁忧一旦遇到夺情，则必须屈从。

夫学者贵能博闻也。郡国山川，官位姓族，衣服饮食，器皿制度，皆欲根寻，得其原本；至于文字，忽①不经怀②，己身姓名，或多乖舛③，纵得不误，亦未知所由。近世有人为子制名：兄弟皆山傍立字，而有名峙者；兄弟皆手傍立字，而有名机者；兄弟皆水傍立字，而有名凝者。名儒硕学，此例甚多。若有知吾钟之不调④，一何可笑。

【注释】

①忽：轻视。

②经怀：留心。

③乖舛（chuǎn）：违背，错乱。

④钟之不调：指师旷与晋平公讨论钟音是否和谐的事。

【译文】

求学的人都追求广学博闻。对于郡国山川、官位姓族、衣服饮食、器皿制度，他们都想寻根问底，弄清事物的源头；可是对于文字，他们却显得漫不经心，连自己的名字姓氏，也往往出现谬误，即使不出错误，也不知道它们的由来。近代有些人为儿子起名：兄弟几个的名字都是用"山"作偏旁的字，却有叫"峙"的；兄弟几个的名字都是用"手"作偏旁的字，却有取名为"机"的；兄弟几个的名字都是用"水"作偏旁的字，却有取名为"凝"的。在那些名声很高的大学者中，这种例子很多。他们如果知道这和师旷与晋平公讨论钟音是否和谐是一回事的话，就会明白这是多么可笑。

　　吾尝从齐主幸并州，自井陉关入上艾县，东数十里，有猎闾村。后百官受马粮在晋阳东百余里亢仇城侧。并不识二所本是何地，博求古今，皆未能晓。及检《字林》《韵集》，乃知猎闾是旧猎余聚，亢仇旧是馤歈亭，悉属上艾。时太原王劭欲撰乡邑记注，因此二名闻之，大喜。

【译文】

　　我曾经跟随北齐文宣帝到并州去，从井陉关进入上艾县，县东几十里处，有一个猎闾村。后来，文武百官又曾在晋阳以东百余里的亢仇城旁接受马匹粮草。大家都不知道这两个地方原本是哪里，查阅了大量的古今书籍，都没能弄明白。直到我翻阅了《字林》《韵集》，才知道猎闾村就是以前的猎余聚，亢仇城原先也是称作馤歈亭的，两者都隶属于上艾县。当时太原的王劭正打算撰写乡邑记注，我把这两个地方的名称告诉了他，他非常高兴。

　　吾初读《庄子》"蜼[1]二首"，《韩非子》曰："虫有蜼者，一身两口，争食相龁[2]，遂相杀也。"茫然不识此字何音，逢人辄问，了无解者。案：《尔雅》诸书，蚕蛹名蜼，又非二首两口贪害之物。后见《古今字诂》，此亦古之虺[3]字，积年凝滞，豁然雾解[4]。

【注释】

　　①蜼（huǐ）：通"虺"。

②龁（hé）：咬。

③虺（huǐ）：古书上指毒蛇。

④雾解：像雾一样消散。

【译文】

我最初读《庄子》这本书，看到"蝈二首"这句话，《韩非子》中说："有一种虫叫蝈，一个身子两张嘴，为了争抢食物而互相撕咬，以致演变成互相残杀。"对其中的"蝈"字是什么读音，我一直不明白，于是便逢人就问，却没有一个人能够解答。后来经查考：《尔雅》等字书上说，蚕蛹名蝈，但蚕蛹并不是那种有两个头两张嘴的贪婪凶残的动物。最后见了《古今字诂》，才知道这个"蝈"字也就是古代的"虺"字，多年来积滞在胸中的疑问，一下子就消散了。

尝游赵州，见柏人城北有一小水，土人亦不知名。后读城西门徐整碑云："洍流东指。"众皆不识。吾案《说文》，此字古魄字也，洍，浅水貌。此水汉来本无名矣，直以浅貌目之，或当即以洍为名乎？

【译文】

我曾经游览赵州，看见柏人城北面有一条小河，连土生土长的当地人也不知它的名字。后来我读了城西门徐整碑的碑文，上面说："洍流东指。"大家都不明白这句话是什么意思。我查阅《说文解字》，上面说这个"洍"字就是古代的"魄"字，洍，就是水浅的样子。这条河从汉代以来就没有名字，只是把它当作一条浅浅的小河来看待，或许就应当用这个

"洰"字来给它命名吧？

　　世中书翰①，多称勿勿，相承如此，不知所由，或有妄言此忽忽之残缺耳。案：《说文》："勿者，州里所建之旗也，象其柄及三斿②之形，所以趣③民事。故悤④遽者称为勿勿。"

【注释】

①书翰：书信、文书。

②斿（liú）：古时旌旗下垂着的飘带或其他饰物。

③趣：即"促"，催促。

④悤（cōng）：急遽，匆促。

【译文】

　　世人在书信中常写有"勿勿"这个词，历来相传都是这样写的，但不知它的来源。有人妄下断语说"勿勿"是"忽忽"的残缺字。后经查证：《说文解字》上说："勿，是乡里所树立的旗，其字形像旗杆和旗帜末端三条下垂的飘带的形状，这种旗是用来催促农民抓紧农事的。因而将紧迫匆忙称作'勿勿'"。

　　吾在益州，与数人同坐，初晴日晃，见地上小光，问左右："此是何物？"有一蜀竖①就视，答云："是豆逼耳。"相顾愕然，不知所谓。命取将来，乃小豆也。穷访蜀士，呼粒为逼，时莫之解。吾云："《三苍》《说文》，此字白下为匕，皆训粒，《通俗文》音方力反。"
众皆欢悟。

【注释】

①竖：童仆。

【译文】

在益州的时候，我曾经和几个人在一块闲聊，天刚放晴，阳光灿烂，我见地上有一发光的小点，就问身边的人："这是什么东西？"有一个蜀地的童仆走上前看了看，回答说："是豆逼。"大家互相惊愕地看着，不明白他说的是什么意思。我叫他取过来，看清原来是小豆。我几乎问遍了蜀地的人，问他们为什么把"粒"称作"逼"，当时的人都不能解释其中的原因。我告诉他们说："在《三苍》《说文解字》里，这个字就是'白'字下面加'匕'字，都解释作'粒'。《通俗文》里注音作方力反。"众人明白后都十分高兴。

　　愍楚友婿①窦如同从河州来，得一青鸟，驯养爱玩，举俗呼之为鹖②。吾曰："鹖出上党，数曾见之，色并黄黑，无驳杂也。故陈思王《鹖赋》云：'扬玄黄之劲羽。'"试检《说文》："鸻雀似鹖而青，出羌中。"《韵集》音介。此疑顿释。

【注释】

①友婿：同门女婿互称，今言连襟。
②鹖（hé）：鸟名。

【译文】

　　愍楚的连襟窦如同从河州回来，他从那里带回来一只青色的鸟，驯养赏玩很是得意，所有的族人都把它称为"鹖"。我说："鹖产自上党，我曾多次见，它的羽毛全是黄黑色的，没有斑驳杂色的。所以曹植的《鹖赋》说：'鹖扬起那黑黄色的劲翅。'"我试着翻检《说文解字》，书上说："鸐雀与鹖相似，但毛色是青的，出产于羌中。"《韵集》认为这个字的读音为"介"。这个疑问顿时就消除了。

　　梁世有蔡朗者讳纯，既不涉学，遂呼莼①为露葵。面墙②之徒，递相仿效。承圣中，遣一士大夫聘齐，齐主客郎李恕问梁使曰："江南有露葵否？"答曰："露葵是莼，水乡所出。卿今食者绿葵菜耳。"李亦学问，但不测彼之深浅，乍闻无以覈究③。

【注释】

　　①莼：莼菜。

　　②面墙：不学无术者，没有见识谓似"面墙"。

　　③覈（hé）究：查验，核实。

【译文】

　　梁朝有个叫蔡朗的人忌讳"纯"字，他又没有什么学问，就把莼菜叫作露葵。那些不学无术之徒，也跟在后面盲目仿效。承圣年间，梁朝派出一位士大夫出使北齐，北齐的主客郎李恕问这位梁朝的使臣说："江南有露葵吗？"使臣回答说："露葵就是莼菜，那是水乡中出产的。您今天吃的是绿葵菜。"李恕也是有学问的人，只是吃不透对方学问的深浅，乍一听说也无法加以查究。

　　思鲁等姨夫彭城刘灵，尝与吾坐，诸子侍焉。吾问儒行、敏行曰："凡字与谥议名同音者，其数多少，能尽识乎？"答曰："未之究也，请导示之。"吾曰："凡如此例，不预研检，忽见不识，误以问人，反为无赖①所欺，不容易②也。"因为说之，得五十许字。诸刘③叹曰："不意乃尔！"若遂不知，亦为异事。

【注释】

　　①无赖：指撒泼放刁的人。
　　②易：等闲视之。
　　③诸刘：刘灵的儿子们。

【译文】

　　思鲁他们的姨父是彭城的刘灵，他曾与我坐在一块闲聊，他的几个儿子在旁边陪着。我问儒行、敏行说："与你们父亲名字同音的字，一共有多少？你们都能认识吗？"他们回答说："没有探究过这个问题，请您教导指示我们。"我说："凡是这一类的字，如果不提前翻检研究，临时看到又不认识，错拿着前去请教别人，反而会被小人欺侮，不能轻率对待呀。"于是我就给他们解答这个疑问，一共五十字左右。刘灵的儿子们感叹地说道："真没有想到会有那么多。"如果他们一直都不了解，那也确实是怪事。

校定书籍，亦何容易，自扬雄、刘向，方称此职耳。观天下书未遍，不得妄下雌黄①。或彼以为非，此以为是；或本同末异；或两文皆欠，不可偏信一隅也。

【注释】

①雌黄：矿物名称。柠檬黄色，有时微带浅褐色。古人校书、抄书常以雌黄涂改。因而改易文字就称为雌黄。

【译文】

校订书籍，并不是一件容易的事，只有扬雄和刘向才算得上是胜任这一项工作的。如果没有读遍天下的书籍，就不能妄加改动。有时在这本书中是错的，在那本书里却认为它是对的；有时，两个版本大体上是相同的，在一些细节上却出现分歧；有时，两种版本的同一处文字都不完全正确，所以不能偏信一种说法。

卷四

文 章 第 九

　　本篇讲述的是系统的文学理论。颜之推把文学理论纳入家训，因此奠定了其在中国文学批评史上的地位。作者的文学理论表现为实用主义文章观，即为官处世、经世致用为尚的社会功用观，抑气克情的文章创作论和重理轻文的文章本质论。作者认为文章的源头是《五经》，各类文章都有用途。为文要内容第一，形式第二，要处理好文章的内容与形式的关系；文学创作过程不同于其他社会活动；好的文章"当以理致为心肾，气调为筋骨，事义为皮肤，华丽为冠冕"。作者提出了对子女的要求，子女应继承家风，文章典正，不从流俗，写文章不能傲慢凌物，招致败损。作者还认为在文学创作过程中作家的素养尤为特殊和重要。作者对文学批评的方法也提出了自己的看法，即要以严谨的科学态度对待文学批评，作家要认识到文学批评的重要性，批评他人文章一定要做到评判准确，论述恰当。

夫文章者，原出《五经》：诏命策檄①，生于《书》者也；序述论议②，生于《易》者也；歌咏赋颂③，生于《诗》者也；祭祀哀诔④，生于《礼》者也；书奏箴铭⑤，生于《春秋》者也。朝廷宪章⑥，军旅誓诰⑦，敷⑧显仁义，发明功德，牧民建国，施用多途。至于陶冶性灵，从容讽谏，入其滋味，亦乐事也。行有余力，则可习之。然而自古文人，多陷轻薄：屈原露才扬己，显暴君过；宋玉体貌容冶，见遇俳优；东方曼倩，滑稽不雅；司马长卿，窃赀⑨无操；王褒过章⑩《僮约》；扬雄德败《美新》；李陵降辱夷虏；刘歆反复莽世；傅毅党附权门；班固盗窃父史；赵元叔抗竦过度；冯敬通浮华摈压；马季长佞媚获诮⑪；蔡伯喈同恶受诛；吴质诋忤乡里；曹植悖慢犯法；杜笃乞假无厌；路粹隘狭已甚；陈琳实号粗疏；繁钦性无检格；刘桢屈强输作；王粲率躁见嫌；孔融、祢衡，诞傲致殒；杨修、丁𠁦，扇动取毙；阮籍无礼败俗；嵇康凌物凶终；傅玄忿斗免官；孙楚矜夸凌上；陆机犯顺履险；潘岳干没取危；颜延年负气摧黜；谢灵运空疏乱纪；王元长凶贼自诒；谢玄晖侮慢见及。凡此诸人，皆其翘秀⑫者，不能悉纪，大较如此。至于帝王，亦或未免。自昔天子而有才华者，唯汉武、魏太祖、文帝、明帝、宋孝武帝，皆负世议，非懿德之君也。自子游、子夏、荀况、孟轲、枚乘、贾谊、苏武、张衡、左思之俦，有盛名而免过患者，时复闻之，但其损败居多耳。每尝思之，原其所积，文章之体，标举兴会，发引性灵，使人矜伐，故忽于持操，果于进取。今世文士，此患弥切，一事惬当，一句清巧，神厉九霄，志凌千载，自吟自赏，不觉更有傍人。加以砂砾所伤，惨于矛戟，讽刺之祸，速乎风尘，深宜防虑，以保元吉。

【注释】

①诏命策檄：古代的四种文体，均为官方文书。

②序述论议：古代文体。序，指书籍或文章的序言。述，记人物生平事迹的文字。

③歌咏赋颂：古代诗体或韵文体名。歌、咏，诗歌。颂，用于赞颂的一种文章。

④祭祀哀诔（lěi）：古代哀祭类文体名。祭，祭文。祀，郊庙祭祀乐歌。哀，哀辞，用以哀悼死者，追述其生平。诔，亦为哀悼死者的文章。

⑤书奏箴铭：文体名。书奏，古时臣下向朝廷所上的书简和奏章。箴，用于规诫。铭，用于赞颂或警诫。

⑥宪章：制度典章。

⑦誓诰（gào）：文体名。誓，告诫将士或相互约束的言辞。诰，古代上级对下级号令训诫的文章。

⑧敷：阐发，宣扬。

⑨赀：通"资"，财物。

⑩章：显露。

⑪诮：讥讽。

⑫翘秀：优秀出众。

【译文】

文章，出自"五经"：诏、命、策、檄，是从《尚书》中产生的；序、述、论、议，是从《易经》中产生的；歌、咏、赋、颂，是从《诗经》中产生的；祭、祀、哀、诔，是从《礼记》中产生的；书、奏、箴、铭，则是从《春秋》中产生的。朝廷的宪章，军中所用的誓、诰，扬显仁义，彰明功德，治理民众，建设国家，文章的用途是多种多样的。至于用文章来陶冶性情，或者对别人婉言相劝，或者深入体会其中的趣味，也是一件快乐的事情。假如还有能力，则可以学习一点儿这方面的东西。然而自古以来，文人大多陷于轻薄：屈原过于显露才华，表现自己，公开暴露君主的过失；宋玉体态容貌冶艳，被人视作俳优；东方朔言行过于滑稽，少有雅致；司马相如攫取钱财，没有操守；王褒的过失见于《僮约》；扬雄的品德坏于《美新》；李陵辱没身份，投降匈奴；刘歆在王莽执政时立场不坚定；傅毅依附权贵；班固剽窃父亲写的史书；赵壹过分恃才倨傲；冯衍华而不实，遭到排挤；马融谄媚权贵，遭到讥讽；蔡邕结交恶人，遭到惩罚；吴质仗势肆行无忌而触怒乡里；曹植傲慢无理触犯国法；杜笃向人借贷而不知满足；路粹心胸过分狭隘；陈琳确实粗率疏忽；繁钦生性不知检点；刘桢性格过分倔强，被罚作苦役；王粲轻率急躁，遭人厌恶；孔融、祢衡狂放傲慢，并因此被杀；杨修、丁廙煽动生事，自取灭亡；阮籍不守礼节，伤风败俗；嵇康盛气凌人，不得善终；傅玄负气争吵，被免去官职；孙楚傲慢自负，触怒上司；陆机违背正道，自走险路；潘岳侥幸取利，自取危机；颜延年意气用事，因而被贬；谢灵运散漫粗疏，违背法纪；王融叛逆作乱，自己害了自己；谢朓侮慢别人，终于被杀。上述的这些人，都是文人中的佼佼者，都是出类拔萃的人物，其他的不能全数记取，大略就是如此。至于帝王，有的也未能避免这类毛病。从古到今，成为天子而又有才华的，只有汉武帝、魏太祖、魏文帝、魏明帝、宋孝武帝等数人，但他们都遭到世人的议论，不是完美的君主。至于像子游、子夏、荀况、孟轲、枚乘、贾谊、苏武、张衡、左思等一流人物享有盛名而免于过失祸患的人，有时也能听到，但他们之间经历艰辛磨难的还是占多数。我曾常思考这个问题，推究其中的道理，文章的本质在于揭示兴趣感受、抒发人的灵性，这容易使人恃才自负，从而疏忽操守，执着于名利。现在的文人，更容易犯这个毛病，一个典故用得恰当，一个句子说得清新奇巧，就会心神上达九霄云外，意气下凌千年，自我咏吟欣赏，不觉世上另有旁人。再加上言辞带给别人的伤害，会比矛戟造成的伤害更重；讽刺别人招来的祸患比大风来得更快，应该特别加以防范，以保安全。

　　学问有利钝，文章有巧拙。钝学累功，不妨精熟；拙文研思，终归蚩鄙。但成学士，自足为人。必乏天才，勿强操笔。吾见世人，至无才思，自谓清华，流布丑拙，亦以众矣，江南号为诟痴符①。近在并州，有一士族，好为可笑诗赋，诮撇邢、魏诸公，众共嘲弄，虚相赞说，便击牛酾②酒，招延声誉。其妻，明鉴妇人也，泣而谏之。此人叹曰："才华不为妻子所容，何况行路！"至死不觉。自见之谓明，此诚难也。

【注释】

①诊（líng）痴符：古代方言。指没有才学又喜欢夸耀的人。诊，卖。

②酾（shī）：斟酒，倒酒。

【译文】

做学问有聪明和迟钝之分，写文章有灵巧与拙劣之分。做学问迟钝的人只要肯刻苦用功，就可以达到精熟；写文章拙劣的人，即使钻研深究，也难免终归粗劣。只要能成为饱学之士，就足以立世为人了。如果天生缺乏才情，请不要勉强执笔写文章。我见到世上的一些人，极其缺乏才思却认为自己的文章清新华丽，将其丑拙的文章四处传扬，这样的人也太多了，江南人称这种人为"诊痴符"。近来在并州，有一位士大夫，喜欢写一些可笑的诗赋，还嘲弄邢邵、魏收等人，大家一齐嘲弄他，假意夸奖他的诗赋，于是他就杀牛斟酒准备宴请大家，以扩大他的声名和赞誉。他的妻子是个明白事理的人，哭着规劝他，这个人却叹气说："我的才华连自己的妻子都不承认，何况其他不相干的人呢！"他到死也没有醒悟过来。自己能了解自己才叫明，那确实也是很难做到的。

〖 读 · 品 · 悟 〗

写文章得能力可以通过练习和阅读积累提高，经过精心钻研，是可以写出好文章的。但是颜氏的这种评价自然要遭到不少人的指责，因为他一定打击了不少喜欢涂鸦写作的人，他们或许并没有什么写文章的基础，也没有自己的文学才华，但是他们就是喜欢写，无非一种自我娱乐的方式罢了，所谓"至无才思，自谓清华，流布丑拙，亦以众矣"实在是有些过于不顺了。

学为文章，先谋亲友，得其评裁，知可施行，然后出手；慎勿师心自任①，取笑旁人也。自古执笔为文者，何可胜言。然至于宏丽精华，不过数十篇耳。但使不失体裁，辞意可观，便称才士；要须动俗盖世，亦俟河之清②乎！

【注释】

①师心自任：自以为是，固执己见。

②俟河之清：等待黄河由浊变清。古人把河清看作是一件稀罕、一辈子也等不到的事。比喻期望之事不可能实现或难以实现。河，指黄河。

【译文】

学写文章，先向亲朋好友征求意见，得到他们的评判，知道怎么写了，然后才动手写；千万不能由着性子自以为是，以致被别人取笑。自古以来执笔写文章的人，哪里能说得完。然而能称上是气势宏伟、华丽精美的文章，不过几十篇而已。只要写的文章不违背体裁要求，辞意值得一观，就可以称作才士了。如若一定要使自己的文章惊动流俗，压倒当世，怕也只有等黄河变清才有可能了。

不屈二姓，夷、齐之节也；何事非君，伊、箕之义也。自春秋已来，家①有奔亡，国有吞灭，君臣固无常分矣；然而君子之交绝无恶声，一旦屈膝而事人，岂以存亡而改虑？陈孔璋居袁裁书，则呼操为豺狼；在魏制檄，则目绍为蛇虺②。在时君所命，不得自专，然亦文人之巨患也，当务从容消息③之。

【注释】

①家：指卿大夫及其家族。

②蛇虺（huǐ）：毒蛇。喻指凶狠残毒之人。

③消息：意为斟酌。

【译文】

不屈身于另一个朝代，这是伯夷、叔齐的节操；对任何君王皆可侍奉，这是伊尹、箕子所行的道义。自春秋以来，卿大夫的家族奔窜流亡，邦国被吞灭，国君与臣子之间也没有固定的名分了；然而君子之间即使绝交，也不会相互辱骂，但屈膝侍奉别的君主，又怎么能因故主的存亡而改变自己的立场呢？陈琳在袁绍手下时，就把曹操称为豺狼；而在曹操麾下时，却在所写得檄文中把袁绍称为毒蛇。当然这是当时君主的命令，自己不能做主，但这也是文人的大祸患，不能不仔细斟酌一番。

或问扬雄曰："吾子少而好赋？"雄曰："然。童子雕虫篆刻，壮夫不为也。"余窃非之曰：虞舜歌《南风》之诗，周公作《鸱鸮》之咏，吉甫、史克《雅》《颂》之美者，未闻皆在幼年累德也。孔子曰："不学《诗》，无以言。""自卫返鲁，乐正，雅、颂各得其所。"大明孝道，引《诗》证之。扬雄安敢忽之也？若论"诗人之赋丽以则，辞人之赋丽以淫①"，但知变之而已，又未知雄自为壮夫何如也？著《剧秦美新》，妄投于阁，周章②怖慑，不达天命，童子之为耳。桓谭以胜老子，葛洪以方仲尼，使人叹息。此人直以晓算术，解阴阳，故著《太玄经》，数子为所惑耳；其遗言余行，孙卿、屈原之不及，安敢望大圣③之清尘？且《太玄》今竟何用乎？不啻覆酱瓿而已。

【注释】

①淫：过分。

②周章：惊惧的样子。

③大圣：德行高、品行好的人。

【译文】

有人问扬雄道："你小时候喜欢作诗吗？"扬雄回答说："是的。诗赋如同学童所练的虫书、刻符，成年人是不屑一顾的。"我私下反对他：虞舜歌吟的《南风》，周公所作的《鸱鸮》，尹吉甫、史克所作的那些收

传统文化小知识

青眼与白眼

青眼指正视，因为正对着看的时候黑眼珠在眼眶中间；白眼指斜视，这时是眼白对着人。青眼和白眼分别表示尊重和轻视的态度，这种说法出自《晋书·阮籍传》："（阮）籍又能为青白眼。"阮籍善于使用青白眼来表达自己的态度，见到一些庸俗之辈，就用白眼对之，而遇到自己所敬重的人，则予以青眼相视。

在《雅》《颂》中的美好文章，但没听说这些是他们小时候写的而损害了他们的德行。孔子说："不学《诗》，就不擅长辞令。"又说："我从卫国回到鲁国，对《诗》的乐章进行整理，使《雅》乐、《颂》乐各得其所。"孔子彰明孝道，就引用《诗》来验证。扬雄怎么能忽视这些呢？如果就他说的"诗人的赋华丽而合乎规则，辞人的赋华丽得过度"来看，这只不过表明扬雄懂得两者的差别而已，不知道扬雄自成年之后又作得怎么样呢？他写了《剧秦美新》，却糊里糊涂地从天禄阁上往下跳，处事惊慌失措，恐惧不安，不能通达天命，那才是小孩子的行为。桓谭认为扬雄胜过老子，葛洪将扬雄与孔子相提并论，实在是让人叹息。扬雄只不过是通晓术数，懂得阴阳之学，因而撰写了《太玄经》，那几个人就被他迷惑了；他的言辞德行，连荀子、屈原都赶不上，又怎敢和老子、孔子这样的大圣人相提并论呢？况且《太玄经》在今天又能有什么用呢？不过是被人拿来盖在酱缸上罢了。

　　齐世有席毗①者，清干②之士，官至行台尚书。嗤鄙文学，嘲刘逖云："君辈辞藻，譬若荣华，须臾之玩，非宏才也；岂比吾徒千丈松树，常有风霜，不可凋悴矣！"刘应之曰："既有寒木，又发春华，何如也？"席笑曰："可哉！"

【注释】

　　①席毗：北齐大将。

　　②清干：英明能干。

【译文】

　　北齐有个叫席毗的大将，英明能干，官至行台尚书。他鄙视文学，嘲笑刘逖说："你们这些人的辞藻文章，就好比开放的花朵一般，只能供人赏玩片刻，不是栋梁之材；怎能比得上像我辈这样的千丈高的松树，虽经历风霜，却不会枯败凋落！"刘逖回答说："既是耐寒之树，又能在春天开花，这种怎么样呢？"席毗笑着说："那当然好！"

凡为文章，犹人乘骐骥①，虽有逸气，当以衔勒制之，勿使流乱轨躅②，放意填坑岸也。

【注释】

①骐骥：日行千里的良马。

②轨躅（zhuó）：本指车辙，引申为法度规范。

【译文】

写文章就好像骑千里马，即使千里马有俊逸之气，还应当用衔勒来控制它，不能放任自流，乱了奔走的法度，纵意而行，以至于要以身体填塞沟壑。

文章当以理致①为心肾，气调②为筋骨，事义③为皮肤，华丽为冠冕。今世相承，趋末弃本，率多浮艳。辞与理竟，辞胜而理伏；事与才争，事繁而才损。放逸者流宕而忘归，穿凿者补缀而不足。时俗如此，安能独违？但务去泰去甚耳。必有盛才重誉，改革体裁者，实吾所希。

【注释】

①理致：义理意致。指作品的思想感情。

②气调：气质格调。

③事义：引用典故。

【译文】

　　文章应该以义理意致为心肾，气质格调为筋骨，运用典故为皮肤，华丽辞藻为冠冕。如今文章世代相承，都是趋末弃本，而且大多过于浮艳。文辞与义理比较，文辞优美而义理薄弱；用典与才思相争，因用事繁复而才思受损。肆意飘逸的，虽然行文放荡轻快，却忘掉了文章的主旨；过于拘泥的，虽然撰写连缀勉强成篇，却是文采不足。现在的习俗都是这样，怎能独自违抗得了呢？但求不要过分就好了。如果真有一位才华横溢、声望极高的人出来改革文章体制，那实在是我所期望的。

　　古人之文，宏材逸气，体度风格，去今实远；但缉缀①疏朴，未为密致耳。今世音律谐靡，章句偶对，讳避精详，贤于往昔多矣。宜以古之制裁为本，今之辞调为末，并须两存，不可偏弃也。

【注释】

　　①缉缀：缝拼接合，指文章的撰写连缀。

【译文】

　　古人的文章，才气宏大飘逸，其体度风格与今天的文章差别实在太大了；但古人在遣词造句、过渡连缀等方面，却粗疏质朴，不够周密详细。如今的文章，音律和谐，章句对称华美，避讳精密细详，在这方面比古人好多了。应该以古人的文章体制构架为根本，以今人的文辞音调为枝叶，二者共存，不可偏废任何一方。

吾家世文章，甚为典正，不从流俗；梁孝元在蕃邸①时，撰《西府新文》，讫无一篇见录者，亦以不偶于世，无郑、卫之音故也。有诗赋铭诔书表启疏二十卷，吾兄弟始在草土②，并未得编次，便遭火荡尽，竟不传于世。衔酷茹恨，彻于心髓！操行见于《梁史·文士传》及孝元《怀旧志》。

【注释】

①蕃邸：王府。蕃，通"藩"。

②草土：指居丧。

【译文】

我先父的文章，非常典雅纯正，不同于流俗。梁孝元帝在做湘东王时，撰写《西府新文》，先父的文章没有一篇被收录，这是因为他不迎合世人的口味，没有浮艳之文。先父留有诗、赋、铭、诔、书、表、启、疏等各种文体的文章共二十卷，我们兄弟当时在服丧期间，还没有来得及编辑整理，这些文章就遭逢火灾，被大火烧了个精光，最终没能留传于后世。我的痛苦怨恨，深入心底！先父的操守品行载于《梁史·文士传》以及梁孝元帝的《怀旧志》上。

沈隐侯①曰："文章当从三易：易见事，一也；易识字，二也；易读诵，三也。"邢子才常曰："沈侯文章，用事不使人觉，若胸臆语也。"深以此服之。祖孝徵亦尝谓吾曰："沈诗云：'崖倾护石髓。'此岂似用事邪？"

【注释】

①沈隐侯：沈约，南朝著名文学家，字休文，谥隐侯。

【译文】

沈约说："写文章应该遵从'三易'的原则：一是用典明白易懂；二是文字容易认识；三是易于诵读记忆。"邢子才常说："沈约的文章，用典录事别人觉察不出来，就好像直抒胸臆一样。"我为此而十分佩服他，祖孝徵也曾对我说："沈约的诗里说：'崖倾护石髓。'这哪里像在用典哪？"

邢子才、魏收俱有重名，时俗准的①，以为师匠。邢赏服沈约而轻任昉，魏爱慕任昉而毁沈约，每于谈宴，辞色以之。邺下纷纭，各有朋党。祖孝徵尝谓吾曰："任、沈之是非，乃邢、魏之优劣也。"

【注释】

①准的：标准，楷模。

【译文】

邢子才、魏收都很有盛名，当时的人都以他们两个为楷模，奉他们为宗师。邢子才欣赏钦佩沈约而轻视任昉，魏收仰慕任昉而诋毁沈约，他们在一起宴饮聊天时，常为此争得面红耳赤。邺城的人对此看法也不一，两人都有自己的拥护者。祖孝徵曾经对我说："任昉、沈约两人的是和非，实际上就反映了邢子才、魏收二人的优和劣。"

《吴均集》有《破镜赋》。昔者，邑号朝歌，颜渊不舍；里名胜母，曾子敛襟：盖忌夫恶名之伤实也。破镜乃凶逆之兽，事见《汉书》，为文幸避此名也。比世往往见有和人诗者，题云敬同，《孝经》云："资于事父以事君而敬同。"不可轻言也。梁世费旭诗云："不知是耶非。"殷沄诗云："飘飏云母舟。"简文曰："旭既不识其父，沄又飘飏其母。"此虽悉古事，不可用也。世人或有文章引《诗》"伐鼓渊渊"者，《宋书》已有屡游之诮；如此流比，幸须避之。北面①事亲，别舅摛②《渭阳》之咏；堂上养老，送兄赋桓山之悲，皆大失也。举此一隅，触涂③宜慎。

【注释】

①北面：面向北。古时，臣拜君、卑幼拜见长辈，要面向北行礼，因此居臣下、晚辈之位称"北面"。

②摛（chī）：传布，舒展。

③触涂：也作"触途"，处处。

【译文】

《吴均集》中有篇《破镜赋》。从前有个城邑名叫朝歌，颜渊就因为这个地名而不在那里停留；有个乡里名叫胜母，曾子到了这里，敛起衣襟就走开了：他们大概是因为忌讳不好的名称会损坏事物原有的内涵。"破镜"是一种凶恶的野兽，它的典故见于《汉书》，写文章时希望你们避免用这一类的名称。近来常看到有应和别人诗作的人，在和诗的题目上写有"敬同"二字。《孝经》里说："资于事父以事君而敬同。"因此"敬同"这个词是不能随便用的。梁朝费旭的诗中说："不知是耶非。"殷沄的诗中说："飘飖云母舟。"简文帝说："费旭既不认识他的父亲，殷沄又让他母亲到处飘荡。"这些虽然都是过去的事，但也不可随意引用。有人在文章里引用了《诗经》的"伐鼓渊渊"，《宋书》对这种不懂用反语的人曾予以讥诮；诸如此类的词句，希望你们一定要避免使用。假如母亲在世，在与舅舅分别时，却尽情吟唱《渭阳》；倘若双亲在堂，送别兄长时，却以"桓山之鸟"来表达自己的悲伤，这些都是很大的过失。举的这些例子只是一小部分，你们应该触类旁通，处处谨慎。

江南文制①，欲人弹射②，知有病累，随即改之，陈王得之于丁廙也。山东风俗，不通击难。吾初入邺，遂尝以此忤人，至今为悔；汝曹必无轻议也。

【注释】

①文制：即制文，写文章。

②弹射：用言语指责。此处指对文章进行批评。

【译文】

江南地区的人写文章之后，希望得到别人的批评指责，发现有毛病，立刻加以修改，陈思王曹植就从丁廙那里学到了这样的习惯。山东地区的风俗，是不许别人对自己的文章进行抨击责难的。我刚来邺城的时候，就曾经因为批评别人的文章而得罪那个人，到现在还在为这件事后悔；你们千万不要轻率地议论别人的文章。

凡代人为文，皆作彼语，理宜然矣。至于哀伤凶祸之辞，不可辄代。蔡邕为胡金盈作《母灵表①颂》曰："悲母氏之不永，然委我而夙丧。"又为胡颢作其父铭曰："葬我考②议郎君。"《袁三公颂》曰："猗欤③我祖，出自有妫。"王粲为潘文则《思亲诗》云："躬此劳悴，鞠予小人；庶我显妣，克保遐年。"而并载乎邕、粲之集，此例甚众。古人之所行，今世以为讳。陈思王《武帝诔》，遂深永蛰之思；潘岳《悼亡赋》，乃怆手泽④之遗。是方父于虫，匹妇于考也。蔡邕《杨秉碑》云："统大麓之重。"潘尼《赠卢景宣诗》云："九五思龙飞。"孙楚《王骠骑诔》云："奄忽登遐⑤。"陆机《父诔》云："亿兆宅心，敦叙⑥百揆。"《姊诔》云："伣⑦天之和。"今为此言，则朝廷之罪人也。王粲《赠杨德祖诗》云："我君饯之，其乐泄泄。"不可妄施人子，况储君乎？

【注释】

①灵表：文体名，墓表的一种。

②考：对已亡父亲的称呼。

③猗欤：叹词，表示赞美。

④手泽：手汗。

⑤登遐：对死去之人的讳称。

⑥敦叙：亲厚而有序。

⑦伣（qiàn）：譬喻。

【译文】

凡是代替他人写文章，都要用他的语气，从道理上说必须这样。至于表达哀伤凶祸内容的文章，是不可以随便替人代笔的。蔡邕为胡金盈作《母灵表颂》道："悲母氏之不永，然委我而凤丧。"又为胡颢代笔为他父亲写墓志铭说："葬我考议郎君。"还有在《袁三公颂》上说："猗欤我祖，出自有妫。"王粲替潘文则写《思亲诗》道："躬此劳悴，鞠予小人；庶我显妣，克保遐年。"而这几篇文章都收在蔡邕、王粲的文集里，这样的例子是很多的。古人的这种做法，在现在看来是犯了忌讳的。陈思王曹植的《武帝诔》，其中以"永蛰"一词来表达他对亡父的深切怀念；潘岳的《悼亡赋》中用"手泽"一词以抒发看见亡妻遗物而引起的悲伤。前者是将父亲比作永远冬眠的昆虫，后者则是将亡妻等同于亡父了。蔡邕的《杨秉碑》上说："统大麓之重。"潘尼的《赠卢景宣诗》上说："九五思龙飞。"孙楚的《王骠骑诔》上说："奄忽登遐。"陆机的《父诔》说："亿兆宅心，敦叙百揆。"《姊诔》说："伣天之和。"今天谁要是这样写，早成了朝廷的罪人了。王粲的《赠杨德祖诗》中说："我君饯之，其乐泄泄。"这种表示母子重归于好的话是不可以随便乱用于别人的儿女身上的，何况是太子呢？

挽歌辞者，或云古者《虞殡》①之歌，或云出自田横之客，皆为生者悼往告哀之意。陆平原多为死人自叹之言，诗格既无此例，又乖制作本意。

【注释】

①《虞殡》：古代挽歌名。

【译文】

挽歌辞，有的人说始于古代的《虞殡》之歌，有的说出自田横的门客，所有的挽歌辞都是活着的人用来追悼死者，以表哀伤之意的。陆机所作的挽歌大多是死者的自我感叹之言，挽歌的格式中没有这样的例子，这也背离了创作挽歌的本意。

凡诗人之作，刺箴美颂，各有源流，未尝混杂，善恶同篇也。陆机为《齐讴篇》，前叙山川物产风教之盛，后章忽鄙山川之情，殊失厥体。其为《吴趋行》，何不陈子光、夫差乎？《京洛行》，胡不述赧王、灵帝乎？

【译文】

凡是诗人的作品，不管是讽刺的、针砭的、歌颂的、赞美的，都各有其源流，从来没有将其混杂在一处，致使善恶的内容在同一篇的。陆机作《齐讴篇》，前半部分叙述山川的秀美和物产的丰盛以及当地民风的淳朴，后半部分忽然出现鄙薄山川的情绪，这也太背离诗的体制了。既然这样，他写的《吴趋行》，为什么不说子光、夫差的事呢？写《京洛行》，又为什么不说赧王、汉灵帝的事呢？

自古宏才博学，用事误者有矣；百家杂说，或有不同，书傥湮灭，后人不见，故未敢轻议之。今指知决纰缪者，略举一两端以为诚。《诗》云："有鷕雉鸣。"又曰："雉鸣求其牡。"毛《传》亦曰："鷕，雌雉声。"又云："雉之朝雊，尚求其雌。"郑玄注《月令》亦云："雊，雄雉鸣。"潘岳赋曰："雉鷕鷕以朝雊。"是则混杂其雄雌矣。《诗》云："孔怀兄弟。"孔，甚也；怀，思也，言甚可思也。陆机《与长沙顾母书》，述从祖弟士璜死，乃言："痛心拔脑，有如孔怀。"心既痛矣，即为甚思，何故方言有如也？观其此意，当谓亲兄弟为孔怀。《诗》云："父母孔迩。"而呼二亲为孔迩，于义通乎？《异物志》云："拥剑状如蟹，但一螯偏大尔。"何逊诗云："跃鱼如拥剑。"是不分鱼蟹也。《汉书》："御史府中列柏树，常有野鸟数千，栖宿其上，晨去暮来，号朝夕鸟。"而文士往往误作乌鸢用之。《抱朴子》说项曼都诈称得仙，自云："仙人以流霞一杯与我饮之，辄不饥渴。"而简文诗云："霞流抱朴碗。"亦犹郭象以惠施之辨为庄周言也。《后汉书》："囚司徒崔烈以锒铛锁。"锒铛，大锁也；世间多误作金银字。武烈太子亦是数千卷学士，尝作诗云："银锁三公脚，刀撞仆射头。"为俗所误。

【译文】

自古以来，那些才华横溢、博学多才的人，引用典故时出差错也是有的；诸子百家的杂说之语，有时对同一件事有不同的看法，这些书籍假若湮没，后人就看不到了，所以也不敢妄加评论。现在我只指出那些属于绝对错的，略举几个例子给你们借鉴。《诗经》里说："有鸣雌雉。"又说："雉鸣求其牡。"毛《传》里也说："鸣，是雌雉的鸣叫声。"《诗经》又说："雉之朝雊，尚求其雌。"郑玄注《月令》也说："雊，是雄雉的鸣叫声。"而潘岳的赋里说："雉雊雊以朝雊。"这就是混淆了雄雌二者的区别了。《诗经》中说："孔怀兄弟。"孔，是非常的意思；怀，是思念的意思。孔怀的意思是十分想念。陆机的《与长沙顾母书》，记述了其从祖弟陆士璜之死，却说："痛心拔脑，有如孔怀。"心中既然感到伤痛，自然是十分想念，为何还要说"有如"呢？看他此句的意思是把"孔怀"理解成亲兄弟了。《诗经》里说："父母孔迩。"按照陆机的用法，将父母称作"孔迩"，这能说得通吗？《异物志》中提到："拥剑状如蟹，但一螯偏大尔。"何逊的诗却说："跃鱼如拥剑。"这是鱼和蟹不分了。《汉书》中提到："御史府中列柏树，常有野乌数千，栖宿其上，晨去暮来，号朝夕乌。"而文人们在引用时往往把它们误作"乌鸢"。《抱朴子》里记载项曼都伪称自己遇上了仙人，自言道："仙人以流霞一杯与我饮之，辄不饥渴。"而简文帝的诗说："霞流抱朴碗。"这就像郭象将惠施辩论的话当作是庄周的话一样了。《后汉书》说："囚司徒崔烈以银铛锁。"银铛，就是大的铁链锁；世人多把"银"字误作金银的"银"字。武烈太子也是读过数千卷书的学士了，他曾作诗说："银锁三公脚，刀撞仆射头。"这是受世俗的影响而造成的错误。

文章地理，必须惬当。梁简文《雁门太守行》乃云："鹅军攻日逐①，燕骑荡康居，大宛归善马，小月送降书。"萧子晖《陇头水》云："天寒陇水急，散漫俱分泻，北注徂黄龙，东流会白马。"此亦明珠之颣②，美玉之瑕，宜慎之。

【注释】

①日逐：匈奴王号。后亦以此泛称古代北方少数民族首领。

②颣（lèi）：缺点，毛病。

【译文】

文章中凡是涉及地理知识的，运用时必须恰当。梁简文帝的《雁门太守行》中说："鹅军攻日逐，燕骑荡康居，大宛归善马，小月送降书。"萧子晖在《陇头水》中说："天寒陇水急，散漫俱分泻，北往徂黄龙，东流会白马。"这些可以说是明珠上的一点儿毛病，美玉上的一点儿瑕疵，应该谨慎地对待。

王籍《入若耶溪》诗云："蝉噪林逾静，鸟鸣山更幽。"江南以为文外断绝，物无异议。简文吟咏，不能忘之，孝元讽味，以为不可复得，至《怀旧志》载于《籍传》。范阳卢询祖，邺下才俊，乃言："此不成语，何事于能？"魏收亦然其论。《诗》云："萧萧①马鸣，悠悠②旆旌。"《毛传》曰："言不諠哗也。"吾每叹此解有情致，籍诗生于此耳。

【注释】

①萧萧：冷落，没有生气。

②悠悠：指旌旗下垂貌。

【译文】

王籍的《入若耶溪》中说："蝉噪林逾静，鸟鸣山更幽。"江南地区的人认为这是独一无二的诗句，没有人对此有另外的看法。简文帝吟咏之后，总不能忘怀。梁元帝也常诵读回味，认为这诗句不可多得，以致在《怀旧志》中将这首诗载入《王籍传》。范阳卢询祖，是邺城的俊士雅人，他却说："这两句不能成为好的联语，为什么认为王籍有才能呢？"魏收也赞同这一观点。《诗经》中说："萧萧马鸣，悠悠旆旌。"《毛传》解释说："这是肃静不喧哗、不嘈杂的意思。"我每次都叹服这个解释有情致，王籍的这一诗句就是由此产生的。

兰陵萧悫，梁室上黄侯之子，工于篇什。尝有《秋诗》云："芙蓉露下落，杨柳月中疏。"时人未之赏也。吾爱其萧散，宛然在目。颍川荀仲举、琅邪诸葛汉，亦以为尔。而卢思道之徒，雅所不惬。

【译文】

兰陵的萧悫，是梁上黄侯的儿子，擅长写文章。他曾经写有《秋诗》这首诗，诗中说："芙蓉露下落，杨柳月中疏。"当时那些人并不欣赏这两句诗。我却喜爱诗中那样空远散淡的情致，诗中所描绘的景象宛然在眼前。颍川荀仲举、琅邪诸葛汉，也是这样认为的。但卢思道等人，不太欣赏这两句诗。

何逊诗实为清巧，多形似之言；扬都论者，恨其每病苦辛，饶贫寒气，不及刘孝绰之雍容也。虽然，刘甚忌之，平生诵何诗，常云："'蓬车响北阙'，恸恸不道车。"又撰《诗苑》，止取何两篇，时人讥其不广。刘孝绰当时既有重名，无所与让；唯服谢朓，常以谢诗置几案间，动静辄讽味。简文爱陶渊明文，亦复如此。江南语曰："梁有三何，子朗最多。"三何者，逊及思澄、子朗也。子朗信饶清巧。思澄游庐山，每有佳篇，亦为冠绝。

【译文】

何逊的诗实在是清新奇巧，且有较多形象生动的语言；而扬都的评论者批评他的诗太多深思，用心太苦，多了衰冷萧瑟之意，不像刘孝绰的诗那样雍容闲和。即使是这样，刘孝绰还是很妒忌他，平时诵读他的诗句时，常说："'蓬车响北阙'，恸恸不道车。"他又撰写了《诗苑》一书，只收录了两首何逊的诗，当时的人都讥讽他不够大度。刘孝绰在那时已享有盛名，没有什么让他佩服的人了；他只佩服谢朓一个人，经常把谢朓的诗文放在几案之上，随时阅读玩味。梁简文帝喜欢陶渊明的文章，也常常这样做。江南有俗语说："梁有三何，子朗最多。""三何"是指何逊、何思澄、何子朗。何子朗的诗确实写的清新奇巧。何思澄登游庐山也常有佳作，也是当时冠绝一时的诗人。

名 实 第 十

　　本篇以现实生活为例来阐述名与实的关系，主要讲名不副实的问题。"诚于此者形于彼"，内心的诚意，总会从外表显露出来。"人之虚实真伪在乎心，无不见乎迹，但察之未熟耳"，因此颜之推强调做人要真诚、正直、表里如一。作者认为，好的名声是由自己的"德艺周厚""修身慎行"而得来的，这是名副其实的好；而那些沽名钓誉者以不正当手段获取的虚名，是名不副实的，而且虚假的东西终归是要败露的。引导良好的社会风气应是每一个人的责任。子女应维护父祖所留下来的美名资产，而不是恣意败坏。

名之与实，犹形之与影也。德艺①周厚②，则名必善焉；容色姝丽，则影必美焉。今不修身而求令名于世者，犹貌甚恶而责妍影于镜也。上士忘名，中士立名，下士窃名。忘名者，体道合德，享鬼神之福佑，非所以求名也；立名者，修身慎行，惧荣观③之不显，非所以让名也；窃名者，厚貌深奸，干④浮华之虚称⑤，非所以得名也。

【注释】

①德艺：德行才艺。

②周厚：周洽笃厚。

③荣观：即荣名，荣誉。

④干：干求，谋求。

⑤虚称：虚名。

【译文】

名与实之间的关系，就像形体与影像之间的关系一样。德才周全深厚的人，他的名声必然是好的；容貌秀丽的人，他的影像也必然是美的。如今不修正身心，却企求在世上得到好名声的人，就像容貌丑陋却要求美丽的影像映显于镜中一样。最上等的人忘却名声，中等的人树立名声，下等的人窃取名声。忘却名声的人，内心体悟了"道"，行为符合了"德"，受到鬼神的赐福和保佑，所以他们用不着去求取名声；树立名声的人，修养身心谨慎行事，担心自己的荣名得不到显扬，所以他们是不会对名声谦让的；盗取名声的人，貌似忠厚，却心怀奸诈，谋求浮华的虚名，所以他们是不能获得真正的好名声的。

人足所履，不过数寸，然而咫尺之途，必颠蹶于崖岸，拱把之梁①，每沉溺于川谷者，何哉？为其旁无余地故也。君子之立己，抑亦如之。至诚之言，人未能信，至洁之行，物或致疑，皆由言行声名，无余地也。吾每为人所毁，常以此自责。若能开方轨②之路，广造舟③之航，则仲由之言信，重于登坛④之盟，赵憙之降城，贤于折冲之将矣。

【注释】

①拱把之梁：即独木桥。拱把，两只手合在一起叫拱，一只手握住叫把。梁，桥。

②方轨：两车并行。这里指平坦的大道。

③造舟：在数只船上架上木板，搭成浮桥。

④登坛：这里指诸侯会盟。

【译文】

人的双脚所踩的宽度，不过几寸，但是在尺把宽的小路上走，定会失足掉下山崖，走独木桥时，也往往会落进河里，这是为什么呢？因为这些地方两边都没有空余的地方。君子立身处世的情况，和这个有些类似。最真诚的话，人们不一定会相信；最纯洁的行为，也有人会产生怀疑，这都是因为人的一言一行、声望名誉没有余地。我经常被人诋毁，常常因此而自我反省。如果在立身处世上能做到像走在平坦大道、宽广的浮桥上一样留有余地，那么你所说的话就会像仲由的语言一样，胜过诸侯会盟的誓言；你所做的事就会像赵憙劝降一城那样，胜过冲锋陷阵的大将军。

吾见世人，清名登而金贝①入，信誉显而然诺②亏，不知后之矛戟，毁前之干③橹④也。虑子贱⑤云："诚于此者形于彼。"人之虚实真伪在乎心，无不见乎迹，但察之未熟耳。一为察之所鉴，巧伪不如拙诚，承之以羞大矣。伯石让卿，王莽辞政，当于尔时，自以巧密；后人书之，留传万代，可为骨寒毛竖也。近有大贵，以孝著声，前后居丧，哀毁⑥逾制，亦足以高于人矣。而尝于苫块⑦之中，以巴豆涂脸，遂使成疮，表哭泣之过。左右僮竖，不能掩之，益使外人谓其居处饮食，皆为不信。以一伪丧百诚者，乃贪名不已故也。

【注释】

①金贝：金钱，货币。

②然诺：许诺。

③干：抵御刀剑之类的小盾牌。

④橹：抵御矛戟的大盾牌。

⑤虑子贱：春秋时鲁国人，名不齐，孔子的学生。

⑥哀毁：哀痛使身体容貌都受到了损害。

⑦苫（shān）块：草垫，土块。古礼，居父母之丧时以草垫为席，土块为枕。

【译文】

我看到世界上很多人，有了清廉的名声就开始聚敛财富，有了重信誉的名声后就开始说话不算数，这些人不知道他们后来的行为，会把前面辛辛苦苦建立的名声全毁掉。虙子贱说过："诚于此者形于彼。"人的虚假真实都发自内心，没有不流露在行为上的，只是别人没有认真观察罢了。一旦被别人看出了真相，那么巧妙掩饰的虚假还不如笨拙不加掩饰的真实，因为由巧伪招来的羞辱太大了。伯石假意辞让卿位，王莽伴装交出权柄，自认为干得很巧妙，但真相还是被后人写在书上，流传千秋万代，可真是使后人读了感到毛骨悚然，心惊胆战。近年来有一名大贵人，以孝敬父母著称，为父母服丧前后，表示哀痛心情的举动都超出了一般礼制的要求，也足以获得高于常人的名声了。但他居丧期间却用巴豆涂脸，特意造成病疮，给人造成哀痛悲泣过度而生疮的假象。左右侍奉的童子，却不能为他遮盖，于是真相败露，这反而使外人认为他服丧时的居住饮食等其他行为，全都不可相信。像这样因为做了一件虚假的事，就抹杀了许多真实行为的结果，全都是由于无休无止地追求名誉而造成的。

《读·品·悟》

我们看到的，什么才是真正的名实相符？虚伪地营造出各种面孔还不如真实地显出自己的笨拙令人感动，因为很多人不愿意看到自己像一个傻子一样被人愚弄。"以一伪丧百诚者，乃贪名不已故也"，说的一针见血，为了自己的名声，不惜用虚伪来掩饰自己，就算其中也有真实，或者有自己得理由，也得不到别人的垂怜。

有一士族，读书不过二三百卷，天才钝拙，而家世殷厚，雅自矜持，多以酒牍①珍玩，交诸名士，甘其饵者，递共吹嘘，朝廷以为文华，亦尝出境聘。东莱王韩晋明②笃好文学，疑彼制作，多非机杼③，遂设宴言，面相讨试。竟日欢谐，辞人满席，属音赋韵，命笔为诗，彼造次即成，了非向韵。众客各自沉吟，遂无觉者。韩退叹曰："果如所量！"韩又尝问曰："玉珽④杼上终葵⑤首，当作何形？"乃答云："珽头曲圜⑥，势如葵叶耳。"韩既有学，忍笑为吾说之。

【注释】

①酒犊：酒和牛。此处指吃喝。

②韩晋明：北齐人，封东莱王，好学问。

③机杼：织布机。比喻诗文创作中构思和布局的精巧。

④玉珽：玉笏，古代朝臣上朝时所用的玉制手版，书禀奏事宜等。

⑤终葵：一种捶击工具。

⑥曲圜：弯而圆。

【译文】

有一个士族出身的人，所读的书不超过二三百卷，天生鲁钝笨拙，可是家世富庶，于是就极力矜夸，常用酒肉珍宝结交名士。那些愿意接受他财物的人，便相继为他吹嘘，致使朝廷也以为他有文才，曾聘他作为使节出使他国。东莱王韩晋明酷爱文学，怀疑这个士族的作品并非自己构思并撰写，于是设宴当面向他请教试探。欢宴整日，座中皆为诗文名士，他们按声韵提笔赋诗。这个士族很快作好一首诗，但全不符合原来的风格韵味。别的客人各自沉吟作诗，没有人发现这一情况。韩晋明退席后感叹道："果然不出我所料。"韩晋明曾有一次问这士族说："玉珽杼上终葵首（即把玉珽从下往上削刮，上面留六寸为椎头），是什么形状？"他竟回答说："斑头弯曲圆润，就像葵叶的形状吧。"韩晋明是个有学问的人，忍着笑对我谈起这件事。

治点①子弟文章，以为声价，大弊事也。一则不可常继，终露其情；二则学者有凭，益不精励②。

【注释】

①治点：润饰修改文章。

②精励：精进奋发。

【译文】

有些人常润饰修改自己子弟的文章，用以抬高他们的身价，这是一种很不好的做法。一是不能永远为他们修改润色，迟早要露出真相；二是学习的人有所依凭，会更加懒惰不用功。

邺下有一少年，出为襄国①令，颇自勉笃。公事经怀，每加抚恤，以求声誉。凡遣兵役，握手送离，或赍②梨枣饼饵，人人赠别，云："上命相烦，情所不忍；道路饥渴，以此见思。"民庶称之，不容于口。及迁为泗州③别驾④，此费日广，不可常周，一有伪情，触涂难继，功绩遂损败矣。

【注释】

①襄国：古县名，治今河北邢台。

②赍（jī）：送东西给别人。

③泗州：地名，在今安徽泗县。

④别驾：官名，州刺史的佐吏。

【译文】

邺城有一个年轻人，出任襄国县令，做事非常勤奋用心。处理公务时十分认真，对下面的人关怀体贴，想借此求取声誉。每当新兵出发，他总要与士兵握手送别，有时还送给他们梨、枣、大饼等食物，与每人都告别一番，说："因为执行上面的命令，要烦劳你们，我内心很不好受；路上难免饥渴，这些就算是我的一片心意吧。"百姓对他赞不绝口。等到他迁为泗州别驾，这类费用一天比一天增多，无法每次都遍赠食物，时间一长，势必会表露出虚情假意，就处处难以为继，原有的功绩名声也因此而毁坏了。

　　或问曰："夫神灭形消①，遗声余价，亦犹蝉壳蛇皮，兽远②鸟迹耳，何预于死者，而圣人以为名教③乎？"对曰："劝④也。劝其立名，则获其实。且劝一伯夷⑤，而千万人立清风矣；劝一季札⑥，而千万人立仁风矣；劝一柳下惠⑦，而千万人立贞风矣；劝一史鱼⑧，而千万人立直风矣。故圣人欲其鱼鳞凤翼⑨，杂沓参差，不绝于世，岂不弘哉？四海悠悠，皆慕名者，盖因其情而致其善耳。抑又论之，祖考之嘉名美誉，亦子孙之冕服墙宇⑩也，自古及今，获其庇荫者亦众矣。夫修善立名者，亦犹筑室树果，生则获其利，死则遗其泽。世之汲汲者，不达此意，若其与魂爽俱升，松柏偕茂者，惑矣哉！"

【注释】

①神灭形消：指死去。

②远（háng）：鸟兽或车辆经过的痕迹。

③名教：名声与教化。此处指用名教来化育人。

④劝：勉励，鼓励。

⑤伯夷：商孤竹君之子，因不食周粟而饿死于首阳山，是古代高风亮节的人。

⑥季札：春秋时吴国公子，吴王欲传其位，季札辞让不受。

⑦柳下惠：春秋时鲁国大夫展禽，以品行高洁而著称。

⑧史鱼：春秋时卫国大夫，以正直敢谏著称。

⑨鱼鳞凤翼：喻众多。

⑩冕服墙宇：衣帽房屋。代指上辈留下的遗产。

【译文】

有人问："人死之后形神俱消，留下的名声，也就像蝉和蛇蜕化后的皮壳，像鸟兽和车辆经过后留下的踪迹一样，与死人有何关系，而圣人却为何用它来教化百姓呢？"回答道："是为了劝勉。劝勉人们树立名誉，就能得到实效。况且褒扬一个伯夷，千万人中就会形成清正的风气；褒扬一个季札，千万人中就会形成仁爱的风气；褒扬一个柳下惠，千万人中就会形成贞操的风气；褒扬一个史鱼，千万人中就会形成正直的风气。所以圣人希望这类美名可以令人们竞相效仿，从而绵绵不绝，流传在世上，其意义不是很大吗？天地如此之大，人们无不仰慕美名，大概是因为人的性情，都喜欢善的东西。再说，祖先的好名声，对子孙来说就像是冠冕华堂，自古至今，获得祖先声誉荫庇的人实在太多了。多行善事，树立名誉，就如同造房和种树，在生时能获得它的利益，去世后又能泽被后世。世上的庸人，不明白这个道理，如果他们与那些美名和灵魂一同升华，与松柏一样万古长青的贤人相比，实在是太笨了。"

涉务第十一

涉务是指专心致力于世务，就是办实事的意思。本篇体现作者的经世主张。当时的社会上，长期的养尊处优、重文轻武，使士大夫"肤脆骨柔，不堪行步，体羸气弱，不耐寒暑"。作者针对这个现实，提出了士君子活在世上，应以能够有益于国家为贵，而不只是高谈虚论，弹琴练字，浪费人君的俸禄官位。作者还认为人要学成一技，长于一术，应该具有"应世经务"的才能，注重实际事务，特别是要懂得农业是国家根本，要重视农业，这样才能有利于国家，有利于自己。

士君子之处世，贵能有益于物耳，不徒高谈虚论，左琴右书①，以费人君禄位也。国之用材，大较不过六事：一则朝廷之臣，取其鉴达治体②，经纶博雅；二则文史之臣，取其著述宪章，不忘前古；三则军旅之臣，取其断决有谋，强干习事；四则藩屏之臣，取其明练风俗，清白爱民；五则使命之臣，取其识变从宜，不辱君命③；六则兴造之臣，取其程功④节费，开略有术，此则皆勤学守行者所能辨也。人性有长短，岂责具美于六涂⑤哉？但当皆晓指趣⑥，能守一职，便无愧耳。

【注释】

①左琴右书：古人往往琴书并言，认为是士大夫的风雅之事。"左""右"用来修饰同一类行为。

②治体：指国家的体制、法度。

③不辱君命：不使君命受到折辱，也就是完成使命之意。

④程功：衡量功绩，计算完成工程的进度。

⑤涂：通"途"。

⑥指趣：即"旨趣"。指，通"旨"。

【译文】

士大夫立身处世，贵在能做一些有益于他人的事情，不能只是高谈阔论，研习琴书，虚耗君主赐给他的俸禄职位。国家使用人才，大体上不外乎六个方面：第一是在朝廷处理政务的大臣，需要他们熟悉治国的体制纲要，能规划处理国家大事，学问广博，品德高尚；第二是掌管文史的大臣，需要他们擅长写作各种典章法令，不忘前代的经验教训；第三是统领军队的大臣，需要他们多谋善断，果决强干，熟悉用兵之事；第四是镇守地方的大臣，需要他们熟知地方的风俗民情，为政清廉，爱护百姓；第五是出使外国的大臣，需要他们机敏灵活，随机应变，不辱没君主的使命；第六是负责建筑营造的大臣，需要他们度量工程所需开支，能够少花钱多办事。以上这些要求，都是学习勤奋、品行端正谨慎的人所能做到的。每人的性格都各有不同，难道还能要求人同时具备这六个方面的才能吗？人只要在这些方面都明白其要旨，而又能在某个职位上尽自己的责任，就完全可以无愧于世了。

吾见世中文学之士，品藻①古今，若指诸掌，及有试用，多无所堪。居承平之世，不知有丧乱之祸；处庙堂之下，不知有战陈之急；保俸禄之资，不知有耕稼之苦；肆吏民之上，不知有劳役之勤，故难可以应世经务也。晋朝南渡②，优借士族；故江南冠带③，有才干者，擢为令仆已下尚书郎中书舍人已上，典掌机要。其余文义之士，多迂诞浮华，不涉世务；纤微过失，又惜行捶楚，所以处于清高，盖护其短也。至于台阁令史，主书监帅，诸王签省，并晓习吏用，济办时须，纵有小人之态，皆可鞭杖肃督，故多见委使，盖用其长也。人每不自量，举世怨梁武帝父子爱小人而疏士大夫，此亦眼不能见其睫耳。

【注释】

①品藻：评议、鉴定等级。

②晋朝南渡：指建武元年（317年）西晋灭亡，司马睿南渡并在建康建立东晋一事。

③冠带：士族、缙绅的代称，以其戴冠束带故称。

【译文】

我看世上的文学之士，品评古今，好像指点掌中之物一样，头头是道，但等到要让他们去处理实际事务时，却多数不能胜任。他们生活在太平时代，不知道有丧国乱民的灾祸；他们身在朝堂之上，不知道战争激斗的危急；他们有可靠的俸禄收入，不知道百姓耕种庄稼的艰辛；恣行肆意于吏民头上，不知道从事劳役的人的奔波之苦，所以他们很难应对时世和处理政务。东晋南渡后，朝廷优待宽容士族；所以江南的文士缙绅中有才能的，就被提升到尚书令、尚书仆射以下，尚书郎、中书舍人以上的官职，执掌国家机要。其余那些稍懂文义的人，大都迂腐荒诞浮华，不会处理世务；即使他们犯有一些小过失，也不好施以杖责刑罚，所以只好把他们安置在名高职轻的位置上，以此来掩盖他们的短处。至于台阁令史、主

传统文化小知识

八旗制度

八旗制度是清代满族的一种社会组织形式，由清太祖努尔哈赤在女真人牛录制的基础上建立。努尔哈赤将所有满人都编入八旗之内，每300人为一牛录；5牛录为一甲喇；5甲喇为一旗。八旗之中，由皇帝控制的镶黄、正黄、正白三旗，称为上三旗，负责驻守京师；由诸王、贝勒统辖的正红、镶红、正蓝、镶蓝、镶白五旗，称为下五旗，负责驻守全国重镇。

书、监帅、诸王的典签、省事，担任这一类职务的人都通晓官吏的那一套工作，能处理实际事务，适应需要。他们即使有粗鄙小人常犯的种种毛病，也完全可以施以鞭杖刑罚督打。所以这类职务反倒大力委派给地位低下的人去做，以发挥他们的长处。人们往往没有自知之明，世人都埋怨梁武帝父子喜欢任用粗鄙小人，却疏远士大夫，这就和眼睛不能看见自己的睫毛的道理是相同的。

〖读·品·悟〗

我们每个人都有自己的工作岗位，踏踏实实认认真真地做好自己的本职工作，我们就一定会拥有可以拥有的一切。做一个对社会有用的人，只需要找到自己的舞台——有时候并不一定是我们满意的，只要有一个舞台就可以，我们就一定可以创造出惊人的成绩。其实在这个世界上，总是有太多的人在一开始没有找到自己的舞台，但他们不放弃，最终创造出来了令世界瞩目的成绩的。

梁世士大夫，皆尚褒衣博带，大冠高履，出则车舆，入则扶侍，郊郭之内，无乘马者。周弘正为宣城王①所爱，给一果下马②，常服御之，举朝以为放达③。至乃尚书郎乘马，则纠劾之。及侯景之乱，肤脆骨柔，不堪行步，体羸气弱，不耐寒暑，坐死仓猝者，往往而然。建康令王复性既儒雅，未尝乘骑，见马嘶喷陆梁④，莫不震慑，乃谓人曰："正是虎，何故名为马乎？"其风俗至此。

【注释】

①宣城王：指南朝梁简文帝嫡长子萧大器。武帝时受封宣城郡王。简文帝即位后，为太子。后死于侯景之乱，谥哀太子。

②果下马：一种矮小的马，高仅约三尺，骑上它能在果树下行走，故有此称。南朝时供富贵人平时乘坐。

③放达：率性而为，不为世俗礼法所拘束。

④陆梁：跳跃。

【译文】

梁朝的士大夫，都喜欢穿肥大的衣服，系宽阔的带子，戴高帽子，穿厚底鞋，出门就坐马车或轿子，进屋就有仆人搀扶侍候，无论在城里还是市郊，都没有骑马的士大夫。周弘正被宣城王宠幸，宣城王专门赐他一匹果下马。周弘正经常出门乘骑这匹马，结果满朝士大夫都认为他的行为狂放不羁。以至于当时尚书郎如果骑马，就会受到弹劾。到了侯景之乱爆发，士大夫们皮肤脆嫩，骨头酥软，连路也走不了，身体羸弱，气喘如牛，更经不住气候的冷热变化，结果仓促之间一命呜呼的，到处都是。建康令王复，性情儒雅，从没有骑过马，见到马嘶鸣跳跃的样子，就吓得魂飞魄散，他于是对人说："这不是老虎吗？为什么叫作马呢？"当时的风俗竟然到了这种地步。

古人欲知稼穑①之艰难，斯盖贵谷务本②之道也。夫食为民天，民非食不生矣，三日不粒，父子不能相存。耕种之，莳③锄④之，刈获之，载积之，打拂之，簸扬之，凡几涉手，而入仓廪，安可轻农事而贵末业哉？江南朝士，因晋中兴，南渡江，卒为羁旅，至今八九世，未有力田，悉资俸禄而食耳。假令有者，皆信僮仆为之，未尝目观起一垡⑤土，耘一株苗；不知几月当下，几月当收，安识世间余务乎？故治官则不了⑥，营家则不办，皆优闲之过也。

【注释】

①稼穑：指农事。

②本：指农业，与下文"末业"相对。

③茠（hāo）：通"薅"，除田草。

④钼（chú）：同"锄"，农具名。

⑤垡（bá）：指耕地时翻起的土块。

⑥不了：不晓事。此指不明为官之道。

【译文】

古人亲自耕种是为了体验务农的艰辛，这是使人珍惜粮食、重视农业劳动的方法。民以食为天，百姓不吃饭就不能生存，如果三天不吃饭，就连父子之间也没有力气互相照顾。一茬庄稼的收获，要耕种、除草、收割、运载、储存、脱粒、扬谷，经过许多道工序，粮食才能入仓，如此这样，怎可轻视农业而重视商业呢？江南朝廷的士大夫们，因晋朝的中兴，渡江南来，最终客居此地，至今已有八九代了，还从没有从事过农业生产，全靠俸禄过活。即使他们占有一些土地，都是靠童仆们来耕种，自己从未翻一垄土，也没给一株苗除过草；他们不知道哪个月该下种，哪个月该收获，如此又怎能知道世上的其他事务呢？所以他们如果做官则不明为官之道，治家则不会经营，这些都是生活优裕闲适所带来的过错呀。

卷五

省事第十二

　　本篇的写作目的在于警示后人要谨言省事。省事，就是要省些事，有些事不该做，不必做。作者反复教导子孙为官之道在于"上书陈事""思不出位"，并且引用周朝太庙前铜人上的一句铭文"无多言，多言多败；无多事，多事多患"，干好分内的事，"爵禄不登，信由天命"，不可逾规。作者认为保身"先须虑祸"，虑祸则须修德，这是安身立命的前提。而谨言省事正是达到这个目的的一个手段。谨言省事是颜之推能"苟全性命于乱世"的一个诀窍，也是他的一种处世智慧、处世哲学。作者针对当时一些士大夫"须求趋竞，不顾羞惭，比较材能，斟量功伐，厉色扬声，东怨西怒"的丑恶现状，要求子女们"守道崇德，蓄价待时""肠不可冷，腹不可热，当以仁义为节文尔"。

铭金人云："无多言，多言多败；无多事，多事多患。"至哉斯戒也！能走者夺其翼，善飞者减其指，有角者无上齿，丰后者无前足，盖天道不使物有兼焉也。古人云："多为少善，不如执一；鼫鼠①五能，不成伎术。"近世有两人②，朗悟士也，性多营综③，略无成名。经不足以待问，史不足以讨论，文章无可传于集录，书迹未堪以留爱玩，卜筮④射六得三，医药治十差⑤五，音乐在数十人下，弓矢在千百人中，天文、画绘、棋博，鲜卑语、胡书⑥，煎胡桃油⑦，炼锡为银，如此之类，略得梗概，皆不通熟。惜乎，以彼神明，若省其异端，当精妙也。

【注释】

①鼫（shí）鼠：又称"五技鼠"。

②两人：前人以为是祖珽、徐之才。

③营综：经营综理。

④卜筮：古人预测吉凶，以龟甲为占称卜，用蓍草称筮。

⑤差（chài）：病好了。

⑥胡书：少数民族文字。

⑦胡桃油：北朝人作画的一种材料。

【译文】

周朝的太庙前有一铜人，背上铭文说："不要多话，多话多受损；不要多事，多事多祸患。"这个训诫真是太对了！能奔跑的没有长翅膀，能飞行的没有前爪，头生双角的嘴里没有上齿，后肢发达的前肢退化，这大概是自然的法则让它们不能兼有各种长处吧。古人说："做得多但做好的不多，那就干脆专心做好一件事；鼯鼠有五种本事，却没有一种能称之为技术的。"近世有两个人，都是聪明人，善于经营综理，涉猎很广，却没有一样能为自己树立名声的。他们的经学经不起人家的提问，史学也不足同别人进行讨论，文章够不上辑集流传，书法字迹也不值得留存赏玩，给别人卜筮六次才中三次，为别人治病十个才治好五个，音乐水平在数十人之下，射箭的技术在千百人之中，天文、绘画、棋博，鲜卑语、胡书，煎胡桃油，炼锡为银，诸如此类，都是只懂得大概，不能只精通熟练。可惜呀！以他们的灵气和聪明，如果能领悟到那些都是末技小道，专习于一种，应该会达到很精妙的程度。

〖读·品·悟〗

无论是哪一个行业，要出成绩，都必须做到"术业有专攻"，在自己的领域范围内做得透彻，做得深入。我们看到的很多世上的现象，都有这样的一个规律，没有人能够把什么都做好，有所得就必然有所失。患得患失是没有必要的，更是不足取的。我们不可贪多而不求精，只要将自己所喜爱、所擅长的坚持做下去，就可以了。

上书陈事，起自战国，逮于两汉，风流①弥广。原其体度：攻人主之长短，谏诤之徒也；讦群臣之得失，讼诉之类也；陈国家之利害，对策②之伍也；带私情之与夺，游说之俦也。总此四涂，贾诚③以求位，鬻言以干禄。或无丝毫之益，而有不省之困，幸而感悟人主，为时所纳，初获不赀之赏，终陷不测之诛，则严助、朱买臣、吾丘寿王、主父偃之类甚众。良史所书，盖取其狂狷一介④，论政得失耳，非士君子守法度者所为也。今世所睹，怀瑾瑜⑤而握兰桂⑥者，悉耻为之。守门诣阙，献书言计，率多空薄，高自矜夸，无经略之大体，咸秕糠⑦之微事，十条之中，一不足采，纵合时务，已漏先觉，非谓不知，但患知而不行耳。或被发奸私，面相酬证，事途回穴，翻惧愆尤⑧；人主外护声教，脱⑨加含养，此乃侥幸之徒，不足与比肩也。

【注释】

①风流：遗风，流风遗韵。

②对策：应诏而陈政。

③贾诚：出卖忠心。

④一介：耿介。

⑤瑾瑜：美玉。

⑥兰桂：香草和桂花。喻怀才抱德之士。

⑦秕糠：形容事情微小琐碎。

⑧愆（qiān）尤：罪过，过失。

⑨脱：或许，或然。

【译文】

向君主上书陈事，这种风气起自战国，到汉代，这种遗风流行更广。探究它的体制：指责君主过失的属谏诤一类；直言群臣得失的属讼诉一类；陈述国家利害的属对策一类；以个人的感情来褒贬裁夺的属游说一类。总的说来，这四种情况，都是靠出卖忠诚以谋取职位，靠出卖言论以求取利禄。他们这种上书可能没有什么好处，反而可能会因不被君主理解而困厄，即使有幸打动了君主，被及时采纳，开始可能得到无数的赏赐，但最终还是难逃无法预测的诛杀，像严助、朱买臣、吾丘寿王、主父偃这样的人不在少数。有学问的史官记录这些，只是取其狂狷耿介、敢于评论时政得失罢了，但这不是士大夫君子和守法度之人所做的事。我们现在看到的怀才抱德之士，都是耻于做这种事的。守在门庭趋于宫阙向君主上书的人，大多是才疏学浅、为人浅薄、自我吹捧的人，他们没有策划处理国事的能力，所做的尽是些琐碎的事，十条对策中一条也不值得采纳，即使有些是合乎当前时务的，那也是君主早就认识到的，不是君主不知道，只怕是知道了而不能实行而已。有的上书人被揭发怀有奸诈谋私之事，当面与人对质，他们因为事情变化无常，反而担心自己会获罪。君主为了对外

传统文化小知识

岁|寒|三|友

岁寒三友指的是松、竹、梅，语出宋·林景熙《王云梅舍记》："即其居累土为山，种梅百本，与乔松修篁为岁寒友。"冬天时节，天寒地冻，唯有松、竹经冬不凋，梅耐寒开花，一片生机勃勃之象。另外，松树被赋予坚强不屈的品质，竹被当作高雅、有气节的象征，梅有超凡脱俗、卓尔不群的气度，因而，松、竹、梅受到人们的喜爱。

维护朝廷的声威教化，可能对他们给予包涵，但这些都只是侥幸之徒，是不值得让正人君子和他们并肩为伍的。

谏诤之徒，以正人君之失尔，必在得言之地，当尽匡赞之规，不容苟免偷安，垂头塞耳；至于就养①有方，思不出位，干非其任，斯则罪人。故《表记》②云："事君，远而谏，则谄也；近而不谏，则尸利③也。"《论语》曰："未信而谏，人以为谤己也。"

【注释】

①就养：这里指侍奉国君。

②《表记》：《礼记》篇名。

③尸利：指身居官位接受俸禄而无所作为。

【译文】

处于谏诤之位的人，是要纠正君主过失的，必须处在该说话的地方，尽其匡正辅佐的责任，不容许苟且偷安，低头塞耳装不知道；至于侍奉君主，应该有自己的方法，考虑问题不要超出自己职位的范围，如果去干不是自己职责范围之内的事情，有可能成为朝廷的罪人。所以《礼记·表记》中说："侍奉君主，关系疏远却要去进谏，那么这种行为就有谄媚的嫌疑；如果关系密切而不去进谏，那就是只受禄而不尽职的人了。"《论语》中说："没有取得信任而去进谏，君主就会认为你在讥谤他。"

君子当守道崇德，蓄价①待时，爵禄不登，信由天命。须求②趋竞，不顾羞惭，比较材能，斟量功伐，厉色扬声，东怨西怒；或有劫持宰相瑕疵，而获酬谢，或有諠聒时人视听，求见发遣；以此得官，谓为才力，何异盗食致饱，窃衣取温哉！世见躁竞③得官者，便谓"弗索何获"；不知时运之来，不求亦至也。见静退未遇者，便谓"弗为胡成"；不知风云不与，徒求无益也。凡不求而自得，求而不得者，焉可胜算乎！

【注释】

①蓄价：蓄积声望身价。

②须求：索求。

③躁竞：急于与人比高下，争权势。

【译文】

君子应当坚守正道，崇尚德行，蓄积声望身价，以待时机，就算不能得到高官厚禄，也应该听从天命的安排。要是自己去索求奔走，不顾羞耻，跟别人比较才能，计量功劳高低，声色俱厉，怨东怒西；或以宰相的缺点作为要挟的根据，凭此取得酬谢，或在世人面前喧腾叫嚷以混淆视听，以求早日被起用；靠这些手段取得官职，认为是有能力，这和肚子饿时偷吃，寒冷时偷衣有什么分别呢！世人见到那些到处奔走求谒的人取得官职，便说"不去索取哪里可以获得"；他们不知道时运到来的时候，不去求自然也会来。看见那些心静谦虚的人没有受到重用，便说"不去争取怎么可以成功呢"；他们不知道时机未到，白白地追求是没用的。所以说，凡不索求而获得的人，索求而不获得的人，多得数也数不清。

齐之季世①，多以财货托附外家，諠动女谒②。

拜守宰者，印组光华，车骑辉赫，荣兼九族，取贵一时。而为执政所患，随而伺察，既以利得，必以利殆，微染风尘，便乖肃正；坑阱殊深，疮痏③未复，纵得免死，莫不破家，然后噬脐④，亦复何及。吾自南及北，未尝一言与时人论身分也，不能通达，亦无尤焉。

【注释】

①季世：末世，衰败时期。

②女谒：通过宫中受宠的女子干求请托，后泛指通过有权势的妇女干求请托。

③疮痏（wěi）：疮疡，痕迹。

④噬脐：自咬腹脐，比喻后悔莫及。

【译文】

北齐王朝的末世，许多人用财物贿赂依附外戚权贵，通过宫中得宠的女性，为自己干求请托。一旦被授为地方长官，则官印绶带，光艳华丽，车马显赫，荣耀遍及九族，富贵取于一时。但是这些人往往被执政者厌恶，随即便对其窥视考察。靠钱财求得的好处，也会因此而遭受危险；稍微沾染世俗不洁之事，就会违背严肃公正的原则；陷阱是很深的，受的创伤难以恢复，即使可以免于一死，但家庭却破裂了，然后才后悔莫及，又有什么用。我从南方到北方，从来未跟别人谈起我身份地位的问题，虽然不能亨通显达，却也不怨天尤人。

王子晋①云："佐饔得尝，佐斗得伤。"此言为善则预，为恶则去，不欲党人②非义之事也。

凡损于物，皆无与焉。然而穷鸟入怀③，仁人
所悯；况死士归我，当弃之乎？伍员之托渔舟，
季布之入广柳，孔融之藏张俭，孙嵩之匿赵岐，
前代之所贵，而吾之所行也，以此得罪，甘心瞑
目。至如郭解之代人报仇，灌夫之横怒求地，游
侠之徒，非君子之所为也。如有逆乱之行，得罪
于君亲者，又不足恤焉。亲友之迫危难也，家财己
力，当无所吝；若横生图计，无理请谒，非吾教
也。墨翟④之徒，世谓热腹，杨朱⑤之侣，世谓冷
肠；肠不可冷，腹不可热，当以仁义为节文尔。

【注释】

①王子晋：周灵王的太子。

②党人：结伙。

③穷鸟入怀：无处可栖的鸟被迫投入人的怀抱。比喻处境困难而投依
别人。

④墨翟：即墨子，墨家学派的创始人。

⑤杨朱：字子居，战国初哲学家，魏国人。

【译文】

　　王子晋说："帮人做饭能吃到佳肴，帮人打架却会受到伤害。"这话
说的是看到好事要参与，看到坏事要避开，不要与别人结伙干不义的事
情。凡是对人有害的事，都不要参加。然而无处可栖的小鸟投入人的怀
抱，仁慈的人都会可怜它；更何况敢死的义士投靠我，我又如何能舍弃他
呢？伍子胥被渔夫摆渡相救，季布被人藏于广柳车之中，孔融掩护张俭，

孙嵩隐藏赵岐，这都是前人所崇尚的行为，也是我所奉行的，就算因此而获罪，我也心甘情愿，死而瞑目。至于像郭解那样替人报仇，灌夫为人怒责田蚡索求田地，是游侠之士所做的事情，不应是君子所为。如果有谋逆叛乱的行为，受到君主和亲友的惩罚和怪罪，就不值得同情了。亲友危难之时，自己的财产和能力是不应有所吝惜的；如果有人心怀不轨，提出一些无理要求，那不是我教你们怜悯的人。墨家学派的人，世人认为他们是热心肠；杨朱学派的人，世人认为他们是冷心肠。心肠太冷不好，太热也不好，应当遵循仁义、礼制来节制。

前在修文令曹，有山东学士与关中太史竞历①，凡十余人，纷纭累岁，内史牒付议官平之。吾执论曰："大抵诸儒所争，四分并减分两家尔。历象之要，可以晷景②测之；今验其分至③薄蚀，则四分疏而减分密。疏者则称政令有宽猛，运行致盈缩，非算之失也；密者则云日月有迟速，以术求之，预知其度④，无灾祥也。用疏则藏奸而不信，用密则任数而违经。且议官所知，不能精于讼者，以浅裁深，安有肯服？既非格令⑤所司，幸勿当也。"举曹贵贱，咸以为然。有一礼官，耻为此让，苦欲留连，强加考覈。机杼既薄⑥，无以测量，还复采访讼人，窥望长短，朝夕聚议，寒暑烦劳，背春涉冬，竟无予夺，怨诮滋生，赧然而退，终为内史所迫：此好名之辱也。

【注释】

①竞历：争论历法。

②晷（guǐ）景：日晷上晷表的投影。

③分至：指春分、秋分、夏至和冬至。

④度：日月星辰运行的度次。

⑤格令：法令，律令。

⑥机杼既薄：指学问有限，思虑不周。

【译文】

以前我在修文令曹时，有山东学士和关中太史争论历法，一共几十个人参与争论，数年说法纷纭，内史下公文交付议官去平息纷争。我发表议论说："大概大家所争论的是'四分历'和'减分历'两家。观测推算天体运行的关键，可以通过日影来计算。现在根据春分、秋分、夏至、冬至、日食、月食来验证，就可以看得出'四分历'较疏略，而'减分历'又过于细密。主张疏略的一方认为政令有宽猛之别，天体的运行不断变化，自然会导致长短之分，并不是历法计算的差误。主张细密的认为日月运行虽然有快慢，用正确的方法计算，可以预先知道它们运行的度次，不存在灾祥之说。采用疏略的'四分历'可能隐藏奸邪，不可信；采用细密的'减分历'虽然顺应天数，但却违背经义。况且议官所知道的天文知识，并不能比争论双方更精通。让才识浅薄的人去评审才识深的人，怎么有人肯服呢？这既然不是律令所掌管的，最好不要由他们裁决。"令曹上下，都认为我说的有道理。有一个礼官，却以这种让步为耻，苦苦不肯放手，想尽办法加以验核。但他才疏学浅，没有办法去测量，只好不断去采访争论双方，想靠这样分出优劣，他们时时聚在一起议论，历暑经寒，不厌其烦，由春至冬，竟然还是无法裁夺，并引来了抱怨和嘲笑，他也只好羞愧地告退，最终受到内史的斥责：这就是喜好名声带来的耻辱。

止 足 第 十 三

　　止足就是既要满足又要知止，积财、积官都要有个限度。本篇中，颜之推反复教训子孙，天地虽大，尚有其极，人心虽小，欲望无穷；欲不可纵，志不可满。从古至今，上演了多少人为财死的悲剧，不知足者，富贵亦忧。因而作者认为持家"常以二十口家，奴婢盛多，不可出二十人，良田十顷，堂室才蔽风雨，车马仅代杖策"，超过这个限度，应该仗义疏财；没有达到这个程度，切勿用不正当的方法来求取。既要躬俭节约，不吝啬小气；也要乐善好施，不铺张浪费，凡事取中，方为正道。要学会清心寡欲，节欲知足。作者因此提出了安身立命、保全门户的重要方法，认为只有克服自己无限膨胀的欲望，学会谦虚淡泊，才能免除祸害，长久立于人世。

《礼》云："欲不可纵，志不可满。"宇宙可臻其极，情性不知其穷，唯在少欲知足，为立涯限①尔。先祖靖侯戒子侄曰："汝家书生门户，世无富贵；自今仕宦不可过二千石②，婚姻勿贪势家。"吾终身服膺，以为名言也。

【注释】

①涯限：界限，限度。

②二千石（dàn）：郡守的代称。

【译文】

《礼记》上说："不可放纵自己的欲望，不可随便满足自己的志向。"宇宙还可达到边缘，人的天性是没有穷尽的，只有减少欲望，知道满足，为自己立个限度。先祖靖侯曾告诫他的子侄说："你们家是读书人家，世世代代没有富贵过；从现在起，你们为官不可超过郡守，缔结婚姻不要攀附权势显赫之家。"这些话，我终身信服，并把其当作至理名言。

天地鬼神之道，皆恶满盈。谦虚冲损，可以免害。人生衣趣以覆寒露，食趣以塞饥乏耳。形骸之内，尚不得奢靡，己身之外，而欲穷骄泰邪？周穆王、秦始皇、汉武帝，富有四海，贵为天子，不知纪极，犹自败累，况士庶乎？常以二十口家，奴婢盛多，不可出二十人，良田十顷，堂室才蔽风雨，车马仅代杖策，蓄财数万，以拟吉凶①急速②，不啻③此者，以义散之；不至此者，勿非道求之。

【注释】

①吉凶：婚事丧事。

②急速：仓促之间发生的事。

③不啻：不止。

【译文】

天地鬼神之道，都厌恶满盈。谦虚淡泊，可以免除灾害。人活着，穿衣只是为遮掩身体以免寒冷袒露，吃东西只是为填饱肚子以免饥饿罢了。身体本身尚且不求奢侈浪费，自身之外，还要穷尽骄奢吗？周穆王、秦始皇、汉武帝，富有天下，贵为天子，不懂得适可而止，到头来还招致伤败受害，更何况一般的百姓呢？我常认为，如果是有二十人的家庭，奴婢再多也不要超过二十个，良田不要超过十顷，房屋只求能避风雨，牛马只求能代替步行，积蓄数万钱财，用来准备婚丧和应急之事，超过这个限度，应该仗义疏财；没有达到这个程度，切勿用不正当的方法去求取。

〖 读·品·悟 〗

人生的每一个选择，都是有目的的，这种目的以"趣味"为最高境界。然而，任何事情却又是不能够穷尽的，"止足"的意思不只是"知足"，知足是安于现状，而止足则是适可而止。面对各种贪念和欲望，我们应该能够很理智地把握自己，不让自己的欲望无限延伸下去，这才是人生的成熟。

仕宦称泰，不过处在中品，前望五十人，后顾五十人，足以免耻辱，无倾危也。高此者，便当罢谢，偃仰①私庭。吾近为黄门郎，已可收退；当时羁旅，惧罹谤讟②，思为此计，仅未暇尔。自丧乱已来，见因托风云，徼倖富贵，旦执机权，夜填坑谷，朔欢卓、郑，晦泣颜③、原④者，非十人五人也。慎之哉！慎之哉！

【注释】

① 偃仰：安居，游乐。

② 谤讟（dú）：怨恨毁谤。

③ 颜：颜回，孔子的弟子。

④ 原：原宪，孔子的弟子。

【译文】

做官做得稳妥的，是处在中品的官位，前面有五十个人，后面也有五十个人，这样就足以避免耻辱，没有倾覆的危险。官位如果高于中品，应当谢绝，安居家中。我最近任黄门郎，已经够条件告退了；但是却因为客居他乡，怕遭到诽谤和非议，心里想着告退，但是却没有机会。自从丧乱发生以来，我看见很多乘机得势，侥幸获得富贵的人，早上还大权在握，晚上却填尸山谷。月初时还是像卓氏、郑氏那样快乐的富豪，月底却成了像颜回、原宪那样寒苦的贫士，这种人不止五个十个呀！要谨慎，千万要谨慎！

诫 兵 第 十 四

　　本篇并没有讲战争的性质，而是结合家族的历史，讲述喜武的常无成就、好兵致祸的教训，这说明颜之推是反对从军的，这是因为颜氏家族素以儒雅知名，而且作者认为文人当以学术为重。他告诫子孙要想保全自己及家族，就要以儒雅为业，远离"兵"。

　　颜氏之先，本乎邹、鲁，或分入齐，世以儒雅为业，遍在书记①。仲尼门徒，升堂者七十有二，颜氏居八人焉。秦、汉、魏、晋，下逮齐、梁，未有用兵以取达者。春秋世，颜高、颜鸣、颜息、颜羽②之徒，皆一斗夫耳。齐有颜涿聚，赵有颜冣③，汉末有颜良，宋有颜延之④，并处将军之任，竟以颠覆。汉郎颜驷，自称好武，更无事迹。颜忠⑤以党楚王受诛，颜俊以据武威见杀，得姓已来，无清操者，唯此二人，皆罹祸败。顷世乱离，衣冠之士，虽无身手，或聚徒众，违弃素业，徼幸战功。吾既羸薄，仰惟⑥前代，故寘⑦心于此，子孙志之。孔子力翘门关，不以力闻，此圣证也。吾见今世士大夫，才有气干，便倚赖之，不能被甲执兵，以卫社稷；但微行⑧险服，逞弄拳腕，大则陷危亡，小则贻耻辱，遂无免者。

【注释】

　①书记：指文字、书籍、文章等。

　②颜高、颜鸣、颜息、颜羽：四人都是鲁国武士。

　③颜冣（zuì）：战国时赵将，赵亡，为秦所俘。

　④颜延之：南朝宋临沂人，字延年。

　⑤颜忠：东汉人。

　⑥惟：思。

⑦寘（zhì）：止息。

⑧微行：指悄无声息的行动。

【译文】

颜氏的祖先，本来居住在邹国、鲁国，有的分支迁到齐国，世代从事儒雅之业，这在古书上面都有记载。孔子的弟子，学问精深的有七十二人，姓颜的占了八个。秦、汉、魏、晋，直到齐、梁，颜氏家族中，没有人是靠带军队打仗取得显贵的。春秋时代，颜高、颜鸣、颜息、颜羽等都不过是一介武夫而已。齐国有颜涿聚，赵国有颜冣，汉末有颜良，南朝宋有颜延之，他们都担任过将军的职务，最终都因此而倾覆败亡。汉朝郎官颜驷，自称好武，却没有听过他有什么功绩。颜忠因党附楚王而被诛，颜俊因谋反占据武威而被杀，颜氏从得此姓以来，节操不清白的只有这两个人，他们都遭到了祸患失败。近世遭逢战乱，士大夫和贵族子弟，虽然没有勇力习武，却聚集众人，放弃一贯从事的儒雅事业，想侥幸获得成功。我身体既疲弱又单薄，又想起家族前人好兵致祸的教训，所以仍旧将心思放在读书上面，子孙们要记住这一点。孔子力大能举起城门，却不以力大闻名于世，这是圣人留下的榜样。我看见当今的士大夫们，稍有些力气，就倚靠它，不是披盔甲、执武器以保卫国家，而是穿着奇装异服，行踪诡秘，卖弄拳脚，重则身陷死亡，轻则留下耻辱，没有一人能幸免。

国之兴亡，兵之胜败，博学所至，幸讨论之。入帷幄之中，参庙堂之上，不能为主尽规以谋社稷，君子所耻也。然而每见文士，颇读兵书，微有经略，若居承平之世，睥睨①宫阃②，幸灾乐祸，首为逆乱，诖误③善良；如在兵革之时，构扇反复，纵横说诱，不识存亡，强相扶戴：此皆陷身灭族之本也。诚之哉！诚之哉！

【注释】

①睥睨（pì nì）：窥视，侦伺。

②宫阃（kǔn）：指帝王居处的宫室。

③诖（guà）误：贻误，贻害。

【译文】

　　国家的兴亡，战争的胜败这类问题，学识够渊博时是可以讨论的。在军中运筹帷幄，在朝廷里参与朝政，如果不能为人主出谋划策以确保国家的安全，这是君子引以为耻的。但是我常常看见这样一些文人，粗略读过几本兵书，略微懂得一些谋略，如果生活在太平盛世，他们会热衷于窥视帝王后宫，稍有一点儿事便幸灾乐祸，带头作乱，贻害善良的人；如果在兵荒马乱的年代，他们就勾结煽动众人反叛，无所顾忌，四处游说诱骗，不懂得存亡的形势，拼命互相扶持拥戴：这些都是招来杀身灭族的祸根哪。一定要以之为戒！要以之为戒呀！

读·品·悟

　　所谓"文武之道"，是一个时代、一个民族、一个国家所必需的统治或者管理的方式，抑或是必不可少的两个方面。只不过是适用于不一样的人群罢了。读书人自然有读书人的价值，习武之人自然有习武之人的作用，一个民族离开了任何一个方面都是无法稳定的，也就谈不上任何一方面的价值的发挥和创造。

　　习五兵①，便乘骑，正可称武夫尔。今世士大夫，但不读书，即称武夫儿，乃饭囊酒瓮也。

【注释】

①五兵：五种兵器。泛指各种兵器。

【译文】

熟练使用五种兵器，善于骑马，这才可以称得上武夫。但现在的士大夫，只要不去读书，就称自己是武夫，实际上不过是酒囊饭袋罢了。

养 生 第 十 五

　　本篇中，颜之推提出对养生的独特看法。他认为养生就是全身保性，避免祸患加身。人的"性命在天"，没有必要到深山老林去炼丹以求成仙。养生贵在保养精神，调理气息，修身养性，起居有节，适应天气的变化，重视诸种饮食的禁忌，学会各种服药的方法，以达到应尽之年。作者还介绍了不同的养生方法，但却认为这些养生方法都是身外的因素。他认为更重要的养生方法是保生，为修身打好基础，将修身养性和为人处世结合起来，设法使自己远离祸害。如果因傲物而受刑，因贪溺而取祸，再健康的身体，再懂得养生之道也不会长生。

　　神仙之事，未可全诬；但性命在天，或难钟值①。人生居世，触途牵絷②：幼少之日，既有供养之勤；成立之年，便增妻孥之累。衣食资须，公私驱役；而望遁迹山林，超然尘滓，千万不遇一尔。加以金玉之费，炉器所须，益非贫士所办。学如牛毛，成如麟角。华山之下，白骨如莽，何有可遂之理？考之内教③，纵使得仙，终当有死，不能出世。不愿汝曹专精于此。若其爱养神明，调护气息，慎节起卧，均适寒暄，禁忌食饮，将饵药物，遂其所禀，不为夭折者，吾无间然④。诸药饵法，不废世务也。庾肩吾常服槐实，年七十余，目看细字，须发犹黑。邺中朝士，有单服杏仁、枸杞、黄精、术、车前得益者甚多，不能一一说尔。吾尝患齿，摇动欲落，饮食热冷，皆苦疼痛。见《抱朴子》牢齿之法，早朝叩齿三百下为良；行之数日，即便平愈，今恒持之。此辈小术，无损于事，亦可修也。凡欲饵药，陶隐居⑤《太清方》中总录甚备，但须精审，不可轻脱。近有王爱州在邺学服松脂，不得节度，肠塞而死。为药所误者甚多。

【注释】

　　①钟值：正好遇上。

②絷（zhí）：绊住。

③内教：佛教。

④无间然：没有什么可以非议。

⑤陶隐居：指陶弘景。

【译文】

修道成仙的事情，不可说全是假的；只是命的长短由天决定，一般人很难遇上这种机会。人在世上，处处受到牵绊：小的时候，有供养服侍父母的辛劳；成年以后，又多了妻子儿女的拖累。既要解决吃饭穿衣的需求，又要为公事私事操劳奔波；然而，在这种情况下，想隐居于山林，脱离尘世，恐怕千万人中也遇不到一个。再加上炼丹所需的费用以及炉、鼎等器皿，更不是一般的贫士所能办到的。学仙的人多如牛毛，但能成仙的人却少如麟角。华山下面的白骨像野草一样多，哪里有顺心如愿的道理呢？查证一下佛教的原理，就算成仙也还是要死，不能摆脱尘世的羁缚，我不愿意你们干此事。如果你们爱惜保养精神，调理气息，起居有规律，

传统文化小知识

洛阳纸贵

出自《晋书·左思传》。相传，晋代文人左思历时十年写成《三都赋》，但当时他未有文名，故未引起重视。于是左思找到著名的文学家张华。张华在认真阅读了《三都赋》后，很是赞赏。他又与名士皇甫谧一同向世人推荐左思的《三都赋》，人们这才发现此乃天下奇文，于是皆以先阅为快，出现了"豪贵之家竞相传写，洛阳为之纸贵"的情形。后喻作品为世所重，风行一时，流传甚广。

适应天气的变化穿衣，重视诸种饮食的禁忌，服补药滋养，达到应尽之年，不至于中途夭折，这样我就没什么可说了。学习各种服药的方法，并不会因此荒废世间事务。庾肩吾常服槐实，七十多岁，眼睛仍然看得见小字，胡须头发仍是黑的。邺中的朝廷官员中，有的专门服食杏仁、枸杞、黄精、白术、车前，而从中得到的好处很多，在此难以一一列举。我曾患过牙病，牙齿松动快掉了，不管是吃冷的东西还是热的东西，都会引起牙齿疼痛。我看见《抱朴子》中坚固牙齿的方法，早上起来叩齿三百次可奏效，我按此做了几天，牙就好了，现在我一直坚持这样做。像这样的一些小方法，对别的事是没有什么妨碍的，可以学学。凡是想要服药，陶弘景的《太清方》中收录的药方很完备，但一定要认真挑选，不能轻率。最近有个叫王爱州的人，在邺城学别人服用松脂，没有节制，结果因肠子堵塞而死。这种被药物伤害的例子非常多。

夫养生者先须虑①祸，全身保性。有此生然后养之，勿徒养其无生也。单豹养于内而丧外，张毅养于外而丧内，前贤所戒也。嵇康著《养生》之论，而以傲物受刑；石崇冀服饵之征，而以贪溺取祸，往世之所迷②也。

【注释】

①虑：考虑。

②迷：糊涂。

【译文】

养生的人必须先考虑避免灾祸，保住自己的性命。有了生命，才能保养它；不要白费心思去保养不存在的所谓长生不老的性命。单豹很善于保养身心，但因外部的因素而丧失了生命；张毅善于防备外部的灾祸侵害，但却因体内发病而死，这都是前代的贤人引以为戒的。嵇康写了《养生论》，但却因傲慢无礼而遭杀头；石崇希望通过服药而延年益寿，却因贪财好色而招致杀身之祸，这都是过去那些糊涂人的例子。

【 读·品·悟 】

　　自然养生需要的是一种不间断的缓慢而有规律的生活方式，然而，生活在社会中的人，很多时候都会遇到不如意的事情，甚至有些会招致杀身之祸，就不能不算作养生之道的最快消弭因素了。像单豹、张毅的做法只取一面，终究导致了生命的不完整，嵇康懂得养生，可是却不合时宜，最终因为傲物而受刑，石崇却因为贪婪导致迷失自我。

　　夫生不可不惜，不可苟惜。涉险畏之途，干祸难之事，贪欲以伤生，谗慝而致死，此君子之所惜哉；行诚孝而见贼，履仁义而得罪，丧身以全家，泯躯而济国，君子不咎也。自乱离已来，吾见名臣贤士，临难求生，终为不救，徒取窘辱，令人愤懑。侯景之乱，王公将相，多被戮辱，妃主姬妾，略无全者。唯吴郡太守张嵊，建义①不捷，为贼所害，辞色不挠；及鄱阳王世子谢夫人，登屋诟怒，见射而毙。夫人，谢遵女也。何贤智操行若此之难？婢妾引决②若此之易？悲夫！

【注释】

①建义：兴义军，举义旗。这里指张嵊组织义军讨伐侯景。

②引决：毅然赴死。

【译文】

生命不能不珍惜，也不能以不正当的手段去珍惜。走邪恶危险的道路，卷入招致灾难的事情，追求欲望的满足而丧生，为奸作恶而致死，在这些方面，君子是应该珍惜他的生命的。做忠孝的事而被杀，做仁义的事而获罪，舍弃自己的生命以保全家族，捐躯救国，在这些方面，君子失去生命，是不会抱怨的。自从梁朝乱离以来，我见到一些名吏和贤士，面对危难苟且偷生，最终不仅无法得救，还白白招致窘迫和羞辱，真令人愤慨。侯景叛乱之时，王公将相，大多遭受杀害污辱，妃嫔、公主、姬妾都几乎没有幸存的。只有吴郡太守张嵊，组织义军反抗侯景，未能成功，被反贼所杀，但言语面色至死都未表现出屈服；还有鄱阳王嫡长子萧嗣的夫人谢氏，她登上房顶怒骂叛贼，被箭射死。谢夫人是谢遵的女儿。为何那些贤良明智之士坚守操行那么困难？而婢妾之辈舍生取义竟如此容易？真让人觉得悲哀呀！

归心第十六

　　颜之推是信佛的，所以他用单独一章表达他对佛的看法。归心即是归于佛心，也就是虔诚地信佛。作者认为佛教的最高境界，不是尧、舜、周公、孔子之道所能触及的。东晋南朝时期，佛教极为流行。在儒佛双重思想的影响下，颜之推援儒入佛，奉佛教为内典，儒教为外典，认为佛典的初学门路，是儒家经典中所提到的仁、义、礼、智、信五种德行，两教本为一体。作者深信佛教的"三世说"和因果报应，因此本章旨在突出其对生命的关怀，告诫子孙要克己从善，修身养性，把握现在，以图来世。

三世①之事，信而有征，家世归心②，勿轻慢也。其间妙旨，具诸经论，不复于此，少能赞述；但惧汝曹犹未牢固，略重劝诱尔。

【注释】

①三世：指过去世，现在世，未来世。
②归心：心悦诚服归附。

【译文】

佛教中所说的过去、现在、未来三世之事，是可信而且有应验的，我们家世代皈依佛教，不可轻视侮慢。其间精妙的意旨，都记载在佛教典籍里，我在这里不多赞美转述了；只怕你们对佛教的信念不够牢固，我才再次稍作一些劝说诱导。

原夫四尘①五荫②，剖析形有；六舟③三驾，运载群生：万行归空，千门入善，辩才智惠，岂徒《七经》、百氏之博哉？明非尧、舜、周、孔所及也。内外两教，本为一体，渐积为异，深浅不同。内典初门，设五种禁；外典仁义礼智信，皆与之符。仁者，不杀之禁也；义者，不盗之禁也；礼者，不邪之禁也；智者，不酒之禁也；信者，不妄④之禁也。至如畋狩军旅，燕享刑罚，因民之性，不可卒除，就为之节，使不淫滥尔。归周、孔而背释宗⑤，何其迷也！

【注释】

①四尘：佛教语。色、香、味、触的总称。

②五荫：佛教语。指色、受、想、行、识五者假合而成的身心。

③六舟：即六度，佛教语。指布施、持戒、忍辱、精进、禅定、智慧。

④不妄：不虚妄。

⑤释宗：佛教。

【译文】

推究"四尘"和"五荫"的道理，剖析世间有形之物；运用"六度""三驾"的办法修行，超度众生：佛教中有种种修行方法，可让众生皈依空门，有种种法门，使人向善，里面的辩才及智慧，岂止像儒家《七经》和诸子百家那样具有广博的学问？佛教的最高境界，不是尧、舜、周公、孔子之道所能触及的。佛儒本来就是一体的，但由于两者在悟道的方式和目的等方面有不同，所以境界的深浅也有些差异。佛典的初学门路，有五种禁戒；儒家经典中所提到的仁、义、礼、智、信五种德行，皆与之吻合。仁，就是不杀生的禁戒；义，就是不偷盗的禁戒；礼，是不邪恶的禁戒；智，是不酗酒的禁戒；信，是不虚妄的禁戒。说到狩猎、战争、宴饮、刑罚等，都是人类的本性，不可能立刻消除，只能为它们设置一定的界限，使其不过分罢了。人们只知道尊崇周公、孔子之道，却违背佛教宗义，是多么糊涂哇！

俗之谤者，大抵有五：其一，以世界外事及神化无方为迂诞也。其二，以吉凶祸福或未报应为欺诳也。其三，以僧尼行业多不精纯为奸慝也。其四，以糜费金宝减耗课①役②为损国也。其五，以纵有因缘如报善恶，安能辛苦今日之甲，利益后世之乙乎？为异人也。今并释之于下云。

【注释】

①课：按规定的数额和时间征收的赋税。

②役：徭役。

【译文】

世俗对佛教的指责，大概有下面五种：第一，认为佛教所讲述的是现实世界以外及神秘怪诞的无法掌握的事。第二，认为人世间的吉凶祸福未必就有相应的报应，佛教所强调的因果报应是欺骗众人的。第三，认为和尚、尼姑这一类人品行大多不清白，寺庵为藏奸纳垢之地。第四，认为僧尼虚耗财物而且不交租服役，损害了国家的利益。第五，认为就算存在因果轮回、善恶报应之事，又怎能使今天辛苦劳作的甲去为来世的乙谋利益呢？因为甲和乙是不同的两个人。我现在对以上指责一并解释如下。

释一曰：夫遥大之物，宁可度量？今人所知，莫若天地。天为积气，地为积块，日为阳精，月为阴精，星为万物之精，儒家所安也。星有坠落，乃为石矣；精若是石，不得有光，性又质重，何所系属？一星之径，大者百里，一宿首尾，相去数万；百里之物，数万相连，阔狭从斜，常不盈缩。又星与日月，形色同尔，但以大小为其等差；然而日月又当石也？石既牢密，乌兔①焉容？石在气中，岂能独运？日月星辰，若皆是气，气体轻浮，当与天合，往来环转，不得错违，其间迟疾，理宜一等；何故日月五星二十八宿，各有度数，移动不均？宁当气坠，忽变为石？地既浑浊，法应沉厚，凿土得泉，乃浮水上；积水之下，复有何物？江河百谷，从何处生？东流到海，何为不溢？归塘尾闾，渫②何所到？沃焦③之石，何气所然？潮汐去还，谁所节度？天汉④悬指，那不散落？水性就下，何故上腾？天地初开，便有星宿；九州未划，列国未分，翦疆区野，若为躔次？封建⑤已来，谁所制割？国有增减，星无进退，灾祥祸福，就中不差；乾象之大，列星之伙，何为分野，止系中国？昴⑥为旄头，匈奴之次；西胡、东越，雕题、交址，独弃之乎？以此而求，迄无了者，岂得以人事寻常，抑必宇宙外也？

【注释】

①乌兔：传说日中有乌，月中有兔，故以乌兔指日月。

②渫（xiè）：泄漏。

③沃焦：传说中东海南部的大石山。

④天汉：银河。

⑤封建：封邦建国。

⑥昴：二十八星宿之一。

【译文】

对于第一种指责的解释：远大的东西，难道可以测量吗？人们所知道的最大的东西，没有比天地更大的了。天由云气聚集而成，地由土石堆积而成，太阳是阳气的精华，月亮是阴气的精华，星辰是万物的精华，这是儒家信奉的观点。星辰有时坠落到大地上，就成了石头；如果精华是石头，就不会有光芒，况且石头很重，靠什么力量悬挂在天上呢？一颗星大概有一百里长，一个星宿从头到尾，相隔几万里；直径百里之长的物体，相隔万里连成一片，它们之间的宽窄纵横排列都保持一定，一般不会变化。再者，星星与日月的形状和色泽相似，只是大小不同而已。要是这样的话，日月也是石头吗？石头是牢固细密的物体，那太阳中的金乌、月亮中的玉兔又如何在其中存身呢？石头飘浮在气体中，如何能运转呢？日月星辰，如果全是气体，那么气体轻飘，应与天合而为一，来回环绕运转，不可能互相交错，它们的运行速度也应该一致；但为什么日月以及五大行星、二十八星宿各有各的位置，移动的快慢不均匀呢？难道是气体在坠落的时候忽然变成了石头吗？大地既然是实地积聚而成的，应该沉重，可是往地下挖竟能挖到泉水，这说明地是浮在水上的；那聚集的流水下面又是什么呢？江河水向东流到海，海水为何不溢出地面呢？传说中海水都汇集到归塘、尾闾，那么这些水又流到何处呢？如果说沃焦山的石头烧掉了，那么是什么样的气体让石头燃着了？潮汐的涨落，又是谁在控制呢？银河挂在空中，为什么不散落下来？水的特性是从高处向低流，为何又升到天上去呢？天地初开时，就有了星宿；当时九州的地域尚未划分，诸侯列国尚未分封，这些疆界是如何根据星辰运行的位置来确定的呢？又是谁为它们在运行轨道上安排的位次？诸侯在分封的区域内建国以来，又是谁主宰这些事呢？诸侯国有增有减，星辰的位置却没有改变，而其中的吉凶祸福照样发生，毫无偏差；天象之大，星辰众多，为何以星宿来划分的地上州郡只限在中原地区呢？被称作旄头的昴星是对应匈奴的，西胡、东越、雕题、交址这些地域，就该被抛弃吗？诸如此类的问题，如果要去追究是永无穷尽的，又如何能以常人常事之理去判断茫茫宇宙之外的无穷事理呢？

凡人之信，唯耳与目；耳目之外，咸致疑焉。儒家说天，自有数义：或浑或盖，乍宣乍安。斗极^①所周，管维^②所属，若所亲见，不容不同；若所测量，宁足依据？何故信凡人之臆说，迷大圣之妙旨，而欲必无恒沙世界、微尘^③数劫也？而邹衍亦有九州之谈。山中人不信有鱼大如木，海上人不信有木大如鱼；汉武不信弦胶，魏文不信火布^④；胡人见锦，不信有虫食树吐丝所成；昔在江南，不信有千人毡帐，及来河北，不信有二万斛船：皆实验也。

【注释】

①斗极：北斗星与北极星。斗，北斗七星。极，北极星。

②管维：即斗枢。古代人指天宇所据以运转的枢纽。

③微尘：极细小的物质。

④火布：火浣布。

【译文】

一般人所相信的，都是耳闻目睹的事物；凡是耳闻目睹以外的事物，都加以怀疑。儒家对天的看法本来就有几种：有浑天说，有盖天说，有宣夜说，有安天说。此外还认为北斗七星和北极星的运行，是以斗枢为转轴的。如果是亲眼看见，就不会有这么多看法。如果是凭空推测度量，又怎么能够可靠呢？我们为何相信这些凡人的猜测而怀疑佛祖的精妙教义呢？为何认定绝不会有像印度恒河中的沙子那样多的世界，微小的尘埃也经历过数次的劫难呢？而且，邹衍也曾提出中原之外还有九州的说法。山里的人不信有树木那样大的鱼，海上的人不相信有鱼这么大的树木；汉武帝不相信世上有可以黏合断裂弓弦刀剑的续弦胶，魏文帝不相信有耐火的火浣布；胡人看见锦，不相信它是用吃桑叶的蚕吐的丝织成的；过去我在江南时，不相信有容纳千人的毡帐，等到了黄河以北后，才发现这里的人们不相信有可容纳两万斛的大船：这些都是实际的经验。

《 读·品·悟 》

　　颜之推的思考并不是简单的思考，而是一种质疑。这种勇气和认识，不能不让我们感到由衷钦敬。什么不可以提出疑问呢？一切都应该有自己的思考，哪怕是别人已经证明了的。我们不应该做一个只从别人的口中听取现成结论的人。这种人是懒惰的，是不会有什么成就的。如同只能从别人嚼烂的碎屑中汲取营养的人，永远是生活上的依附者和奴隶。

　　世有祝师①及诸幻术，犹能履火蹈刃，种瓜移井，倏忽之间，十变五化。人力所为，尚能如此；何况神通感应，不可思量，千里宝幢，百由旬②座，化成净土，踊出妙塔乎？

【注释】

　　①祝师：能祝物的巫师。
　　②由旬：古印度计程单位。

【译文】

　　世上的巫师和熟悉各种幻术的人，他们都能踏火而行，在刀刃上行走，使种下的瓜果立刻成熟，还可以移动深井，片刻之间，千变万化。人力的所作所为，尚能如此，何况佛的神通广大，更是不敢想象的，高大达千里的经幢，广大达数千里的莲花宝座，庄严肃净的极乐世界，从地上涌出座座宝塔，这难道不是瞬间变化出来的吗？

释二曰：夫信谤之征，有如影响①；耳闻目见，其事已多，或乃精诚不深，业缘未感，时傥差阑②，终当获报耳。善恶之行，祸福所归。九流③百氏，皆同此论，岂独释典为虚妄乎？项橐、颜回之短折，伯夷、原宪之冻馁，盗跖、庄跻之福寿，齐景、桓魋之富强，若引之先业，冀以后生，更为通耳。如以行善而偶钟祸报，为恶而傥值福征，便生怨尤，即为欺诡；则亦尧、舜之云虚，周、孔之不实也，又欲安所依信而立身乎？

【注释】

　　①影响：影子跟随形体和回声伴着声音。

　　②差阑：略迟，较晚。

　　③九流：即儒、道、墨、法、名、杂、农、纵横、阴阳九家。

【译文】

　　对第二种责难的解释：我相信那些诽谤佛教因果报应之说的种种证据，就如同影子跟随形体、回声伴着声音一样可以明白无误地加以验证。我耳闻眼见这样的事多了，有的虽然没有得到应验，可能是当事者的精诚还不够深厚，因缘未发生感应，报应的时间虽然有早晚的分别，但最终还是会有的。一个人的善行恶行，往往决定了他会招致祸还是福。九流百家都认同这个观点，怎能单单认为佛经所说才是虚妄呢？像项橐、颜回的短命早死，伯夷、原宪的受冻挨饿，盗跖、庄跻的得福获寿，齐景公、桓魋的富足强大，如果把这些看成是他们的前辈恶业或功德，报应在后人身上，道理就说得通了。如果因为行善事而偶然招受灾祸，做坏事又意外得到福报，从而生了怨恨之心，认为因果报应之说是欺诈蒙骗；那么也就是指责尧、舜的事迹是虚假的，周公、孔子的学说也不可信。如果是这样的话，那么又能相信什么，靠什么来立身处世呢？

释三曰：开辟①已来，不善人多而善人少，何由悉责其精洁乎？见有名僧高行，弃而不说；若睹凡僧流俗，便生非毁。且学者之不勤，岂教者之为过？俗僧之学经律，何异士人之学《诗》《礼》？以《诗》《礼》之教，格②朝廷之人，略无全行者；以经律之禁，格出家之辈，而独责无犯哉？且阙行之臣，犹求禄位；毁禁之侣，何惭供养乎？其于戒行，自当有犯。一披法服，已堕僧数，岁中所计，斋讲诵持，比诸白衣，犹不啻山海也。

【注释】

①开辟：开天辟地。

②格：度量，衡量。

【译文】

对第三种责难的解释：自从盘古开天辟地以来，就是不善之人多，善良的人少，怎么可以要求每一个僧尼都是清白的好人呢？看到名僧高尚的德行，都放在一旁不说；但若是见了凡庸僧尼的粗俗行为，就要非议诋毁。况且接受教育的人不勤奋，难道是教育者的过错吗？平庸的僧尼学习佛经，与士人学习《诗经》《礼记》有什么不同呢？如果用《诗经》《礼记》中要求的标准去衡量朝廷的官员，是没有几个合格的。同样，用佛家的戒律度量出家人，怎能唯独要求他们一点儿都不违反戒律呢？而且，行为有缺点的官员，还要求官阶俸禄；犯戒的僧尼，又何必因受供养而惭愧呢？对于所规定的戒律规范，人们自然难免有所违犯。如果披上法衣，就是加入了僧侣的行业，一年中所做的事情，就是吃斋念经，持戒修行，比起那些世俗之人，其德行的差距便不止高山与深海了。

释四曰：内教多途，出家自是其一法耳。若能诚孝在心，仁惠为本，须达①、流水②，不必剃落须发；岂令罄井田而起塔庙，穷编户以为僧尼也？皆由为政不能节之，遂使非法之寺，妨民稼穑，无业之僧，空国赋算，非大觉③之本旨也。抑又论之：求道者，身计也；惜费者，国谋也。身计国谋，不可两遂。诚臣徇主而弃亲，孝子安家而忘国，各有行也。儒有不屈王侯高尚其事，隐有让王辞相避世山林；安可计其赋役，以为罪人？若能偕化黔首④，悉入道场，如妙乐之世，禳佉⑤之国，则有自然稻米，无尽宝藏，安求田蚕之利乎？

【注释】

①须达：古印度为舍卫城的给孤独长者的本名，祇园精舍的施主。

②流水：即流水长者。

③大觉：指代佛教。

④黔（qián）首：战国及秦时对平民的称谓。

⑤禳佉（ráng qū）：转轮王，印度古代神话中的国王名。

【译文】

对第四种指责的解释：佛教修行的方法很多，出家仅是其中的一种。如果能把忠孝放在心上，以仁爱施惠为立身之本，像须达、流水两位长者那样，也就用不着剃掉须发为僧了；哪儿用得着用所有的田地去建寺庙佛塔，让所有的百姓都去当僧尼呢？执政者不能很好地节制佛事，才使得不守法纪的寺院，妨碍了民众的农事，没有德行的僧尼，空享国家赋税，这不是佛教的本旨。或者可以这样说：信奉佛教是个人的计划；珍惜费用则是国家的谋划。个人的计划和国家的谋划不能两全其美。这就像是忠臣献

传统文化小知识

成人礼 成年礼是为承认年轻人具有进入社会的能力和资格而举行的人生仪礼。我国传统成年礼称为冠礼、笄礼。男子行加冠礼，即在男子20岁时，由主持仪式者为男子戴3次帽子，称为"三加"，分别为"缁布冠""皮弁""爵弁"，象征冠者从此有了治人的权利、服兵役的义务和参加祭祀活动的资格。女子在15岁时要行笄礼，表示从此结束少女时代，可以嫁人。

身于君主而放弃抚养双亲的责任，孝子为了供养家庭而忽略了对国家应尽的义务，各自有不同的行为准则。儒家中有不屈从于王侯自许清高的人，隐士中有辞让相位遁世山林的人；又怎能计算他们的赋税徭役，并认定他们是逃避赋役的罪人呢？如果能感化百姓都信奉佛教，皈依空门，那么就会像佛经中所说的妙乐之世、襄佉之国那样，会有自然生长的稻米，无尽的宝藏，哪里用得着去求取种田养蚕的利益呢？

释五曰：形体虽死，精神犹存。人生在世，望于后身①似不相属；及其殁后，则与前身似犹老少朝夕耳。世有魂神，示现梦想，或降童妾，或感妻孥，求索饮食，征须福佑，亦为不少矣。今人贫贱疾苦，莫不怨尤前世不修功业；以此而论，安可不为之作地②乎？夫有子孙，自是天地间一苍生耳，何预身事？而乃爱护，遗其基址③，况于己之神爽，顿欲弃之哉？凡夫蒙蔽，不见未来，故言彼生与今非一体耳；若有天眼，鉴其念念随灭，生生不断，岂可不怖畏邪？又君子处世，贵能克己复礼，济时益物。治家者欲一家之庆，治国者欲一国之良，仆妾臣民，与身竟何亲也，而为勤苦修德乎？亦是尧、舜、周、孔虚失愉乐耳。一人修道，济度几许苍生？免脱几身罪累？幸熟思之！汝曹若观俗计，树立门户，不弃妻子，未能出家；但当兼修戒行，留心诵读，以为来世津梁。人生难得，无虚过也。

【注释】

①后身：佛教认为人死后要转生，故有前身、后身之分。

②作地：留有余地。

③基址：建筑物的地基、基础。比喻事业的根基、根本。

【译文】

对第五种指责的解释：人的形体虽然死了，精神仍然存在。人活在世上的时候，遥想自己的后身，似乎没有什么联系；等死了之后，才发现后身和前身有密切的关系，就像老人和小孩、早晨和晚上一样关系密切。世上有死者的魂灵，会在活人梦中出现，有的托梦于仆人婢妾，有的托梦于妻子儿女，向他们索求食物，求取福佑，这种事也是不少的。现在的人因生活贫贱困苦，没有不埋怨自己的前世没有修好功德的。从这一点看来，生前怎能不为后世留有余地呢？至于人有子孙，都不过是天地间的苍生而已，跟自身有什么关系呢？即使这样尚要尽心爱护，将家业留给他们，何况对于自己的灵魂，怎能舍弃呢？凡夫俗子冥顽不灵，无法预知来世，所以就说今生跟来生不是一回事。如果人有洞察天机的慧眼，就可以看到生生死死，轮回不断，如此他难道不感到惧怕吗？而且君子处世极重要的是克制自己，使自己的言行合乎礼仪，能够匡时救世，有益于人。治家的人希望这个家庭幸福美满，治国的人希望这个国家兴旺发达。仆人、侍妾、臣子、民众，和我自己有什么相干呢？为什么要为他们辛苦操持？这也和尧、舜、周公、孔子一样，是为了别人的幸福而牺牲自己的欢乐罢了。一个人修身求道，可以超度几个苍生，能使几个人开脱罪恶？一定要认真思考这个问题。如果你们要顾及世俗的生计，建立门户，不能舍弃妻子儿女，致使不能出家当和尚，但要兼顾修行，留心诵读佛经，以此为来世的幸福架好桥梁。人生宝贵，千万不要白白度过。

儒家君子，尚离庖厨，见其生不忍其死，闻其声不食其肉。高柴①、折像，未知内教，皆能不杀，此乃仁者自然用心。含生②之徒，莫不爱命；去杀之事，必勉行之。好杀之人，临死报验，子孙殃祸，其数甚多，不能悉录耳，且示数条于末。

【注释】

①高柴：春秋时人，孔子的弟子。

②含生：一切有生命之物。多指人类。

【译文】

儒家的君子，尚且能远离厨房，看见活的动物，就不忍心见到它们被杀死，听到动物被宰杀时的惨叫声，就不忍心吃它们的肉。高柴、折像二人，不知道佛教教义，都能不杀生，这是仁慈之人天生的善心。有生命的东西，没有不爱惜自己的生命的；远离杀生的事，必须尽力做到这一点。喜欢杀生的人，临死会遭到报应，子孙要遭殃，这样的例子很多，我不能全部记下来，姑且举几例于本文末尾。

梁世有人，常以鸡卵白和沐，云使发光，每沐辄二三十枚。临死，发中但闻啾啾数千鸡雏声。

【译文】

梁朝有个人，经常用鸡蛋白来洗头，说是能使头发有光泽，每次都要用二三十个鸡蛋。等他临死的时候，听到头发中传来几千只小鸡的啾啾叫声。

江陵刘氏，以卖鳝羹为业。后生一儿头是鳝，自颈以下，方为人耳。

【译文】

江陵有个姓刘的人，靠卖鳝鱼羹为生。后来有了一个孩子，长了一个鳝鱼头，从颈部以下，才是人形。

王克为永嘉郡守，有人饷羊，集宾欲醮。而羊绳解，来投一客，先跪两拜，便入衣中。此客竟不言之，固无救请。须臾，宰羊为羹，先行至客。一脔入口，便下皮内，周行遍体，痛楚号叫；方复说之。遂作羊鸣而死。

【译文】

王克做永嘉郡守时，有人送了一只羊给他，他就集邀了宾客想开一个宴会。那只羊挣断了绳子，冲到一位客人面前，先跪下拜了两拜，就钻入客人的衣服里。那位客人竟然一言未发，更没有为那只羊向王克求情。过了一会儿，羊被宰杀做成了羊羹，先送到那位客人面前。他夹了一块肉，刚入口，便觉得那肉窜入皮内，周身乱窜，他疼痛号叫不已。此时他才说出羊向他求救的事。随后发出几声像羊一样的叫声，便死去了。

梁孝元在江州时，有人为望蔡县令，经刘敬躬乱，县廨①被焚，寄寺而住。民将牛酒作礼，县令以牛系刹柱，屏除形像②，铺设床坐，于堂上接宾。未杀之顷，牛解，径来至阶而拜，县令大笑，命左右宰之。饮啖醉饱，便卧檐下。稍醒而觉体痒，爬搔隐疹，因尔成癞，十许年死。

【注释】

①廨（xiè）：官舍，官署。

②形像：佛像。

【译文】

梁孝元帝在江州的时候，有个人在望蔡县当县令。恰好遇到刘敬躬叛乱，县里的官署被烧了，县令暂时在一所寺庙里寄住。老百姓将一头牛和几缸酒作为礼物送给他，县令将牛拴在刹柱上，搬掉佛像，摆上坐具，在佛堂上接待宾客。牛快被宰杀的时候，挣脱了绳子，直奔到台阶前向县令跪拜。县令大笑，还是令旁边的侍从把牛杀了。县令酒足饭饱之后，就躺在屋檐下睡着了。醒来后感到身体发痒，抓搔后身上起了小疙瘩。他因此得了恶疮，十几年后病死了。

杨思达为西阳郡守，值侯景乱，时复旱俭，饥民盗田中麦。思达遣一部曲守视，所得盗者，辄截手腕，凡戮十余人。部曲后生一男，自然无手。

【译文】

杨思达在任西阳郡守的时候，刚好赶上侯景之乱，当时又因为旱灾而歉收，饥饿的老百姓就去偷官田里的麦子。杨思达派了一名手下去守麦田，凡是抓到偷麦子的人，就砍断他们的手腕，一共砍了十几个人。后来他这名手下生了一个儿子，天生就没有手。

齐有一奉朝请，家甚豪侈，非手杀牛，啖之不美。年三十许，病笃，大见牛来，举体如被刀刺，叫呼而终。

【译文】

齐朝有个奉朝请，家境非常豪华奢侈，如果不是亲手宰牛，吃起来就觉得味道不美。他三十多岁的时候，有一次病得很重，看见一大群牛向他冲来，他觉得全身如刀割般疼痛，大声呼叫着死了。

江陵高伟，随吾入齐，凡数年，向幽州淀中捕鱼。后病，每见群鱼啮之而死。

【译文】

江陵的高伟，随我一同来齐。几年以来，他时常到幽州的湖泊捕鱼。后来病重，常看见一群群鱼来咬他，最后死了。

世有痴人，不识仁义，不知富贵并由天命。为子娶妇，恨其生资不足，倚作舅姑①之尊，蛇虺其性，毒口加诬，不识忌讳，骂辱妇之父母，却成教妇不孝己身，不顾他恨。但怜己之子女，不爱己之儿妇。如此之人，阴纪其过，鬼夺其算②。慎不可与为邻，何况交结乎？避之哉！

【注释】

　　①舅姑：公婆。

　　②算：寿命。

【译文】

　　世上有这么一种无知的人，不懂得仁义，不晓得人的富贵是由天命注定的。为儿子娶媳妇，怨恨女家的嫁妆太少，仗着自己是公公婆婆的尊长身份，怀着毒蛇一样得心性，对儿媳恶毒辱骂，一点儿不知忌讳，甚至骂起女方的父母，这样就教会了媳妇不孝顺自己，也没有顾及她的怨恨（会为自己带来祸害）。只知道爱惜自己的儿女，却不懂去疼爱自己的儿媳。这样的人，阴曹地府会将其罪过记录下来，让恶鬼夺去他的寿命。你们要谨慎些，不要与这样的人比邻而居，更不能与之结为朋友。还是避开他们吧！

卷六

书 证 第 十 七

　　本篇主要是对经、史典籍所作的零星考证，极具学术价值。第一，可以看出颜之推对文字的态度是比较开通的，他认为文字是随着时代的变化而变化的，因此，他反对那种写字"必依小篆"的做法，也反对任意增删改换文字的"鄙俗"做法，认为正确的做法是把二者结合起来。第二，可以看出颜之推的知识丰富，他的考证绝大部分都有事实依据，是非常严谨的，得出的结论多数是可信的。作者借此告诫子孙读书要多，学问要深，对于一个问题的解决，要三思而后下结论，不可盲目草率，文字应力求规范。

《诗》云："参差①荇菜②。"《尔雅》云："荇，接余也。"字或为"莕"。先儒解释皆云："水草，圆叶细茎，随水浅深。今是水③悉有之，黄花似莼④，江南俗亦呼为'猪莼'，或呼为'荇菜'。"刘芳⑤具有注释。而河北俗人多不识之，博士⑥皆以参差者是苋菜，呼"人苋"为"人荇"，亦可笑之甚。

【注释】

①参差：长短不齐的样子。

②荇（xìng）菜：一种多年生水生草本植物。

③是水：犹言凡是有水之处。

④莼：莼菜。

⑤刘芳：字伯文，北魏彭城人，曾经撰写《毛诗笺音义证》十卷。

⑥博士：博学之人。

【译文】

《诗经》上说："参差荇菜。"《尔雅》解释说："荇菜，就是接余。"荇字有时也写作"莕"。前代学者们都解释说："荇菜就是一种水草，圆叶细茎，随水流而沉浮。现在凡是有水的地方都有它，它那黄色的花就像莼菜，江南民间也称它为'猪莼'，也有人叫它'荇菜'。"刘芳对此都有注解。而黄河以北地区的一般人大都不认识它，博学之士都把《诗经》中所说的这种长短不齐的荇菜认作苋菜，把"人苋"叫作"人荇"，也太可笑了。

《诗》云："谁谓荼苦①？"《尔雅》《毛诗传》并以荼，苦菜也。又《礼》云："苦菜秀。"案：《易统通卦验玄图》曰："苦菜生于寒秋，更冬历春，得夏乃成。"今中原苦菜则如此也。一名"游冬"，叶似苦苣而细，摘断有白汁，花黄似菊。江南别有苦菜，叶似酸浆②，其花或紫或白，子大如珠，熟时或赤或黑，此菜可以释劳。案：郭璞③注《尔雅》，此乃"蘵④"，黄蒢也。今河北谓之"龙葵"。梁世讲《礼》者，以此当苦菜；既无宿根，至春方生耳，亦大误也。又高诱⑤注《吕氏春秋》曰："荣⑥而不实曰英⑦。"苦菜当言英，益知非龙葵也。

【注释】

①谁谓荼苦：见《诗经·邶风·谷风》。荼，苦菜。

②酸浆：草名。

③郭璞：字景纯，河东闻喜（今属山西）人。东晋文学家、训诂学家。

④蘵（zhī）：蘵草，叶似酸浆叶，花小而白，中心黄。

⑤高诱：东汉涿郡涿（今河北涿州）人。曾为《吕氏春秋》作注。

⑥荣：开花。

⑦英：植物开花而不结果实。

【译文】

《诗经》上说："谁谓荼苦？"《尔雅》和《毛诗传》都以荼为苦菜。此外，《礼记》上说："苦菜秀。"据考证：《易统通卦验玄图》上说："苦菜生长于寒冷的秋天，经冬历春，到夏天就长成了。"现在中原一带的苦菜就是这样的。它又名"游冬"，叶子像苦苣而比苦苣细小，折断后有白色的汁液，花黄色像菊花。江南一带另外有一种苦菜，叶子像酸浆的叶子，它的花有的紫有的白，结的果实有珠子那么大，成熟时颜色有红的有黑的，这种菜可以消除疲劳。据考证：郭璞作注的《尔雅》中，认为这种苦菜就是"蘵"，也就是黄蒢。现在黄河以北一带把它叫作"龙葵"。梁朝讲解《礼记》的人，把它当作中原的苦菜；但它既没有多年生的根，又是在春天才生长，这也是一个大的误释。另外高诱在《吕氏春秋》注文中说："只开花不结实的叫英。"苦菜的花就应当叫作英。由此更说明它不是龙葵。

传统文化小知识

祸
起
萧
墙

"祸起萧墙"典出《论语·季氏》："吾恐季孙之忧，不在颛臾，而在萧墙之内也。"春秋时期，鲁国季氏将要攻打邦内小国颛臾。冉有、子路二人来到孔子府内，将这件事告诉了孔子。孔子听后很气愤，责备二人："你们作为季氏的家臣，不但没有尽到辅佐的责任，还支持季氏倚强凌弱，对颛臾兴不义之师，你们枉费我昔日教导。如今，季氏要对颛臾动武，但我恐怕季氏最大的忧愁不在颛臾，而在萧墙之内呀！"果然，孔子说出这话不久，季氏兄弟间便发生了争斗。后来，"祸起萧墙"便被用作内部发生祸乱之典。萧墙指古代摆在宫室内起屏蔽作用的屏风。

《诗》云："有杕之杜。"江南本并"木"傍施"大"，《传》曰："杕，独貌也。"徐仙民音徒计反。《说文》曰："杕，树貌也。"在"木"部。《韵集》音"次第"之"第"，而河北本皆为"夷狄"之"狄"，读亦如字，此大误也。

【译文】

《诗经》里说："有杕之杜。"江南地区的抄本中杕都是"木"字旁加"大"字，《毛诗传》中说："杕，孤独挺立的样子。"徐仙民给它的注音是徒计反。《说文解字》中说："杕，是树的样子。"收在"木"部。《韵集》中把它读作"次第"之"第"，而黄河以北的抄本都写作"夷狄"的"狄"字，读音也是这个"狄"字的本音，这是一个大错误。

《诗》云："駉駉①牡②马。"江南书皆作"牝③牡"之"牡"，河北本悉为"放牧"之"牧"。邺下博士见难④云："《駉颂》既美僖公牧于坰⑤野之事，何限騲⑥骘⑦乎？"余答曰："案：《毛传》云：'駉駉，良马腹干肥张⑧也。'其下又云：'诸侯六闲⑨四种：有良马，戎马，田马，驽马。'若作放牧之意，通⑩于牝牡，则不容限在良马独得'駉駉'之称。良马，天子以驾玉辂⑪，诸侯以充朝聘⑫郊祀⑬，必无騲骘也。《周

礼·圉人⑭职》：'良马，匹一人。驽马⑮，丽⑯一
人。'圉人所养，亦非骘也；颂人举其强骏者
言之，于义为得也。《易》曰：'良马逐逐。'
《左传》云：'以其良马二。'亦精骏之称，非通
语也。今以《诗传》良马，通于牧骘，恐失毛生⑰之
意，且不见刘芳《义证》乎？"

【注释】

①骄（jiōng）骄：马肥壮的样子。也指肥壮之马。

②牡（mǔ）：鸟兽的雄性。

③牝（pìn）：鸟兽的雌性。

④见难：向我发出诘问。

⑤坰（jiōng）：远郊，野外。

⑥骘（cǎo）：雌马。

⑦骘：雄马。

⑧肥张：肥壮的样子。

⑨闲：古代宫廷养马的地方，马厩。

⑩通：互通。

⑪玉辂（lù）：古代帝王所乘之车，以玉为饰。

⑫朝聘：古代诸侯亲自或派使臣按期朝见天子。

⑬郊祀：古时于郊外祭祀天地，南郊祭天，北郊祭地。郊，大祀，
祀，群祀。

⑭圉人：养马的人。

⑮驽马：奔跑能力低下的马。

⑯丽：偶，成对。

⑰毛生：指为《诗经》作传的汉代人毛公。生，汉以来称儒者为生。

【译文】

《诗经》上说："骄骄牡马。"江南地区的书上都写作"牝牡"的"牡"，而黄河以北地区的版本全部写作"放牧"的"牧"。邺下的学者向我发出诘问说："《骄颂》既然是歌颂鲁僖公在郊外原野上放牧的事情，为什么要局限于雌马雄马呢？"我回答说："据考证：《毛诗传》说：'骄骄，形容良马肥壮的样子。'接下来又说：'诸侯有六个马厩，四种马：有良马、戎马、田马、驽马。'如果解释为放牧的意思，雌马雄马都说得通，那就不该只有良马独自得到'骄骄'的美名。良马，天子用以驾车，诸侯用以去朝见天子或去郊外祭祀天地，一定没有雌马。《周礼·圉人职》说：'良马，每匹由一个人来饲养。驽马，每两匹由一个人来饲养。'圉人所养的良马，也不会是雌马；歌颂的人列举他的强壮的骏马进行赞美，从道理上说才相宜。《易》中说：'良马逐逐。'《左传》说：'以其良马二。'这也是对精壮骏马的称呼，不是通称一般的马。现在把《毛诗传》上说的良马通指放牧的雌马和雄马，恐怕违背了毛公的本意，况且你们没有读过刘芳《毛诗笺音义证》对这个问题的阐释吗？"

《月令》①云："荔挺出。"郑玄②注云："荔挺，马薤③也。"《说文》云："荔，似蒲④而小，根可为刷。"《广雅》⑤云："马薤，荔也。"《通俗文》⑥亦云马蔺。《易统通卦验玄图》云："荔挺不出，则国多火灾。"蔡邕⑦《月令章句》云："荔似挺。"高诱⑧注《吕氏春秋》云："荔草挺出也。"然则《月令注》荔挺为草名，误矣。河北平泽率生之。江东颇有此物，人或种于阶庭，但呼为"旱蒲"，故不识马薤。讲

《礼》者乃以为马苋；马苋堪食，亦名豚耳，俗名马齿。江陵尝有一僧，面形上广下狭；刘缓幼子民誉，年始数岁，俊晤⑨善体物⑩，见此僧云："面似马苋。"其伯父绍因呼为"荔挺法师"。绍亲⑪讲《礼》名儒，尚误如此。

【注释】

①《月令》：《礼记》篇名。

②郑玄：字康成，东汉经学家。

③马薤（xiè）：草本植物名。

④蒲：草本植物名。

⑤《广雅》：我国古代的一部字典，三国时魏人张揖撰写。

⑥《通俗文》：一部解释经史用字的字典。汉代人服虔撰。

⑦蔡邕：东汉文学家、书法家。

⑧高诱：东汉人。

⑨俊晤：聪明卓异。

⑩体物：描述事物，摹状事物。

⑪亲：犹言本人或本身。

【译文】

《礼记·月令》中说："荔挺出。"郑玄解释说："荔挺，就是马薤。"《说文解字》说："荔，像蒲而较小，根可做刷子。"《广雅》说："马薤，就是荔。"《通俗文》也称它为马蔺。《易统通卦验玄图》说："若是荔挺不发芽，那么国家多火灾。"蔡邕的《月令章句》说："荔似挺。"高诱注释《吕氏春秋》说："荔草直立生长。"这样看来，郑玄的《月令注》把"荔挺"作为草名是错误的。这种草在黄河以北地区的沼泽地带到处都有。江东地区也有不少此物，有的人把它种在阶庭内，只不过称它为"旱蒲"，所以就不知道马薤的名字。讲解《礼记》的人竟把它当成"马苋"；马苋可以吃，也叫作"豚耳"，俗名叫"马齿"。江陵曾经有一位僧人，脸形上宽下窄；刘缓的小儿子叫民誉，年龄才几岁，却异常聪明，善于描摹事物，他看见这位僧人就说："他的脸像马苋。"民誉的伯父刘绍因此就称呼这位僧人叫"荔挺法师"。刘绍本人就是讲解《礼记》的有名学者，尚且会有这样的误解。

《诗》云："将其来施施。"《毛传》云："施施，难进之意。"郑《笺》①云："施施，舒行貌也。"《韩诗》②亦重为"施施"。河北《毛诗》皆云"施施"。江南旧本，悉单为"施"，俗遂是之，恐为少误。

【注释】

①郑《笺》：郑玄对《毛诗》的注释。

②《韩诗》：《诗》今文学派之一，汉初韩婴所传。

【译文】

《诗经》说："将其来施施。"《毛诗传》说："施施，难以前进的意思。"郑玄的《毛诗传笺》说："施施，缓缓行走的样子。"《韩诗》也是重叠为"施施"二字。黄河以北地区的《毛诗传》都写作"施施"。江南地区过去的版本，全都单写作一个"施"，众人于是就认可了它，这恐怕是个小小的错误。

《诗》云："有渰萋萋，兴云祁祁。"

《毛传》云："湆，阴云貌。萋萋，云行貌。祁祁，徐貌也。"《笺》云："古者，阴阳和，风雨时，其来祁祁然，不暴疾也。"案：湆已是阴云，何劳复云"兴云祁祁"耶？"云"当为"雨"，俗写误耳。班固《灵台》诗云："三光宣精，五行布序，习习祥风，祁祁甘雨。"此其证也。

【译文】

　　《诗经》说："有湆萋萋，兴云祁祁。"《毛诗传》解释说："湆，阴云的样子。萋萋，阴云运行的样子。祁祁，舒缓的样子。"郑玄的《毛诗传笺》说："古时候，阴阳调和，风雨及时，它们来时缓缓的，不暴烈迅疾。"据考证："湆"已经是阴云的意思了，为什么又不厌其烦地说"兴云祁祁"呢？"云"字应当作"雨"字，是一般人写错了。班固的《灵台》诗说："三光宣精，五行布序，习习祥风，祁祁甘雨。"这就是"云"应当作"雨"的证据。

　　《礼》云："定犹豫，决嫌疑。"《离骚》曰："心犹豫而狐疑。"先儒未有释者。案：《尸子》曰："五尺犬为犹。"《说文》云："陇西谓犬子为犹。"吾以为人将犬行，犬好豫在人前，待人不得，又来迎候，如此往还，至于终日，斯乃"豫"之所以为未定也，故称"犹豫"。或以《尔雅》曰："犹如麂，善登木。"

犹，兽名也，既闻人声，乃豫缘木，如此上下，故称"犹豫"。狐之为兽，又多猜疑，故听河冰无流水声，然后敢渡。今俗云："狐疑，虎卜①。"则其义也。

【注释】

①虎卜：一种占卜的方法。

【译文】

《礼记》说："定犹豫，决嫌疑。"《离骚》说："心犹豫而狐疑。"前代学者对此没有进行解释。据考证：《尸子》说："五尺长的狗叫作犹。"《说文解字》说："陇西地区把狗的幼崽叫作犹。"我认为人带着狗行走，狗喜欢预先跑到人的前面，等人等不到，又返回来迎候，像这样来来去去，整天如此，这就是"豫"字具有游移不定含义的缘故，所以叫作"犹豫"。也有根据《尔雅》的说法："犹的样子像麂，善于攀登树木。"犹是一种野兽的名称，听到人声后，就预先攀援树木，像这样上上下下，所以叫作"犹豫"。狐狸作为一种野兽，又性多猜疑，所以过河时，要听到河面冰层下没有流水声，才敢渡河。今天的俗语说："狐疑，虎卜。"就是这个含义。

《左传》曰："齐侯痎①，遂痁。"《说文》云："痎，二日一发之疟。痁，有热疟也。"案：齐侯之病，本是间日一发，渐加重乎故，为诸候忧也。今北方犹呼"痎疟"，音"皆"。而世间传本多以"痎"为"疥"，杜征南②亦无解释，徐仙民音"介"，俗儒③就④为通⑤云："病疥，令人恶寒，变而成疟。"此臆说也。疥癣小疾，何足可论，宁有患疥转作疟乎？

【注释】

①痎：隔日发作的疟疾。

②杜征南：即杜预，字元凯，西晋人，位居征南大将军。曾为《左传》作注。

③俗儒：浅陋迂腐的儒士。

④就：从。

⑤通：贯通。

【译文】

《左传》说："齐侯痎，遂痁。"《说文解字》说："痎是两天发作一次的疟疾。痁是伴随着发热症状的疟疾。"据考证：齐侯的病，本来是两天发作一次，较原来逐渐加重，所以成了诸侯忧虑的事。现在北方仍然叫作"痎疟"，发音为"皆"。而世间的传本大多把"痎"写作"疥"，杜预也没有作解释，徐仙民注音作"介"，浅薄的学者依照这个说法为之疏通说："患了疥疮，使人产生畏寒的症状，就转变成了疟疾。"这是一种想当然的说法。疥癣这种小毛病，有什么值得说的，难道会有生疥疮而转变成疟疾的吗？

《尚书》曰："惟影响①。"《周礼》云："土圭②测影，影朝影夕。"《孟子》曰："图影③失形。"《庄子》云："罔两问影。"如此等字，皆当为"光景④"之"景"。凡阴景者，因光而生，故即谓为"景"。《淮南子》呼为"景柱⑤"，《广雅》云："晷柱⑥挂景。"并是也。至晋世葛洪《字苑》，傍始加"彡"，音于景反。而世间辄改治《尚书》《周礼》《庄》《孟》从葛洪字，甚为失矣。

【注释】

①影响：影子和回声。

②土圭：古代用以测日影、正四时和测度土地的器具。

③图影：画面上的景物。

④光景（yǐng）：光和阴影。景，后作"影"。

⑤景柱：即影柱，古代测日影、定时刻的表柱。

⑥晷柱：即晷表，日晷上测量日影的标杆。

【译文】

《尚书》说："惟影响。"《周礼》说："土圭测影，影朝影夕。"《孟子》说："图影失形。"《庄子》说："罔两问影。"像这些"影"字，都应当作"光景"的"景"。所有的阴影，都是因为有光才产生的，所以就叫作"景"。《淮南子》称为"景柱"，《广雅》说："晷柱挂景。"都是这样的。到了晋代葛洪写的《字苑》中，才开始在旁边加"彡"，注音为于景反。而世上的人就把《尚书》《周礼》《庄子》《孟子》中的"景"字改成葛洪《字苑》中的"影"字，这是十分错误的。

太公《六韬》①，有天陈②、地陈、人陈、云鸟之陈。《论语》曰："卫灵公问陈于孔子。"《左传》："为鱼丽之陈③。"俗本多作"阜"傍

"车乘"之"车"。案诸陈队，并作"陈、郑"之"陈"。夫行陈之义，取于陈列耳，此六书④为假借也，《苍》《雅》及近世字书，皆无别字；唯王羲之《小学章》，独"阜"傍作"车"，纵复俗行，不宜追改《六韬》《论语》《左传》也。

【注释】

①《六韬》：古代兵书名，是战国时人依托于姜子牙的作品。

②陈（zhèn）：军伍行列，战斗队形。

③鱼丽：古代军阵名。

④六书：古人分析汉字造字的理论，即象形、指事、会意、形声、转注、假借。

【译文】

姜太公的《六韬》，有天阵、地阵、人阵、云鸟之阵。《论语》中说："卫灵公问陈于孔子。"《左传》说："为鱼丽之陈。"一般的版本大多数是将以上几个"陈"字，写作"阜"字旁加"车乘"的"车"字。据考证，表示各种军队陈列队伍的"陈"，都写作"陈、郑"的"陈"。行陈的含义，是从"陈列"这个词中取用过来的，将"陈"写作"阵"，这在六书中就是假借法。《苍颉篇》《尔雅》以及近世的字书里，"陈"都没有写成别的字；只有王羲之的《小学章》中，唯独将"陈"写成"阜"旁加"车"，即使这种写法很流行，也不应该再更改《六韬》《论语》《左传》中的"陈"字。

《诗》云："黄鸟于飞，集于灌木。"

《传》云："灌木，丛木也。"此乃《尔雅》之文，故李巡注曰："木丛生曰灌。"《尔雅》末章又云："木族生为灌。"族亦丛聚也。所以江南《诗》古本皆为"丛聚"之"丛"，而古"丛"字似"冣①"字，近世儒生，因改为"冣"，解云："木之冣高长者。"案：众家《尔雅》及解《诗》无言此者，唯周续之《毛诗注》，音为徂会反，刘昌宗《诗注》，音为在公反，又徂会反：皆为穿凿，失《尔雅》训也。

【注释】

①冣（zuì）："最"的古字。

【译文】

《诗经》说："黄鸟于飞，集于灌木。"《毛诗传》解释说："灌木，就是丛生的树木。"这是《尔雅》上面的解释文字，所以李巡的注释就是："树木丛生叫灌。"《尔雅》的末章又说："树木族生就是灌。""族"也是丛聚的意思。所以江南地区《诗经》古版本中"灌"字都写作"丛聚"的"丛"字，而古"丛"字像"冣"字，近代的学者就将它改成了"冣"字，并解释说："树木中长得最高大的。"据考证：各家研究《尔雅》和解释《诗经》的都没有这样说过，只有周续之的《毛诗注》，对这个字的注音是徂会反，刘昌宗《诗注》对这个字的注音是在公反，又注为徂会反：这些都是牵强附会的说法，违背了《尔雅》的解释。

"也"是语已①及助句②之辞，文籍备有之矣。

河北经传③，悉略此字，其间字有不可得无者，至如"伯④也执殳⑤"，"于旅也语"，"回⑥也屡空⑦"，"风⑧，风⑨也，教也"，及《诗传》云："不戢，戢也；不傩⑩，傩也。""不多，多也。"如斯之类，傥削此文，颇成废阙⑪。《诗》言："青青子衿⑫。"《传》曰："青衿，青领也，学子之服。"按：古者，斜领下连于衿，故谓领为"衿"。孙炎、郭璞注《尔雅》，曹大家⑬注《列女传》，并云："衿，交领⑭也。"邺下《诗》本，既无"也"字，群儒因谬说云："青衿、青领，是衣两处之名，皆以青为饰。"用释"青青"二字，其失大矣！又有俗学⑮，闻经传中时须"也"字，辄以意加之，每不得所，益成可笑。

【注释】

①语已：即语尾。

②助句：即语助词。

③经传：儒家典籍经与传的统称。

④伯：指兄弟排行中的老大。

⑤殳（shū）：古代的一种兵器。

⑥回：指颜回，孔子的学生。

⑦空：贫穷。

⑧风：指《诗经》的十五国风。

⑨风：通"讽"，含蓄地劝告的意思。

⑩ 傩（nuó）：难。

⑪ 废阙：缺漏。这里指句子不完整。

⑫ 衿：古代衣服的交领。

⑬ 曹大家（gū）：即班昭。班固之妹。

⑭ 交领：古代交叠于胸前的衣领。

⑮ 俗学：世俗流行之学。这里指盲从世俗流行之学的人。

【译文】

　　"也"是语尾及语助词，文章典籍中都能见到它。黄河以北的经、传，全都删减了这个字，这中间有的"也"字是不能没有的，比如像"伯也执殳""于旅也语""回也屡空""风，风也，教也"，以及《毛诗传》说："不戢，戢也；不傩，傩也。""不多，多也。"诸如此类的句子，如果删去这个"也"字，就完全成了残缺的句子。《诗经》说："青青子衿。"《毛诗传》解释说："青衿，青领也，学子之服。"据考证：古时候，斜领下连到衣衿，所以把领叫作衿。孙炎、郭璞注释的《尔雅》，曹大家注释的《列女传》，都说："衿，就是交领。"邺下的《诗经》传本，已经没有"也"字，各位学者就荒谬地解释说："青衿、青领，是衣服上两个部分的名称，都用青色作装饰。"用来解释"青青"二字，这个错误就大了！又有跟从世俗流行之学的人，听说经传中常常须用"也"字，就按自己的意思加上去，往往加得不是地方，就更加可笑了。

　　《易》有蜀才注，江南学士，遂不知是何人。王俭①《四部目录》，不言姓名，题云："王弼后人。"谢炅、夏侯该，并读数千卷书，皆疑是谯周；而《李蜀书》，一名《汉之书》，云："姓范名长生，自称蜀才。"南方以晋家渡江后，北间传记，皆名为"伪书"，不贵省读②，故不见也。

【注释】

①王俭：南齐琅玡临沂人，字仲宝。曾任秘书丞等职。著有《七志》《宋元徽元年四部书目》等书。

②省读：阅读。

【译文】

《易经》有蜀署名才作注的本子，江南的学士，都不知道蜀才是什么人。王俭的《四部目录》中，也不谈他的姓名，只写作："王弼后人。"谢朓、夏侯该是读了数千卷书的人，他俩都怀疑蜀才是谯周；而《李蜀书》，又名《汉之书》上说："这人姓范，名长生，自称蜀才。"在南方，因为晋朝渡江之后，北方的传记，都被指为"伪书"，人们不重视阅读它们，所以没见到这段文字。

《礼·王制》云："裸股肱①。"郑注云："谓撍②衣出其臂胫。"今书皆作"擐③甲"之"擐"。国子博士萧该云："'擐'，当作'揎'，音'宣'，'擐'是穿着之名，非出臂之义。"案《字林》，萧读是，徐爰音"患"，非也。

【注释】

①股肱：大腿和胳膊。

②撍（xuān）：挽起衣抽露出手臂。

③擐（huàn）：穿上。

【译文】

　　《礼记·王制》中说："裸股肱。"郑玄的注释说："是指将起衣服露出胳膊和腿。"现在的书都写成"攌甲"的"攌"字。国子博士萧该说："'攌'应当作'擅'，读音是'宣'，'攌'是表示穿着的字，没有露出手臂的含义。"依照《字林》，萧该的读音是正确的，而徐爱认为此字读音为"患"，是不对的。

　　《汉书》："田肎①贺上。"江南本皆作"宵"字。沛国刘显，博览经籍，偏精班《汉》，梁代谓之"《汉》圣"。显子臻，不坠家业。读班史，呼为"田肎"。梁元帝尝问之，答曰："此无义可求，但臣家旧本，以雌黄改'宵'为'肎'。"元帝无以难之。吾至江北，见本为"肎"。

【注释】

　　①田肎（kěn）：人名。肎即肯的古字。

【译文】

　　《汉书》中有："田肎贺上。"江南的版本都把"肎"写作"宵"字。沛国人刘显，博览经籍，特别精研班固的《汉书》，梁朝人称他为"《汉》圣"。刘显的儿子刘臻，不失家传儒业。他读班固的《汉书》时，读作"田肎"。梁元帝曾经就这个问题问过他，他回答说："这没有什么含义可探究，只是因为我家里传下的旧抄本中，用雌黄把'宵'字改成了'肎'字。"梁元帝也没办法难住他。我到江北后，看见那里的版本将这个字就写作"肎"。

　　《汉书·王莽赞》云："紫色①蛙声②，余分闰位③。"盖谓非玄黄④之色，不中律吕⑤之音也。近有学士，名问⑥甚高，遂云："王莽非直鸢⑦髆虎视，而复紫色蛙声。"亦为误也。

【注释】

　　①紫色：不正之色。

　　②蛙声：不正之声。

　　③闰位：非正统的帝位。

　　④玄黄：指天地的颜色。玄为天色，黄为地色。此处用以表示正色。

　　⑤律吕：古代校正乐律的器具。后亦用以指乐律或音律。此处用以表示正音。

　　⑥名问：名声，名望。

　　⑦鸢（yuān）：老鹰。

【译文】

　　《汉书·王莽赞》说："紫色蛙声，余分闰位。"大致是说紫色不是玄黄正色，蛙声不合律吕正音。最近有位学士，名声很高，竟然说："王莽不但有老鹰那样得的肩膀、老虎那样的目光，而且还有紫色的皮肤、青蛙的嗓音。"这可弄错了。

　　简"策"①字，"竹"下施"束"，末代隶书，似杞、宋之"宋"，亦有"竹"下遂为"夹"者；犹如"刺"字之傍应为"束"，今亦作"夹"。徐仙民《春秋》《礼音》，遂以"笑"

为正字，以"策"为音，殊为颠倒。《史记》又作"悉"字，误而为"述"，作"妲"字，误而为"姞"，裴、徐、邹皆以"悉"字音"述"，以"妲"字音"姞"。既尔，则亦可以"亥"为"豕"字音，以"帝"为"虎"字音乎？

【注释】

①简"策"：编连成册的竹简。

【译文】

简策的"策"字，是在"竹"下面放一个"束"字，秦末的隶书中，这个字写得就像杞国、宋国的"宋"字，也有在"竹"下面放一个"夹"字的，就像"刺"字的偏旁应该是"束"，现在也写成"夹"一样。徐仙民注的《春秋》和《礼记音》中就是以"筴"为正字，以"策"为读音，完全弄颠倒了。《史记》又在写"悉"字时，误写成"述"，在写"妲"字时，误写成"姞"。裴骃、徐广、邹诞生在为《史记》作注时，都把"悉"注音作"述"，把"妲"注音作"姞"。既然这样，难道也可以用"亥"字为"豕"字注音，以"帝"字为"虎"字注音吗？

张揖云："虙，今伏羲氏也。"孟康《汉书·古文注》亦云："虙，今伏。"而皇甫谧云："伏羲或谓之宓羲。"按诸经史纬①侯②，遂无"宓羲"之号。"虙"字从"虍"，"宓"字从"宀"，下俱为"必"，末世传写，遂误以"虙"为"宓"，而《帝王世纪》因误更立名耳。何以验之？孔子弟子虙子贱为单父宰，即虙羲之后，俗字亦为"宓"，或复加"山"。今兖州永昌郡城，旧单父地也，东门有"子贱碑"，汉世所立，乃曰："济南伏生，即子贱之后。"是"虙"之与"伏"，古来通字，误以为"宓"，较可知矣。

【注释】

①纬：指纬书，其书以儒家经义，附会人事吉凶祸福，预言治乱兴废，多迷信内容。

②候：《尚书中候》。

【译文】

张揖说："虙，就是现在所说的伏羲氏。"孟康的《汉书·古文注》也说："虙，就是现在的伏字。"而皇甫谧却说："伏羲，有人也称之为宓羲。"我查阅了各种经书、史书、纬书等典籍，就没有"宓羲"这个称号。"虙"字从"虍"，"宓"字从"宀"，下半部分都是"必"，后代人传抄誊写时，就误把"虙"写成了"宓"，而皇甫谧的《帝王世纪》据此错误地给伏羲氏另外立了一个名号。用什么来验证这个说法呢？孔子的学生虙子贱曾经担任过单父的长官，他就是虙羲氏的后代，他的姓俗字也写作"宓"，有的又在"宓"下加个"山"。现在兖州永昌郡城就是过去单父地区，东门有一个"子贱碑"，是汉代竖立的，那上面就说："济南人伏生，就是子贱的后人。"由此可以知道"虙"与"伏"，自古以来就是通用字，后人误把"虙"写作"宓"的原因，就明显可知了。

《太史公记》①曰："宁为鸡口，无为牛后②。"此是删③《战国策》耳。案：延笃④《战国策音义》曰："尸，鸡中之王。从，牛子。"然则，"口"当为"尸"，"后"当为"从"，俗写误也。

【注释】

①《太史公记》：汉、魏、南北朝人称司马迁《史记》为《太史公记》。

②宁为鸡口，无为牛后：宁做进食的鸡口，小而洁；不做出粪的牛后，大而臭。牛后，牛肛门。

③删：节取。

④延笃：字叔坚。博通经传及百家之言，以文章名于时。

【译文】

《史记》说："宁为鸡口，无为牛后。"这是节取了《战国策》中的文字。据考证：延笃的《战国策音义》说："尸，是鸡中之王。从，是牛犊。"这样看来，鸡口的"口"字应当作"尸"字，牛后的"后"字应当作"从"字，世俗流行的写法是错误的。

应劭①《风俗通》②云："《太史公记》：'高渐离变名易姓，为人庸保③，匿作于宋子④，久之作苦，闻其家堂上有客击筑⑤，伎痒⑥，不能无出言。'"案：伎痒者，怀其伎而腹痒也。是以潘岳《射雉赋》亦云："徒心烦而伎痒。"今《史记》并作"徘徊"，或作"彷徨不能无出言"，是为俗传写误耳。

【注释】

①应劭：东汉汝南南顿（今河南项城西）人，字仲远。献帝时，任泰山太守。著有《汉官仪》十卷、《风俗通义》三十一卷。

②《风俗通》：即《风俗通义》。内容以考释议论名物、时俗为主。

③庸保：受雇而被役使的人。

④宋子：县名。

⑤筑：古代弦乐器名。

⑥伎痒：指人有所擅长，遇机会即欲表现，如痒难忍。伎，通"技"。

【译文】

应劭的《风俗通义》说："《太史公记》里写道：'高渐离变名易姓，为人庸保，匿作于宋子，久之作苦，闻其家堂上有客击筑，伎痒，不能无出言'。"据考证：所谓伎痒，就是怀有某种技艺很想表现，心痒难耐。因此，潘岳的《射雉赋》也说："徒心烦而伎痒。"现在的《史记》写作"徘徊"，或者写作"彷徨不能无出言"，这是因为世俗在传抄时写错了。

太史公论英布①曰："祸之兴自爱姬，生于妒媚②，以至灭国。"又《汉书·外戚传》亦云："成结宠妾妒媚之诛。"此二"媚"并当作"媢③"，媢亦妒也，义见《礼记》《三苍》。且《五宗世家》亦云："常山宪王④后妒媢。"王充《论衡》云："妒夫媢妇生，则忿怒斗讼。"益知"媢"是"妒"之别名。原英布之诛为意⑤贲赫耳，不得言"媢"。

【注释】

①英布：汉初诸侯王，六县（今安徽六安东北）人。曾坐法黥面，故又称黥布。楚汉战争中，背楚归汉，立为淮南王。汉初，因为彭越、韩信相继被杀，他便举兵反叛，战败被杀。

②媚：逢迎取悦。

③媢（mào）：泛指嫉妒。

④常山宪王：即刘舜，汉景弟少子，立为常山王，卒谥宪。刘舜多幸姬，引起王后妒忌，故刘舜病时，王后不常侍病。及刘舜死，此事被告发，汉朝廷遂废王后。

⑤意：怀疑。

【译文】

太史公司马迁评论英布时说："祸之兴自爱姬，生于妒媢，以至灭国。"另外，《汉书·外戚传》也说："成结宠妾妒媢之诛。"这两个"媚"字都应当是"媢"字，媢也就是嫉妒，这个字的含义见于《礼记》《三苍》。况且《五宗世家》也说："常山宪王后妒媢。"王充《论衡》说："妒夫媢妇生，则忿怒斗讼。"更可明白"媢"是妒的别名。推究英布被杀的原因，应是他怀疑贲赫，所以不能说成"媚"。

《史记·始皇本纪》："二十八年，丞相隗林、丞相王绾等，议于海上。"诸本皆作"山林"之"林"。开皇①二年五月，长安民掘得秦时铁称权②，旁有铜涂镌铭③二所④。其一所曰："廿六年，皇帝尽并兼天下诸侯，黔首⑤大安，立号为皇帝，乃诏丞相状、绾⑥，法⑦度量则⑧不壹⑨、歉疑者，皆明壹之。"凡四十字。其一所曰："元年，制诏丞相斯⑩、去疾⑪，法度量，尽始皇帝为之，皆□刻辞焉。今袭号而刻辞不称始皇帝，其于久远也，如后嗣为之者，不称成功盛德，刻此诏□左，使毋疑。"凡五十八字，一字磨灭，见有五十七字，了了分明。其书兼⑫为古隶⑬。余被⑭敕⑮写读之，与内史令⑯李德林对，见此称权，今在官库；其"丞相状"字，乃为"状貌"之"状"，"爿"旁作"犬"；则知俗作"隗林"，非也，当为"隗状"耳。

【注释】

①开皇：隋文帝年号。

②权：秤锤。

③铜涂（dù）镌铭：镀铜的镌刻铭文。涂，后作"镀"，以金饰物，通"镀"。

④所：量词，相当于"处"。

⑤黔首：百姓。

⑥状、绾：即前《史记》文中的丞相隗林、王绾。"林"在此铭文中作"状"。

⑦法：通"废"，废弃。

⑧则：标准权衡器。

⑨壹：统一。

⑩斯：即李斯。时为秦左丞相。

⑪去疾：即冯去疾。时为秦右丞相。

⑫兼：全部，整个。

⑬古隶：指秦汉隶书。与三国后盛行的今隶（楷书）相对。

⑭被：受。

⑮敕：皇帝的诏书。

⑯内史令：职官名。

【译文】

《史记·秦始皇本纪》记载："二十八年，丞相隗林、丞相王绾等，议于海上。"各种版本都写作"山林"的"林"字。隋文帝开皇二年五月，长安百姓掘得一个秦代的铁秤锤，旁边有镀铜的镌刻铭文二处，其中一处刻着："廿六年，皇帝尽并兼天下诸侯，黔首大安，立号为皇帝，乃诏丞相状、绾，法度量则不壹、歉疑者，皆明壹之。"一共四十个字。另一处刻着："元年，制诏丞相斯、去疾，法度量，尽始皇帝为之，皆□刻辞焉。今袭号而刻辞不称始皇帝，其于久远也，如后嗣为之者，不称成功盛德，刻此诏□左，使毋疑。"一共五十八个字，有一个字磨损消失了，

传统文化小知识

殿试 殿试是科举考试的最后一级，由皇帝亲自主持和出题，并定出名次。参加殿试的是通过了会试的贡士。殿试只考一题，考的是对策，为期一天，并且一般都不再淘汰人，只是将所有人排出次序。殿试结果具体分为三甲，一甲三名赐进士及第，通称状元、榜眼、探花；二甲赐进士出身，第一名通称传胪；三甲赐同进士出身。录取的名单称为"甲榜"，又称"金榜"。

可见的有五十七个字，非常清晰。铭文的字体全部是古隶。我受皇帝的命令摹写认读它，并与内史令李德林进行核对，见到了这个秤锤，它现在保存在官库里面；那上面"丞相状"的"状"字，乃是"状貌"的"状"，"爿"旁加"犬"；由此知道世俗写作"隗林"，是不对的，应当写作"隗状"。

　　《汉书》云："中外禔福。"字当从"示"。禔，安也，音"匙匕"之"匙"，义见《苍》《雅》①《方言》②。河北学士皆云如此。而江南书本，多误从"手"，属文者对耦，并为"提挈"之意，恐为误也。

【注释】

　　①《苍》《雅》：指《苍颉篇》和《尔雅》。均为古代字书。

　　②《方言》：我国最早的一部方言词典。汉代扬雄撰。

【译文】

　　《汉书》说："中外禔福。""禔"字应当从"示"部。禔，安宁的意思，发音是"匙匕"的"匙"，其含义见于《仓颉篇》《尔雅》《方言》。黄河以北的学士都说应该如此。而江南的抄本中，大多错误地写作"手"字旁，撰写文章的人为了对偶，都把它当成"提挈"的意思，恐怕是不对的。

　　或问："《汉书注》：'为元后父名禁，故禁中为省中①。'何故以'省'代'禁'？"答曰："案：《周礼·宫正》：'掌王宫之戒令

纠禁。'郑注云：'纠，犹割也，察也。'李
登云：'省，察也。'张揖云：'省，今省詧
也。'然则小井、所领二反②，并得训'察'。
其处既常有禁卫省察，故以'省'代'禁'。
詧，古察字也。"

【注释】

①禁中、省中：均指宫禁之中。

②小井、所领二反：指"省"字有小井、所领两个反切音。

【译文】

有人问："《汉书注》记载：'因为汉元帝皇后的父亲名禁，所以把禁中改称省中。'为什么要用'省'字代替'禁'字呢？"我回答说："据考证：《周礼·官正》上说：'掌王宫之戒令纠禁。'郑玄的注说：'纠，犹割也，察也。'李登说：'省，察也。'张揖说：'省，今省詧也。'那么小井、所领两个反切音的省字，都可以解释成"察"。禁中那种地方既然经常有禁卫军省察，所以就用'省'来代替'禁'。詧，就是古代的察字。"

《汉·明帝纪》："为四姓小侯①立学②。"
按：桓帝加元服③，又赐四姓及梁、邓小侯帛，是
知皆外戚④也。明帝时，外戚有樊氏、郭氏、阴
氏、马氏为四姓。谓之小侯者，或以年小获封，
故须立学耳。或以侍祠猥朝，侯非列侯，故曰小
侯，《礼》云："庶方小侯。"则其义也。

【注释】

①小侯：旧称功臣子孙或外戚子弟之封侯者为小侯。

②立学：设置学校。

③元服：指冠。古称行冠礼为加元服。

④外戚：指帝王的母族、妻族。

【译文】

《后汉书·明帝纪》说："为四姓小侯立学。"据考证：汉桓帝行冠礼时，又赐给四姓及梁、邓小侯等人丝帛，由此知道他们都是外戚。汉明帝的时候，外戚有樊氏、郭氏、阴氏、马氏这四姓。称他们为小侯的原因，可能是年纪尚小就获得封爵，所以还须为他们设立学校。还有人以为他们属侍祠侯或猥朝侯，这些侯不是封于王子之列的诸侯，所以叫作小侯。《礼记》说："庶方小侯。"就是这个含义。

《后汉书》云："鹳雀衔三鳝①鱼。"多假借为"鳝鲔②"之"鳝"；俗之学士，因谓之为"鳝鱼"。案：魏武《四时食制》："鳝鱼大如五斗奁③，长一丈。"郭璞注《尔雅》："鳝长二三丈。"安有鹳雀能胜一者，况三乎？鳝又纯灰色，无文章也。鳝鱼长者不过三尺，大者不过三指，黄地黑文；故都讲④云："蛇鳝，卿大夫服之象⑤也。"《续汉书》及《搜神记》⑥亦说此事，皆作"鳝"字。孙卿⑦云："鱼鳖鳅鳝。"及《韩非》《说苑》皆曰："鳝似蛇，蚕似蠋⑧。"并作

"鳝"字。假"鳝"为"鳝"，其来久矣。

【注释】

①鳝：黄鳝。

②鲔（wěi）：鲟鱼。

③奁（lián）：古代盛放梳妆用品的器具，多为圆形、长方形或多边形。

④都讲：古代学舍中协助博士讲经的儒生。

⑤象：此指装饰图像。

⑥《搜神记》：志怪之书。晋干宝撰。

⑦孙卿：即荀卿。

⑧蠋（zhú）：鳞翅目昆虫的幼虫。色青，形似蚕，大如手指。

【译文】

《后汉书》说："鹳雀衔三鳝鱼。"这个"鳝"字大多假借为"鳝鲔"的"鳝"字；那些世俗的学者，因此而称呼它为"鳝鱼"。据考证：魏武《四时食制》说："鳝鱼大如五斗奁，长度为一丈。"郭璞在《尔雅》注文中说："鳝鱼长度为二三丈。"哪里会有鹳雀能够衔起一条鳝鱼的，何况是三条呢？而且鳝鱼是纯灰色，身上没有花纹。鳝鱼长的不过三尺，大的粗不超过三指，黄的底色黑的花纹；所以都讲说："蛇鳝是卿大夫官服上的装饰图像。"《续汉书》及《搜神记》也说到此事，都写作"鳝"字。荀卿说："鱼鳖鳅鳝。"以及《韩非子》《说苑》都说："鳝像蛇，蚕像蠋。"都写作"鳝"字。假借"鳝"作"鳝"字，这种用法由来已久了。

《后汉书》："酷吏樊晔为天水郡守，凉州为之歌曰：'宁见乳虎穴，不入冀府寺①。'"而江南书本"穴"皆误作"六"。学士因循，迷而不寤②。夫虎豹穴居，事之较者；所以班超云："不探虎穴，安得虎子？"宁当论其六七耶？

【注释】

①宁见乳虎穴，不入冀府寺：意思是樊晔之凶暴胜过乳虎。乳虎，正在哺乳的母虎，性情特别凶暴。冀为天水太守治所，故称冀府寺。寺，官府办公之地。

②寤：通"悟"，觉悟，了解。

【译文】

《后汉书》记载："酷吏樊晔任天水郡太守，凉州城百姓为他编了歌谣说：'宁见乳虎穴，不入冀府寺。'"而江南的版本都把"穴"字误写作"六"字。学者们沿袭这个错误，受到迷惑而未认识到。虎豹穴居，这是明明白白的事；所以班超说："不探虎穴，安得虎子？"难道他说的是六只虎七只虎吗？

《后汉书·杨由传》云："风吹削肺①。"此是削札②牍③之柿耳。古者，书误则削之，故《左传》云"削而投之"是也。或即谓"札"为"削"，王褒《童约》曰："书削代牍。"苏竟书云："昔以摩研④编削⑤之才。"皆其证也。《诗》云："伐木浒浒⑥。"毛《传》云："浒浒，柿貌也。"史家假借为"肝肺"字，俗本因是悉作"脯腊⑦"之"脯"，或为"反哺⑧"之"哺"。

学士因解云："削哺，是屏障之名。"既无证据，亦为妄矣！此是风角⑨占候耳。《风角书》⑩曰："庶人风者，拂地扬尘转削⑪。"若是屏障，何由可转也？

【注释】

①削肺：削札牍时削下的碎片。

②札：古代书写用的小而薄的木片。

③牍：古代写字用的木板。

④摩研：切磋研究。

⑤编削：指编纂书籍。

⑥浒（hǔ）浒：伐木声。

⑦脯（fǔ）腊：干肉。

⑧反哺：雏鸟长成，衔食喂养其母。

⑨风角：用观察风向判断吉凶的占卜术。

⑩《风角书》：讲风角占卜之书。

⑪庶人风者，拂地扬尘转削：恶劣的风，能够吹拂地面，扬起尘土，使地上的木屑随风旋转。削，碎木屑。

【译文】

《后汉书·杨由传》说："风吹削肺。"这个"肺"就是削札牍时落下的小木片。古时候，字写错了就把它刮削掉，所以《左传》说"削而投之"就是这个意思。也有把"札"叫作"削"的，王褒《童约》说："书削代牍。"苏竟的信中说："昔以摩研编削之才。"都是"札"作"削"的证据。《诗经》说："伐木浒浒。"毛《传》解释说："浒浒，柿貌也。"史官们用假借之法把"柿"字写成了肝肺的"肺"字，世上流行的

【译文】

有人询问我说："《魏志》中记载蒋济给朝廷上书说'弊刧之民'，这个'刧'是什么字呀？"我回答他说："根据行文的意思，'刧'就是'舣倦'的'舣'字。张揖、吕忱都说：'这个字是支旁加刀剑的刀，也就是"刨"字。'不知道这个字是蒋济自造支旁加上'筋力'的'力'字，还是有人假借了'刨'字，不论哪种情况，这个字终归还是应当读为九伪反。

《晋中兴书》："太山羊曼，常①颓纵②任侠③，饮酒诞节④，兖州号为'濌伯'。"此字皆无音训。梁孝元帝常谓吾曰："由来不识。唯张简宪见教，呼为'嘿羹⑤'之'嘿'。自尔便遵承之，亦不知所出。"简宪是湘州刺史张缵谥也，江南号为硕学。案：法盛世代殊近，当是耆老⑥相传；俗间又有"濌濌"语，盖无所不施，无所不容之意也。顾野王《玉篇》误为"黑"傍"沓"。顾虽博物，犹出简宪、孝元之下，而二人皆云重边。吾所见数本，并无作"黑"者。"重沓"是多饶积厚之意，从"黑"更无义旨。

【注释】

①常：平常。

②颓纵：疏慢放纵。

③任侠：凭借权威、勇力或财力等手段扶助弱小，帮助他人。

④诞节：放纵不拘。

⑤噗（tà）羹：指吃羹时不加咀嚼而连菜吞下。

⑥耆（qí）老：老年人。

【译文】

《晋中兴书》说："泰山的羊曼，平常为人疏慢放纵，扶弱济贫，好酒贪杯不拘礼节，兖州那里的人称他为'黮伯'。"这个'黮'字在各种书里都没有注音和解释。梁孝元帝曾经对我说："我不认识这个字。只有张简宪曾经教过我，把它读作'噗羹'的'噗'。从那儿以后我就遵从这个读音了，但还是不知道它的出处。"简宪是湘州刺史张缵的谥号，江南地区的人称他为饱学之士。据考证：著《晋中兴书》的何法盛离我们年代很近，那个"黮"字应当是老人们传下来的；社会上又有"黮黮"这个词语，大致是无所不施、无所不容的意思。顾野王的《玉篇》误写为"黑"旁加"沓"。顾野王这人虽然博学多闻，但他的学识还是在张缵、梁孝元帝之下，而后二人都说是"重"字旁。我所见到的几个版本，都没有写作"黑"旁的。"重沓"是多饶积厚的意思，从"黑"旁是没有意义的。

《古乐府》歌词，先述三子，次及三妇，妇是对舅姑之称。其末章云："丈人且安坐，调弦未遽央①。"古者，子妇供事舅姑，旦夕在侧，与儿女无异，故有此言。"丈人"亦长老之目，今世俗犹呼其祖考②为先亡丈人。又疑"丈"当作"大"，北间风俗，妇呼舅为"大人公"。"丈"之与"大"，易为误耳。近代文士，颇作《三妇诗》，乃为匹嫡③并耦己④之群妻之意，又加郑、卫之辞⑤，大雅君子⑥，何其谬乎？

【注释】

①未遽央：仓猝未尽的意思。

②祖考：指已故的祖辈、父辈。

③匹嫡：缔结婚姻。

④耦己：匹配自己。

⑤郑、卫之辞：指春秋时郑国、卫国的歌辞。后用以代指淫靡的文学作品。

⑥大雅君子：指道德才学俱佳者。

【译文】

《古乐府》的歌词中，先记述三个儿子，接着才述及三个儿媳妇，妇是相对公于婆而言的称呼。歌词的末章说："丈人且安坐，调弦未遽央。"古时候，儿媳妇供养侍奉公婆，早晚都在二老身旁，与儿女没有两样，所以歌词中才有这些话。"丈人"也可作为长辈老人的称呼，现在民间老百姓仍然称某人已故的祖辈、父辈为先亡丈人。我又怀疑"丈"字应当写作"大"字，北方地区的风俗，儿媳妇称呼公公为"大人公"。"丈"字与"大"字，容易误写。近代的文人写了很多《三妇诗》，但都是把妇作为缔结婚姻并匹配自己的众多妻子的意思，又在诗中加入一些淫靡的词句，那些道德高尚才能出众的人，为什么如此荒谬呢？

《古乐府》歌百里奚①词曰："百里奚，五羊皮。忆别时，烹伏雌②，吹扊扅③；今日富贵忘我为！""吹"当作"炊煮"之"炊"。案：蔡邕《月令章句》曰："键，关牡也，所以止扉，或谓之剡移。"然则当时贫困，并以门牡木作薪炊耳。《声类》作"爬"，又或作"居"。

【注释】

①百里奚：春秋时秦穆公贤相。原为虞国大夫，后来流落到楚国。秦穆公闻其贤，用五张羊皮将他从楚国赎回，拜为上大夫，故百里奚被称为"五羖大夫"。他后来辅佐秦穆公成就霸业。

②伏雌：母鸡。

③爬廖（yǎn yí）：亦作剡移，门闩。

【译文】

《古乐府》歌咏百里奚的歌词说："百里奚，五羊皮。忆别时，烹伏雌，吹爬廖；今日富贵忘我为！""吹"字应当写作"炊煮"的"炊"。据考证：蔡邕的《月令章句》说："键，就是关牡，是用来闩门的，有人也称它作剡移。"这样看来，百里奚当时很贫困，把门闩也当作薪柴烧了。这个字在《声类》中写作"爬"，有的书也写作"居"。

《通俗文》①，世间题云"河南服虔字子慎造"。虔既是汉人，其叙乃引苏林②、张揖；苏、张皆是魏人。且郑玄以前，全不解反语③，《通俗》反音，甚会④近俗。阮孝绪⑤又云"李虔所造"。河北此书，家藏一本，遂无作李虔者。《晋中经簿》及《七志》，并无其目，竟不得知谁制。然其文义允惬，实是高才。殷仲堪《常用字训》，亦引服虔《俗说》，今复无此书，未知即是《通俗文》，为⑥当有异？近代或更有服虔

乎？不能明也。

【注释】

①《通俗文》：训释经史用字之书。

②苏林：三国时魏人，字孝友。精通文字训诂。

③反语：即反切。古代注音的一种方法，即用两个字注一个字的读音。这两个字的前一个字取声母，后一个字取韵母和声调。如："毛，莫袍反。"

④会：符合，相合。

⑤阮孝绪：南朝梁人，字士宗。以德行显于世。著有《七录削繁》。

⑥为：或者，还是。表选择。

【译文】

《通俗文》一书，世间的版本都标作"河南服虔字子慎造"。服虔是汉代人，《通俗文》的《叙》却引用了苏林、张揖的话；苏林、张揖都是三国时魏国人。而且在郑玄以前，人们都不懂反切，《通俗文》的反切注音，与现在的习惯十分相合。阮孝绪又说是"李虔所著"。这本书在黄河以北地区，家家都收藏一本，就没有题作李虔著的。《晋中经簿》及《七

传统文化小知识

会试　　会试是科举考试中第一场国家级的考试。明清时期的会试每3年在京城举行一次，在乡试次年举行，只有各省举人和国子监监生才有资格参加，考中者称为贡士，第一名称为会元。会试主、副考官均由皇帝钦点。因为由礼部负责主持，又在春天举行，因此又称"礼闱"或"春闱"。会试考三场，每场三天。

志》上，并没有它的条目，竟然不能知道是谁撰写的。但是它的文辞妥帖，作者确实是才华高绝之人。殷仲堪的《常用字训》，也引用了服虔的《俗说》，现在又没见到这本书，不知它是否就是《通俗文》，或者还有另一种书？近代或许另有一位叫服虔的人？不能知晓哇。

或问："《山海经》，夏禹及益所记，而有长沙、零陵、桂阳、诸暨，如此郡县不少，以为何也？"答曰："史之阙文①，为日久矣；加复秦人灭学，董卓焚书，典籍错乱，非止于此。譬犹《本草》神农所述，而有豫章、朱崖、赵国、常山、奉高、真定、临淄、冯翊等郡县名，出诸药物；《尔雅》周公所作，而云'张仲孝友'；仲尼修《春秋》，而《经》书孔丘卒；《世本》左丘明所书，而有燕王喜、汉高祖；《汲冢琐语》，乃载《秦望碑》；《苍颉篇》李斯所造，而云'汉兼天下，海内并厕，豨黥韩覆，畔讨灭残'；《列仙传》刘向所造，而《赞》云'七十四人出佛经'；《列女传》亦向所造，其子歆又作《颂》，终于赵悼后，而传有更始韩夫人、明德马后及梁夫人嫕。皆由后人所羼②，非本文也。"

【注释】

①阙文：缺疑不书或遗漏得文句。

②羼（chàn）：本为群羊杂居。引申为错乱掺杂。

【译文】

有人问："《山海经》这本书，是由夏禹和伯益记述的，而里面有长沙、零陵、桂阳、诸暨等地名，像这样的郡县名在这本书里提到不少，您认为这是怎么回事呢？"我回答说："史书的文章残缺不全，这种情况由来已久；再加上秦朝灭绝学术，董卓作乱焚书，导致经书典籍杂乱无序，失去本来面目，其中的错误不止这些。譬如《本草》这本书本是神农氏所记述的，然而里面有豫章、朱崖、赵国、常山、奉高、真定、临淄、冯翊等汉代的郡县名称及它们出产的各种药物；《尔雅》是周公撰写的，而书中却说出'张仲孝友'的话；孔子修订《春秋》，而《春秋左氏传》中却写着孔子去世的语句；《世本》是左丘明撰写的，而里面却有燕王喜、汉高祖之名；《汲冢琐语》发掘于战国时代，里面却记载有《秦望碑》的文字；《苍颉篇》是秦丞相李斯撰写的，里面却说：'汉朝兼并天下，海内英雄竞相参与，陈豨被黥面，韩信遭败覆，叛臣被讨伐，残贼被消灭'；《列仙传》是西汉人刘向撰写的，而书中的《赞》却说'七十四人出自佛经'；《列女传》也是刘向撰写的，他的儿子刘歆又写了《列女传颂》，记事终止于赵悼后，而传中却有更始韩夫人、明德马后及梁夫人嫕。以上所述都是由后人掺杂进去的，不是原文。"

或问曰："《东宫旧事》何以呼'鸱尾①'为'祠尾'？"答曰："张敞②者，吴人，不甚稽古③，随宜记注，逐乡俗讹谬，造作书字耳。吴人呼'祠祀'为'鸱祀'，故以'祠'代'鸱'字；

呼'绀'为'禁'，故以'系'傍作'禁'代
'绀'字；呼'盏'为竹简反，故以'木'傍作
'展'代'盏'字；呼'镬'字为'霍'字，故
以'金'傍作'霍'代'镬'字；又'金'傍作
'患'为'镮'字，'木'傍作'鬼'为'魁'
字，'火'傍作'庶'为'炙'字，'既'下作
'毛'为'髻'字；金花则'金'傍作'华'，
窗扇则'木'傍作'扇'：诸如此类，专辄④不
少。"

【注释】

①鸱（chī）尾：宫殿屋脊正脊两端构件上的装饰。

②张敞：晋吴郡吴人，官至侍中尚书，吴国内史。

③稽古：研习、考察古事。

④专辄：专断，专擅。

【译文】

有人问道："《东宫旧事》为什么称'鸱尾'为'祠尾'？"我回答
说："因为作者张敞是吴郡人，不太注重考察古事，随手记述注释，顺随
了乡俗的讹传误说，伪造了这类文字。吴地人称呼'祠祀'为'鸱祀'，
所以张敞用'祠'代'鸱'字；称呼'绀'为'禁'，所以用'糸'旁
加'禁'代替'绀'字；称呼'盏'为竹简反的音，所以用'木'旁加
'展'代替'盏'字；称呼'镬'字为'霍'字，所以用'金'旁加
'霍'代替'镬'字；又用'金'旁加'患'代替'镮'字，'木'旁
加'鬼'代替'魁'字，'火'旁加'庶'代替'炙'字，'既'下加

‘毛’代替‘髦’字；金花就用‘金’旁加‘华’字表示，窗扇就用‘木’旁加‘扇’字表示：像这样的例子，主观专断的成分很大。”

又问：“《东宫旧事》‘六色罽縗’，是何等物？当作何音？”答曰：“案：《说文》云：‘薲，牛藻也，读若“威”。’《音隐》：‘坞瑰反。’即陆机所谓‘聚藻，叶如蓬’者也。又郭璞注《三苍》亦云：‘薀，藻之类也，细叶蓬茸生。’然今水中有此物，一节长数寸，细茸如丝，圆绕可爱，长者二三十节，犹呼为‘薲’。又寸断五色丝，横着线股间绳之，以象薲草，用以饰物，即名为‘薲’；于时当绀六色罽，作此薲以饰绲带，张敞因造‘系’旁‘畏’耳，宜作‘隈’。”

【译文】

又有人问：“《东宫旧事》上面的‘六色罽縗’是什么东西？应当读作什么音？”我回答说：“据考证：《说文解字》中说：‘薲，就是牛藻，读作“威”的音。’《音隐》中注音为：‘坞瑰反。’就是陆机所说的‘聚藻，叶子像蓬草’的那种植物。另外，郭璞注释的《三苍》也说：‘薀，属藻类，叶子的形状细长，上面长着松散的茸毛。’现在水中有这种植物，它的一节枝茎有几寸长，纤细的茸毛如丝，缠绕成圆形，十分可爱，长的有二三十节，人们仍然称它为‘薲’。此外，把五色丝线剪成一寸长，横放在几股线中间用绳子拴住，把它做得像薲草一样，用来装饰物品，这种丝织物就叫作"緒"；那时一定是要捆缚六色的丝毛，就制成这种緒来装饰绳带，张敞于是造了'糸'旁加'畏'的字，其实应该是'隈'字。

柏人城东北有一孤山，古书无载者。唯阚骃《十三州志》以为舜纳于大麓，即谓此山，其上今犹有尧祠焉；世俗或呼为"宣务山"，或呼为"虚无山"，莫知所出。赵郡士族有李穆叔、季节兄弟、李普济，亦为学问，并不能定乡邑此山。余尝为赵州佐，共太原王邵读柏人城西门内碑。碑是汉桓帝时柏人县民为县令徐整所立，铭曰："山有巏嶅，王乔所仙。"方知此"巏嶅"山也。"巏"字遂无所出。"嶅"字依诸字书，即"旄丘"之"旄"也；"旄"字，《字林》一音亡付反，今依附俗名，当音"权务"耳。入邺，为魏收说之，收大嘉叹。值其为《赵州庄严寺碑铭》，因云"权务之精"，即用此也。

【译文】

柏人城东北有一座孤山，古书中没有关于它的记载。只有阚骃的《十三州志》认为尧曾经纳舜于大麓，就是说的这座山，这座山的上面现在还有尧的祠堂；世人有的称它为"宣务山"，有的称它为"虚无山"，没有谁知道这些称呼的来历。赵郡的士族中有李穆叔、李季节兄弟和李普济，都是有学问的人，却都不能判定他们家乡这座山的名称及由来。我曾经担任赵郡的州佐，与太原的王邵一起读柏人城西门内的石碑。那块碑是汉桓帝时柏人县的民众为县令徐整竖立的，上面的铭文说："县内有一座'罐嵍'山，是王乔成仙的地方。"我才知道这山就是罐嵍山。"罐"字没有出处。"嵍"字依照各种字书记载，就是"旄丘"的"旄"字；《字林》给"旄"字注音为亡付反，现在依照通俗的名称，应当读作"权务"的音。我到邺城后，给魏收说了这件事，魏收对此大为赞叹。正赶上他撰写《赵州庄严寺碑铭》，于是写了"权务之精"这句话，就是使用了这个典故。

　　或问："一夜何故五更？更何所训？"答曰："汉、魏以来，谓为甲夜、乙夜、丙夜、丁夜、戊夜，又云'鼓'，一鼓、二鼓、三鼓、四鼓、五鼓，亦云一更、二更、三更、四更、五更，皆以'五'为节。《西都赋》①亦云：'卫②以严更之署③。'所以尔者，假令正月建寅④，斗柄⑤夕则指寅，晓则指午矣；自寅至午，凡历五辰⑥。冬夏之月，虽复长短参差，然辰间辽阔，盈不过六，缩不至四，进退常在五者之间。更，历也，经也，故曰五更尔。"

【注释】

　　①《西都赋》：为班固作品。

　　②卫：保卫。

　　③严更之署：督行夜鼓的郎署，护卫汉宫。汉宫周卫，郎在内，卫卒在外，郎所居为署。

④建寅：夏历以寅月为岁首，称建寅。

⑤斗柄：北斗柄。指北斗的第五至第七星，即衡、开泰、摇光。

⑥五辰：五个时辰。古人用十二地支表示一昼夜的十二个时辰，每个时辰等于现在的两个小时。从寅时开始，经卯、辰、巳、午，共五个时辰。

【译文】

有人问："一夜为什么划分成五更？'更'字作什么解释？"我回答说："汉、魏以来，一夜的五个时辰被称为甲夜、乙夜、丙夜、丁夜、戊夜；又叫作'鼓'，分为一鼓、二鼓、三鼓、四鼓、五鼓；也叫作一更、二更、三更、四更、五更，都是以'五'来划分时间段落的。《西都赋》也说：'卫以严更之署。'之所以这样，是因为假如把正月作为建寅之月，北斗星的斗柄日落时就指向寅的区间，日出时就指向午的区间；从寅时到午时，共经历了五个时辰。冬天和夏天的月份，白昼和夜晚的时间虽然长短不齐，但是时辰之间的长短差别，长的不会超过六个时辰，短的不会少于四个时辰，或长或短基本在五个时辰左右。更，是经历、经过的意思，所以称作五更。"

《尔雅》云："术，山蓟也。"郭璞注云："今术似蓟而生山中。"案：术叶其体似蓟，近世文士，遂读"蓟"为"筋肉"之"筋"，以耦"地骨"用之，恐失其义。

【译文】

《尔雅》说："术，就是山蓟。"郭璞注释说："术长得像蓟草，生长在山中。"据考证：术叶的形状就像蓟草，近代的文人，竟然把"蓟"读成"筋肉"的"筋"，以"山蓟（筋）"作为"地骨"的对偶来使用它，这恐怕不是它的意思。

或问："俗名'傀儡子①'为'郭秃'，有故实乎？"答曰："《风俗通》云：'诸郭皆讳秃。'当是前代人有姓郭而病秃者，滑稽戏调②，故后人为其象，呼为'郭秃'，犹《文康》象庾亮耳。"

【注释】

①傀儡子：即傀儡戏。现在通称作木偶戏。

②戏调：诙谐，开玩笑。

【译文】

有人问："俗称'傀儡戏'为'郭秃'，有什么典故吗？"我回答说："《风俗通》上面讲：'诸郭皆讳秃。'应当是前代有姓郭而患秃头病的人，言行可笑，为人诙谐，所以后人就把木偶制成了他的形象，叫作'郭秃'，就像《文康》乐舞中出现的庾亮的形象一样。"

或问曰："何故名'治狱参军'为'长流'乎？"答曰："《帝王世纪》①云：'帝少昊②崩，其神降于长流之山，于祀主秋③。'案：《周礼·秋官》，司寇④主刑罚、长流之职，汉、魏捕贼掾⑤耳。晋、宋以来，始为参军，上属司寇，故取秋帝⑥所居为嘉名焉。"

【注释】

①《帝王世纪》：书名。晋皇甫谧撰。

②少昊：传说中古代部落首领名。也作少皞。

③于祀主秋：主持秋祭，即秋祭之神主。

④司寇：主管刑狱的官员。

⑤掾（yuàn）：官府中佐助官吏的通称。

⑥秋帝：指少昊。

【译文】

有人问："为什么称'治狱参军'为'长流'呢？"我回答说："《帝王世纪》说：'少昊帝驾崩，他的神灵降临到长流山上，主持秋祭。'据考证：《周礼·秋官》上说，司寇掌管刑罚、长流的职责，就是汉、魏时期的捕贼掾。两晋、刘宋以来，朝廷中才开始设置参军，上属司寇管辖，所以就取秋帝少昊所居之处作为美称。"

客有难主人曰："今之经典，子皆谓非，《说文》所言，子皆云是，然则许慎胜孔子乎？"主人抃掌大笑，应之曰："今之经典，皆孔子手迹耶？"客曰："今之《说文》，皆许慎手迹乎？"答曰："许慎检以六文①，贯以部分②，使不得误，误则觉之。孔子存其义而不论其文也。先儒尚得改文从意，何况书写流传耶？必如《左传》'止戈'为'武'，'反正'为'乏'，'皿虫'为'蛊'，'亥'有'二首六身'之类，后人自不得辄改也，安敢以《说文》校其是非哉？且余亦不专以《说文》为是也，其有援引经传，与今乖者，未之敢从。又相如《封禅书》曰：'导③一茎六穗于庖④，牺⑤双觡⑥共抵⑦之兽。'此'导'训'择'，光武诏云'非徒有豫养导择⑧之劳'是也。而《说文》云：'导是禾名。'引《封禅书》为证；无妨自当有禾名蓫，非相如所用也。'禾一茎六穗于庖'，岂成文乎？纵使相如天才鄙拙，强为此语；则下句当云'麟双觡共抵之兽'，不得云'牺'也。吾尝笑许纯儒⑨，不达文章之体，如此之流，不足凭信。大抵⑩服⑪其为书，隐括⑫有条例，剖析穷根源，郑玄注书，往往引以为证；若不信其说，则冥冥不知一点一画，有何意焉？"

【注释】

①六文：即六书。

②部分：指许慎在《说文解字》中首创的部首编排法。

③导：通"蓫"，选择。

④庖：厨房。

⑤牺：宗庙祭祀的牲畜。

⑥觡（gé）：骨角。

⑦抵：本，指角的底部。

⑧导择：二字连文为义，即选择的意思。

⑨纯儒：纯粹的儒者。这里指专于文字训诂的读书人。

⑩大抵：表示总括一般情况。

⑪服：佩服。

⑫隐括：也作"隐栝"，用以矫正竹木弯曲的器具。引申为标准，规范。

【译文】

有位客人非难我说："今天经书典籍中的文字，你都说是错误的，而《说文解字》对文字的解释，你认为都是正确的，这么说来，难道许慎比孔子还高明吗？"我拍手大笑，回答他说："今天的经典，都是孔子的手迹吗？"客人说："今天的《说文解字》，都是许慎的手迹吗？"我回答道："许慎用六书来检验文字，用分出的部首贯串全书，使它们不致出现错误，出现错误就能发现。孔子保留文句的含义而不讨论文字本身。前辈学者尚能改动经典的文字以顺从文句的含义，何况这些典籍经过历代传抄呢？必须是像《左传》里所说的'止戈'为'武'，'反正'为'乏'，'皿虫'为'蛊'，'亥'有'二首六身'这类情况，后人自然不能随便改动，哪儿能用《说文解字》来考校它们的对与错呢？况且我也不是只以《说文解字》为是，《说文解字》中有援引经传的文句，与今天的经传文句不相合的，我就不敢顺从它。又比如司马相如的《封禅书》说：'导一茎六穗于庖，牺双觡共抵之兽。'这个'导'字就解释作'择'，汉光武帝的诏书说的'非徒有豫养导择之劳'中的'导'字，就是这个含义。而《说文解字》却说：'导是禾名。'并引《封禅书》为例证；我们不妨说本来就有一种禾叫蕖，却不是司马相如在《封禅书》中使用的。否则，'禾一茎六穗于庖'，难道能成文句吗？就算是司马相如的天资低下拙劣，很勉强地写下了这句话；那么下一句也应当说'麟双觡共抵之兽'，而不应该说'牺双觡共抵之兽'。我曾经嘲笑许慎是专一于文字的纯粹儒者，不懂得文学作品的体裁和风格，像这一类情况，就不足凭信。但总的说来我佩服许慎撰写的这本书，审定文字有条例可依，剖析文字含义能够穷尽它的根源，郑玄注释经书时，往往引用《说文解字》为证；如果我们不相信许慎的学说，就会懵懵懂懂地不知道文字的一点一画，这样即使饱读经书典籍又有什么意义呢？"

世间小学①者，不通古今，必依小篆②，是正③书记④；凡《尔雅》《三苍》《说文》，岂能悉得苍颉⑤本指⑥哉？亦是随代损益，互有同异。西晋已往字书，何可全非？但令体例成就，不为专辄⑦耳。考校是非，特须消息⑧。至如"仲尼居"，三字之中，两字非体，《三苍》"尼"旁益"丘"，《说文》"尸"下施"几"⑨：如此之类，何由可从？古无二字，又多假借，以"中"为"仲"，以"说"为"悦"，以"召"为"邵"，以"閒"为"闲"：如此之徒，亦不劳改。自有讹谬，过成鄙俗，"乱"旁为"舌"，"揖"下无"耳"，"鼋""鼍"从"龟"，"奋""夺"从"雚"，"席"中加"带"，"恶"上安"西"，"鼓"外设"皮"，"凿"头生"毁"，"离"则配"禹"，"壑"乃施"豁"，"巫"混"经"旁，"皋"分"泽"片，"猎"化为"獦"，"宠"变成"寵"，"业"左益"片"，"灵"底着"器"，"率"字自有"律"音，强改为别；"单"字自有"善"音，辄析成异：如此之类，不可不治。吾昔初看《说文》，蚩薄世字，从正则惧人不识，随俗则意嫌其非，略是不得下笔也。所见渐广，更知通变，救前之执，将欲半焉。若文章著述，犹择微相影响者行之，官曹文书，世间尺牍，幸不违俗也。

【注释】

①小学：指文字、音韵、训诂之学。

②小篆：书体的一种。相传为秦相李斯将籀文简化而成。

③是正：订正，校正。

④书记：书籍。

⑤苍颉：即仓颉，传说他创造了文字。

⑥本指：本意。这里指最初的字形。指，通"旨"。

⑦专辄：专擅，专断。

⑧消息：斟酌。

⑨"尸"下施"几"：字作"尻"。古人以之作居处的"居"字。

【译文】

世上那些研究文字、音韵、训诂的人不懂古今文字的变化，写字一定要依据小篆，以此订正书籍；凡是《尔雅》《三苍》《说文解字》上面的文字，难道都能得到仓颉造字时的最初字形吗？这些字依随年代变化而增减笔画，相互之间有同有异。西晋以前的字书，怎么能够全部否定呢？只要它们能使体例完备，不任由人随意发挥就行了。考订校对文字的对错，特别需要斟酌。至于像"仲尼居"这三个字中，有两个字就不合正体,《三苍》中在"尼"旁边加了"丘",《说文解字》在"尸"下面放了"几":像这一类例子,怎么可以依从呢?古代一个字没有两种形体,又多假借之字,以"中"为"仲",以"说"为"悦",以"召"为"邵",以"閒"为"闲":像这一类情况,也用不着劳神去改它。有时文字本身就有错讹谬误,这种错字却形成了不良的风气,如"乱"字偏旁是"舌","揖"字下面无"耳","鼋""鼍"的下面部分依从了"龟"的形体,"奋""奪"依从了"雚"的形体,"席"字中间加"带"字,"恶"字上面安"西"字,"鼓"字的外部加"皮"字,"鑿"字顶部写成"毁"字,"离"字的左面配上"禹"字,"壑"字上面加成"豁"字,"巫"字与"经"字的偏旁相混淆,"皋"字写成"泽"的半边,"猎"字变成了"獦"字,"宠"字变成了"寵"字,"业"字左面加上"片","靈"的下面写成"器","率"字本来就有"律"这个音,却非得改换为别的字;"单"字本来就有"善"这个音,往往被分析成别的读音:像这一类情况,不可不加整治。我从前看《说文解字》时,看不起俗字,想依从正体又怕别人不认识,想随顺俗体心里又觉得这样写不对,这样就完全不能下笔为文了。后来,随着所见的东西逐渐增多,进一步懂得了变通的道理,要补救从前的偏执态度,需要把从正和随俗二者结合起来。如果是写文章做学问,就要选择稍微近似的字来用,如果是写官府的文书,或社会上的信函,就希望不要违背世俗的用字习惯。

案:弥亙字从二间舟,《诗》云"亙之秬秠"是也。今之隶书,转"舟"为"日";而何法盛《中兴书》乃以"舟"在"二"间为舟"航"字,谬也。《春秋说》以"人十四心"为"德",《诗说》以"二在天下"为"酉",

《汉书》以"货泉①"为"白水真人"，《新论》以"金昆"为"银"，《国志》以"天上有口"为"吴"，《晋书》以"黄头小人"为"恭"，《宋书》以"召刀"为"邵"，《参同契》以"人负告"为"造"：如此之例，盖数术②谬语，假借依附，杂以戏笑耳。如犹③转"贡"字为"项"，以"叱"为"七"，安可用此定文字音读乎？潘、陆④诸子《离合诗》《赋》《柷卜》《破字经》，及鲍照《谜字》，皆取会流俗，不足以形声论之也。

【注释】

①货泉：东汉王莽时货币名。

②数术：又称术数，即以种种方术观察自然现象，推测人和国家的气数和命运。

③如犹：就好像。

④陆：陆机，字士衡，吴郡吴县华亭人，西晋文学家，与其弟陆云合称"二陆"。曾任平原内史，世称"陆平原"。后死于"八王之乱"。他"少有奇才，文章冠世"（《晋书·陆机传》），与弟陆云俱为中国西晋时期著名文学家，被誉为"太康之英"。

【译文】

据考证："弥互"的"互"字，从属于"二"字当中加"舟"字，就是《诗经》中说的："互之秬秠"的"互"字。现在的隶书，把"二"字中间的"舟"字转化成"日"。而何法盛的《晋中兴书》竟然认为"舟"

加在"二"字中间为"航"字，这是错误的。《春秋说》以"人十四心"为"德"字，《诗说》以"二在天下"为"酉"字，《汉书》以"货泉"二字拆开作"白水真人"，《新论》以"金昆"为"银"字，《三国志》以"天上有口"为"吴"字，《晋书》以"黄头小人"为"恭"字，《宋书》以"召刀"为"邵"字，《周易参同契》以"人负告"为"造"字：像这一类例子，都是玩弄术数的荒谬言语，不过是假托附会，把游戏玩笑穿插在中间罢了。就好像把"贡"字转变成"项"字，把"叱"字当成"七"字一样，哪里能用这种方法审定文字的读音呢？潘岳、陆机诸人所写的《离合诗》《离合赋》《栻卜》《破字经》，以及鲍照的《谜字》，都是迎合社会上流行的风气的作品，不能够拿形声造字的方法理论来评论它们。

河间邢芳语吾云："《贾谊传》云：'日中必蕤①。'注：'蕤，暴②也。'曾见人解云：'此是暴疾之意，正言日中不须臾，卒然③便昃④耳。'此释为当乎？"吾谓邢曰："此语本出太公《六韬》，案字书，古者'暴⑤晒'字与'暴⑥疾'字相似，唯下少异，后人专辄加傍'日'耳。言日中时，必须暴晒，不尔者，失其时也。晋灼已有详释。"芳笑服而退。

【注释】

①蕤（wèi）：曝晒，晒干。

②暴：此处是迅猛的意思。

③卒（cù）然：突然。卒，通"猝"。

④昃（zè）：太阳偏西。

⑤暴：同"曝"，曝晒。

⑥暴：同"暴"，暴疾。

【译文】

　　河间人邢芳对我说："《汉书·贾谊传》上说：'日中必篲。'注释是：'篲，暴也。'我曾经见人解释说：'这个"暴"是"暴疾"的意思，就是说太阳当顶不一会儿，突然间就西斜了。'这个解释恰当吗？"我对邢芳说："这句话原本出自姜太公的《六韬》，考证字书中的说法，古时候'暴晒'的'暴'字与'暴疾'的'暴'字很相似，只是下面稍有不同，后来的人擅自在"暴"字旁边加了个'日'字旁。这句话的意思是太阳当顶时，必须晒物品，不这样的话，就会失去时机。对此晋灼已有详细解释。"邢芳听了我的说明后心悦诚服地笑着走了。

《 读·品·悟 》

　　读书贵在有疑问，可贵的是对疑问进行实际的印证考究，而这种考究重在用书本和实践相结合的方法进行。这种求索，应该成为每一个人读书、做学问和搞研究的唯一途径。不能只知道从书本上进行简单的记忆，从来不经过自己的思考，盲目地相信前人的经验，甚至给自己制造一个空中楼阁，把自己的文章和学问弄得云遮雾绕，显得幼稚和可笑。

卷七

音辞第十八

本篇主要讲述了语言和音韵方面的有关内容。全国各地的人，言语各不相同，各地方音、方言有差异是一种自然现象，这种差异受到生活环境的影响。作者认为解决的方法只能是大家都用帝王都城的语言，参照比较各地方言，考查审核古今语音，从而确定一个恰当的标准。作者还提出了正确的学习方法：实事求是，不要受方言的影响；从小养成正确的发音习惯；没有考证的，不是自己亲身经历的，不要草率给出结论，这样可避免出现错误。

　　夫九州之人，言语不同，生民已①来，固常然矣。自《春秋》标齐言之传，《离骚》目《楚词》之经，此盖其较明之初也。后有扬雄著《方言》，其言大备。然皆考名物之同异，不显声读之是非也。逮②郑玄注《六经》，高诱解《吕览》《淮南》，许慎造《说文》，刘熹制《释名》，始有譬况假借以证音字耳。而古语与今殊别，其间轻重清浊③，犹未可晓；加以内言外言、急言徐言④、读若之类，益使人疑。孙叔言创《尔雅音义》，是汉末人独知反语。至于魏世，此事大行⑤。高贵乡公不解反语，以为怪异。自兹厥后，音韵锋出，各有土风⑥，递相非笑，指马⑦之谕，未知孰是。共以帝王都邑，参校方俗，考覈古今，为之折衷。摧而量之，独金陵与洛下耳。南方水土和柔，其音清举⑧而切诣，失在浮浅，其辞多鄙俗。北方山川深厚，其音沉浊而钝钝⑨，得其质直，其辞多古语。然冠冕君子，南方为优；闾里小人，北方为愈。易服而与之谈，南方士庶，数言可辩；隔垣而听其语，北方朝野，终日难分。而南染吴、越，北杂夷虏，皆有深弊，不可具论。其谬失轻微者，则南人以"钱"为"涎"，以"石"为"射"，以"贱"为"羡"，以"是"为"舐"；北人以"庶"为"戍"，以"如"为"儒"，以"紫"为"姊"，以"洽"为"狎"。如此之例，两失甚多。至邺已来，唯见崔子约、崔瞻叔侄，李祖仁、李蔚兄弟，颇事言词，少为切正。李季节⑩著《音韵决疑》，时有错失；阳休之造《切韵》，殊为疏野。吾家儿女，虽在孩稚，便渐督正之；一言讹替，以为己罪矣。云为品物，未考书记者，不敢辄名，汝曹所知也。

【注释】

①已：通"以"，表示时间、方位、数量的界限。

②逮：到。

③清浊：语音学术语。指语音的清声与浊声，发音时声带不振动的为清声，反之为浊声。

④急言徐言：急言指发音急促，徐言指缓气言之。

⑤大行：广为推行，普遍流行。

⑥土风：指方音土语。

⑦指马：战国时名家公孙龙提出"物莫非指，而指非指""白马非马"等命题，讨论名与实之间的关系。后以"指马"为争辩是非、差别的代称。

⑧清举：声音清脆而悠扬。

⑨铇（é）钝：浑厚，不尖锐。

⑩李季节：名概，字季节，南北朝时北齐人。

【译文】

全国各地的人，言语各不相同，自从有人类以来，就一向如此。自从《春秋》有了标明齐地方言传本，《离骚》被看作楚人语词的经典作品，这大概就是语言差异开始明显的初级阶段吧。后来，扬雄写出了《方言》一书，这方面的论述就大为完备了。但书中都是考辨事物名称的异同，并不显示读音的对与错。直到郑玄注释《六经》，高诱注解《吕览》《淮南子》，许慎撰写出《说文解字》，刘熹（即刘熙）编著了《释名》，这才开始用譬况或假借的方法来验证字音。然而古代语言与今天的语言有着很大差别，这中间语音的轻重清浊，仍然不能了解；再加上他们是采用内言外言、急言徐言、读若这一类的注音方法，就更让人疑惑不解。孙叔言创制了《尔雅音义》一书，他是汉末人中唯一一个懂得使用反切法注音的。到了曹魏时期，这种注音法盛行起来。高贵乡公曹髦因为不懂反切注音法，被人们认为是一桩奇怪的事。从那以后，音韵方面的论著大量出现，各自带有地方口语的色彩，相互之间非难嘲笑，是非曲直，也难以作出判断。看来只能是大家都用帝王都城的语音，参照比较各地方言，考查审核古今语音，以此确定一个恰当的标准。经过

传统文化小知识

画龙点睛

画龙点睛，用来形容作文或说话时在关键之处加上精辟的语句，从而使得内容变得灵妙而生动。典出唐代张彦远《历代名画记》。张僧繇是南朝梁武帝时期的著名画家，他的画活灵活现，栩栩如生。一次，他在金陵安乐寺的墙壁上画了四条龙，却不点眼睛，说："如果点上了眼睛，龙就会飞走。"人们不信，张僧繇就给龙点上了眼睛。当下，点上了眼睛的两条龙就乘云飞去，而另两条龙都还在。

这样的反复研究斟酌，只有金陵和洛阳地区的发音足以分别代表南北地区发音标准。南方的水土平和温柔，所以南方人的口音清脆悠扬、快速急切，它的弱点在于发音浮而浅，其言辞多鄙陋粗俗。北方的山川深邃宽厚，所以北方人的口音低沉粗重、滞浊迟缓，体现了它的质朴劲直，它的言辞多古语。然而谈到士大夫的语言，还是南方地区的为优；谈到市井小民的语言，则是北方地区的较胜。假如给两个不同阶层的人交换了服装让他们交谈，那么南方的官绅与平民，只需听他们说几句话就可分辨出他们的身份；隔着墙听北方人谈话，则北方的官绅和平民，你一整天也难以区分出来。然而南方的语言已经沾染了吴越地区的方言，北方的语言已经杂糅了异族的词汇，两者都有严重的弊端，在此不能够一一加以评论。有些情况错在发音过于轻微，例如南方人把"钱"读作"涎"，把"石"读作"射"，把"贱"读作"羡"，把"是"读作"舐"；北方人把"庶"读作"戍"，把"如"读作"儒"，把"紫"读作"姊"，把"洽"读作"狎"。像这些例子，两者的差错都很多。我到邺城以来，只看到崔子约、崔瞻叔侄，李祖仁、李蔚兄弟，对语言略有研究，稍微做了些切磋补正的工作。李概所著的《音韵决疑》，时时出现错误；阳休之编著的《切韵》，十分粗略草率。我家的儿女们，虽然还在孩童时代，我就开始在这方面对他们进行矫正；孩子一个字说得不对，我就认为那是自己的过错。家中各种物品，没有经过从书本中考证过的，就不敢随便称呼名字，这是你们所知道的。

古今言语，时俗不同；著述之人，楚、夏①各异。《苍颉训诂》②，反"稗"为"逋卖"③，反"娃"为"於乖"；《战国策》音"刎"为"免"；《穆天子传》音"谏"为"间"；《说文》音"戛"为"棘"，读"皿"为"猛"；

《字林》音"看"为"口甘反"，音"伸"为"辛"；《韵集》以成、仍、宏、登合成两韵，为、奇、益、石分作四章；李登④《声类》以"系"音"羿"，刘昌宗《周官音》读"乘"若"承"；此例甚广，必须考校。前世反语，又多不切，徐仙民《毛诗音》反"骤"为"在遘"，《左传音》切"椽"为"徒缘"，不可依信，亦为众矣。今之学士，语亦不正；古独何人，必应随其讹僻乎？《通俗文》曰："入室求曰搜。"反为"兄侯"。然则"兄"当音"所荣反"。今北俗通行此音，亦古语之不可用者。玙璠⑤，鲁人宝玉，当音"余烦"，江南皆音"藩屏"之"藩"。"岐"山当音为"奇"，江南皆呼为"神祇"之"祇"。江陵陷没，此音被于关中，不知二者何所承案。以吾浅学，未之前闻也。

【注释】

①楚、夏：楚指春秋战国时的楚国地域；夏指华夏，即中原地区。此处楚、夏泛指南、北地区。

②《苍颉训诂》：书名，后汉杜林撰。《旧唐书·经籍志》著录。

③反"稗"为"逋卖"：反切"稗"字的音为"逋卖"，即用逋的声母和卖的韵母拼读出稗字。

④李登：三国时魏人，撰有《声类》一书，《隋书·经籍志》著录作

十卷，已佚。

⑤玙璠（yú fán）：美玉。

【译文】

古代和今天的语言，因为时俗的变化而有所不同；进行著述的人，因为地处南、北而在语音上表现出差异。《苍颉训诂》一书，把"稗"的反切音注为"逋卖"，把"娃"的反切音注为"於乖"；《战国策》把"刏"注音为"免"；《穆天子传》把"谏"注音为"间"；《说文解字》把"戞"注音为"棘"，把"皿"读为"猛"；《字林》把"看"注音为"口甘反"，把"伸"注音为"辛"；《韵集》把成、仍、宏、登分别合成两个韵，把为、奇、益、石却分入四个韵部；李登的《声类》以"系"作"羿"的音，刘昌宗的《周官音》把"乘"读作"承"；这类例子是很普遍的，必须对它们进行考证校正。前代人的反切注音，又有很多不确切，徐邈的《毛诗音》把"骤"的反切音注为"在遘"，《左传音》把"椽"的反切音注为"徒缘"，这是不可以依凭的，这种情况也是很多的了。今天的学者，注音也有不正确的；古人难道有什么特殊的地方，一定要依随他们的谬误呢？《通俗文》上说："入室求曰搜。"服虔把"搜"的反切音注为"兄侯"。如果这样，那么"兄"应当发音为"所荣反"。现在北方的习惯就通行这个音，这也是古代言语中不可沿用的。玙璠，是鲁国人的宝玉，应当发音为"余烦"，江南地区的人都把"璠"字发音为"藩屏"的"藩"。"岐山"的"岐"应当发音为"奇"，江南地区都把它读作"神祇"的"祇"。江陵城陷落以后，这两个音就流行于关中，不知道是根据什么语音来的。凭我肤浅的学识，还没有听说过。

北人之音，多以"举""莒"为"矩"。唯李季节云："齐桓公与管仲于台上谋伐莒，东郭牙望见桓公口开而不闭，故知所言者莒也。然则莒、矩必不同呼①。"此为知音矣。

【注释】

①呼：音韵学名词。汉语音韵学家依据口、唇的形状将韵母分为开口呼、齐齿呼、合口呼、撮口呼四类，合称四呼。

【译文】

北方人的语音，大多把"举""莒"读为"矩"。只有李季节说："齐桓公和管仲在台上商议攻伐莒国，东郭牙远远看见齐桓公的嘴是张开的而不是闭拢的，所以知道他们谈论的对象是莒国。这样看来，莒矩二字的发音方法一定有开口合口的区别。"他是通晓音韵的人。

夫物体自有精粗，精粗谓之好恶①；人心有所去取，去取谓之好恶②。此音见于葛洪、徐邈③。而河北学士读《尚书》云好生恶杀。是为一论物体，一就人情，殊不通矣。

【注释】

①好恶（hǎo è）：好坏。

②好恶（hào wù）：喜爱和讨厌。

③此音见于葛洪、徐邈：指第二个"好恶"的读音见于葛洪、徐邈的音韵学著作。

【译文】

器物自身有精致或粗糙的分别，这种精致或粗糙就称之为好或恶；人的感情对某样事物有所保留或舍弃，这种保留或舍弃的态度称之为好或恶。这后一个"好恶"的读音见于葛洪、徐邈的著作。而黄河以北地区的读书人读《尚书》的时候却将"好（hào）生恶（wù）杀"读作"好（hǎo）生恶（è）杀"。这样，读音取了评论器物精致或粗糙的读音，而意思取的却是表达感情的，就太说不通了。

甫者，男子之美称，古书多假借为"父"字；北人遂无一人呼为"甫"者，亦所未喻。唯管仲、范增之号，须依字读耳。

【译文】

"甫"是男子的美称，古书多通假为"父"字；北方人都依本字而读，没有一个人将"父"读作"甫"，这是因为他们不明白二者的通假关系。管仲号仲父，范增号亚父，只有像这种情况，"父"字应该依本字而读。

案：诸字书，焉者鸟名，或云语词[1]，皆音"于愆反"。自葛洪《要用字苑》分焉字音训[2]：若训"何"训"安"，当音"于愆反"，"于焉逍遥""于焉嘉客""焉用佞""焉得仁"之类是也；若送句及助词，当音"矣愆反"，"故称龙焉""故称血焉"，"有民人焉""有社稷焉"，"托始焉尔"，"晋、郑焉依"之类是也。江南至今行此分别，昭然易晓；而河北混同一音，虽依古读，不可行于今也。

【注释】

①语词：即"语辞"，指文言虚词。

②音训：对古籍中的字词注音释义。

【译文】

据考证：考察各种字书，都认为"焉"是鸟的名称，有的字书说是虚词，都注音为"于愆反"。从葛洪的《要用字苑》开始区分"焉"字的注音释义：如果是解释作"何"或解释作"安"，就应当注音为"于愆反"，"于焉逍遥""于焉嘉客""焉用佞""焉得仁"之类都是这样的；如果是用为句尾语气词及结构助词，就应当注音为"矣愆反"，"故称龙焉""故称血焉"，"有民人焉""有社稷焉"，"托始焉尔"，"晋、郑焉依"之类都是这样的。江南地区至今仍然实行这种分别，明明白白地容易理解；而黄河以北地区把二者混同作一个读音，虽然是依照古代的读法，却不可用在今天。

　　邪者，未定之词。《左传》曰："不知天之弃鲁邪？抑鲁君有罪于鬼神邪①？"《庄子》云："天邪地邪②？"《汉书》云："是邪非邪③？"之类是也。而北人即呼为也，亦为误矣。难者曰："《系辞》云：'乾坤，《易》之门户邪？'此又为未定辞乎？"答曰："何为不尔！上先标问，下方列德④以折之耳。"

【注释】

　　①"不知"二句：出自《左传·昭公二十六年》，意思是，"不知是上天抛弃鲁国呢，还是鲁君得罪了鬼神呢？"
　　②天邪地邪：是天呢，还是地呢？
　　③是邪非邪：是对呢，还是不对呢？

④列德：阐明阴阳之德。

【译文】

邪，是表示疑问的语气词。《左传》说："不知天之弃鲁邪？抑鲁君有罪于鬼神邪？"《庄子》说："天邪地邪？"《汉书》说："是邪非邪？"这类"邪"字都是这种用法。而北方人却把它读成"也"，这是错误的。责难我的人说："《周易·系辞》说：'乾坤，易之门户邪？'这个'邪'也是疑问语气词吗？"我回答说："为什么不是呢！前面先标明疑问，后面才阐明阴阳之德的道理以作出结论。"

江南学士读《左传》，口相传述，自为凡例①，军自败曰"败"，打破人军曰"败"。诸记传未见"补败反"，徐仙民读《左传》，唯一处有此音，又不言自败、败人之别，此为穿凿耳。

【注释】

①凡例：体制，章法。

【译文】

江南地区的学者读《左传》，是用口授相互传述，自行制定了一套音读章法，军队自己溃败说成"败"，打败对方军队也说成"败"。各种记载和传本中都未看见注音为"补败反"的，徐仙民读《左传》的时候，只有一处注了这个音，又不说明自败、打败别人的区别，这就显得有些牵强附会了。

古人云："膏粱①难整。"以其为骄奢自足，不能克励②也。吾见王侯外戚，语多不正，亦由内染贱保傅③，外无良师友④故耳。梁世有一侯，尝对元帝饮谑⑤，自陈"痴钝"，乃成"飔⑥段"，元帝答之云："飔异凉风，段非干木。"谓"郢州"为"永州"，元帝启报简文，简文云："庚辰吴入，遂成司隶。"如此之类，举口皆然。元帝手教诸子侍读，以此为诫。

【注释】

① 膏粱：指富贵人家及其后嗣。

② 克励：刻苦自励。

③ 保傅：古代保育、教导贵族子弟的男女官员，统称为保傅。

④ 友：协助，帮助。

⑤ 饮谑：饮酒戏谑。

⑥ 飔（sī）：凉，凉爽。

【译文】

古人说："膏粱子弟其性难正。"这是因为他们自满骄横奢侈地生活，而不能够刻苦自励。我看见那些王侯外戚，语音大多不纯正，也是由于内受低贱保傅的熏染，外无良师对其进行帮助。梁朝有一位侯爵，曾经与梁元帝一起饮酒戏谑，他自称"痴钝"，却说成"飔段"。梁元帝戏答他说："飔不同于凉风，段也不是干木。"他又把"郢州"说成"永州"，梁元帝把此事告知简文帝，简文帝说："庚辰日吴人攻入的地方，却成了后汉的司隶校尉。"像这一类例子，那些王公贵戚众口皆然。梁元帝亲自为诸位皇子授书讲学时，就拿这位侯爵的错讹来告诫他们。

河北切"攻"字为"古琮",与"工""公""功"三字不同，殊为僻①也。比世有人名暹，自称为"纤"；名琨，自称为"衮"；名洸，自称为"汪"；名籹，自称为"獡"。非唯音韵舛错，亦使其儿孙避讳纷纭②矣。

【注释】

①僻：差错。

②纷纭：盛多、杂乱的样子。

【译文】

黄河以北地区的人将"攻"字注音为"古琮切"，与"工""公""功"三字的读音不同，这是大错。近代有一个人名为暹，他自称为"纤"；有一个人名为琨，他自称为"衮"；有一个人名为洸，他自称为"汪"；有一个人名为籹，他自称为"獡"。这不仅在音韵上有错讹，也使他们的子孙后代在避讳时纷繁杂乱，无所适从。

杂艺第十九

本篇的主要内容是说经、史典籍以外的棋、琴、书、画、骑射、算术、医学等技艺。作者认为这些事情或可以修身，或可以怡情，或可以有助于日常生活。适当地掌握一些技艺，对自己会很有好处，除了扩大知识面以外，还可以增强自身技能，提高生存能力。但是，不能专门从事这些行业。

真草①书迹，微须留意。江南谚云："尺牍书疏，千里面目②也。"承晋、宋余俗，相与③事之，故无顿④狼狈⑤者。吾幼承门业⑥，加性爱重，所见法书⑦亦多，而玩习功夫颇至，遂不能佳者，良⑧由无分故也。然而此艺不须过精。夫巧者劳而智者忧，常为人所役使，更觉为累；韦仲将遗戒，深有以也。

【注释】

①真草：书体名，真书和草书。真书，即楷书。

②千里面目：千里之外可以看到的面目。

③相与：共同，一道。

④顿：顿时。

⑤狼狈：为难窘迫。

⑥门业：家传的学业。

⑦法书：作为楷模以供学习的书法。

⑧良：实在。

【译文】

楷书、草书的书法技艺，需要稍加用心。江南的谚语说："一尺长短的信函，就是你在千里之外给人看到的面貌。"现在的人继承了东晋、刘宋流传下来的风气，大家都用功学习书法，所以没有感到为难窘迫的时候。我从小继承家传的学业，加上生性对书法喜爱偏重，所看到的书法范本也多，而且玩味研习的功夫下得颇深，但书法水平最终不高，确实是因为我没有天分吧。但是这门技艺也不需要过于精湛。巧者多劳，智者多忧，因为字写得好就经常被人使唤，反而感觉是一种负担；魏代书法家韦仲将给子孙留下不要学习书法的诫言，是很有道理的。

王逸少风流①才士，萧散②名人，举世惟知其书，翻③以能自蔽也。萧子云每叹曰："吾著《齐书》，勒④成一典，文章弘义，自谓可观；唯以笔迹得名，亦异事也。"王褒地胄清华⑤，才学优敏，后虽入关，亦被礼遇。犹以书工，崎岖⑥碑碣之间，辛苦笔砚之役，尝悔恨曰："假使吾不知书，可不至今日邪？"以此观之，慎勿以书自命。虽然，厮猥⑦之人，以能书拔擢⑧者多矣。故道不同不相为谋也。

【注释】

①风流：杰出的。

②萧散：犹潇洒，不受拘束。

③翻：反而。

④勒：编写。

⑤地胄（zhòu）清华：门第清高显贵。

⑥崎岖：跋涉，奔波。

⑦厮猥：地位卑微低下。

⑧拔擢（zhuó）：选拔提升。

【译文】

　　王羲之是个风流才士，是潇洒而不受约束的名人，世间所有的人都知道他的书法精妙，反而因此掩盖了他的其他才能。萧子云常常感叹说：

"我撰写的《齐书》，编纂成为一部史籍典策，书中的文章大义，自以为很值得一看；却只是以书法得名，也是一件怪事呀。"王褒门第高贵，学识渊博，才思敏捷，后来虽然被迫入关，也仍然受到礼遇。但他还是因为工于书法，只能奔波于碑碣之间，辛辛苦苦地替别人写字，他曾经悔恨地说："假如我不懂得书法，大概不会弄到今天这个样子吧？"由此看来，千万不要以精通书法自命不凡。虽是这样，那些地位低下的人，因为会书法而得到提拔的也很多。所以说目标不同的人是不能互相谋划的。

梁氏秘阁①散逸以来，吾见二王②真草多矣，家中尝得十卷；方知陶隐居、阮交州、萧祭酒诸书，莫不得羲之之体，故是书之渊源。萧晚节所变，乃右军③年少时法也。

【注释】

①秘阁：即内府，古代皇宫中珍藏图书秘籍之处。

②二王：指王羲之、王献之父子。

③右军：即王羲之，官至右军将军，故称"王右军"。

【译文】

梁朝秘阁珍藏的图书散佚以来，我所看到的王羲之、王献之的楷书、草书作品还很多，家里就曾经收藏有十卷；由此我才知道陶弘景、阮研、萧子云等人的各种书法，没有不受王羲之书法影响的，所以王羲之的书体是书法的渊源。萧子云晚年时的书体有所变化，就是学习了王羲之年轻时所写的字。

晋、宋以来，多能书者。故其时俗，递相

染尚，所有部帙，楷正可观，不无俗字，非为大损。至梁天监①之间，斯风未变；大同之末，讹替滋生。萧子云改易字体，邵陵王②颇行伪字③；朝野翕然，以为楷式，画虎不成④，多所伤败。至为一字，唯见数点⑤，或妄斟酌，逐便转移⑥。尔后坟籍，略不可看。北朝丧乱之余，书迹鄙⑦陋，加以专辄造字，猥拙甚于江南。乃以"百""念"为"忧"⑧，"言""反"为"变"，"不""用"为"罢"，"追""来"为"归"，"更""生"为"苏"，"先""人"为"老"，如此非一，遍满经传⑨。唯有姚元标工于楷隶，留心小学，后生师之者众。洎于齐末，秘书缮写，贤于往日多矣。

【注释】

①天监：梁武帝年号。

②邵陵王：即萧纶，为梁武帝第六子，封邵陵王。

③伪字：指不规范的字。

④画虎不成：比喻好高骛远，无所成，反贻笑柄。

⑤数点：形容所写之字不像样子，只有几个点而已。

⑥转移：摆布笔画。

⑦鄙：粗率。

⑧"百""念"为"忧"：用"百""念"组成"忧"字。以下数句同。

⑨经传：儒家典籍经和传的统称。

【译文】

　　东晋、刘宋以来，多有擅长书法的人。所以当时形成重视书法的风气，人们互相熏染影响，所有的文献典籍都用楷书正体抄写，十分端正美观，纵然其中不无俗字，也无伤大雅。到了梁武帝天监年间，这种风气也未改变；到了大同末年，异体错讹的字就逐渐产生了。萧子云改换字体，邵陵王萧纶也爱使用不规范的字；朝廷内外习染成风，以他们的字为楷模，结果是画虎不成反类犬，造成许多弊端。以至写一个字，只看见几个点，或者任意摆布笔画，为求方便而改换偏旁的位置。这样一来，以后的文献书籍，就难以阅读了。北朝经历长期的兵荒马乱之后，那里的字写得粗率难看，再加上随心所欲地造字，其拙劣的程度更甚于江南。竟然用"百""念"组成"忧"字，用"言""反"组成"变"字，用"不""用"组成"罢"字，用"追""来"组成"归"字，用"更""生"组成"苏"字，用"先""人"组成"老"字。像这类例子不是一个两个，而是遍于经籍传书之中。只有姚元标擅长楷书、隶书，留

传统文化小知识

野史

　　野史一般指私家所撰的涉及史实记录的笔记、史传、杂录等。内容多为作者耳闻目睹或者道听途说的逸闻趣事，往往不见于正宗的史籍，虽然野史的记载充斥着相当多的讹误和谬传，但是这并不能掩盖其所反映出的历史真实的一面，因而自有其不凡的价值。鲁迅先生就非常看重野史，甚至认为若要正确地了解中国历史，是非得读一读历代的野史不可的。

心文字、音韵、训诂的学问，晚辈师承他的很多。到了北齐末年，官府里抄写的各类文稿，都比以前好多了。

江南闾里间有《画书赋》，乃陶隐居^①弟子杜道士所为；其人未甚识字，轻为轨则^②，托名贵师，世俗传信，后生颇为所误也。

【注释】

①陶隐居：即陶弘景，善书法。下文"贵师"亦指陶隐居。
②轨则：规则，准则。

【译文】

江南地区民间流传有《画书赋》一书，是陶弘景的弟子杜道士所作；这个人认不得多少字，却轻率地为绘画书法制定准则，还假托名师，世人也就轻易传布相信，后生晚辈很多被他误导。

画绘之工，亦为妙矣；自古名士，多或能之。吾家尝有梁元帝手画蝉雀白团扇及马图，亦难及也。武烈太子^①偏能写真^②，坐上宾客，随宜^③点染，即成数人，以问童孺，皆知姓名矣。萧贲^④、刘孝先、刘灵，并文学已外，复佳此法。玩阅古今，特可宝爱。若官未通显，每被公私使令，亦为猥役^⑤。吴县顾士端出身湘东王国侍郎，后为镇南府刑狱参军，有子曰庭，西朝中书舍人^⑥，父子并有琴书之艺，尤妙丹青⑦，常被元帝所使，每怀羞恨。彭城刘岳，橐之子也，仕为骠骑府管记⑧、平氏县⑨令，才学快士⑩，而画绝伦。后随武陵王⑪入蜀，下牢之败⑫，遂为陆护军⑬画支江寺壁，与诸工巧杂处。向使三贤都不晓画，直运素业⑭，岂见此耻乎？

【注释】

①武烈太子：梁元帝长子，名方等，字实相。年二十二战死，谥武烈。

②写真：画人的真容。

③随宜：随其所宜。

④萧贲：字文奂，南齐竟陵王萧子良之孙，有文才，能书善画。

⑤猥役：杂役。

⑥西朝中书舍人：在梁元帝时任中书舍人。西朝，指江陵，梁元帝建都于此。中书舍人，中书省属官。

⑦丹青：丹砂和青臒，为中国画中常用颜色。此处泛指绘画艺术。

⑧管记：指记室，掌章表书记文檄。

⑨平氏县：属南阳，故城在今河南桐柏县西。

⑩快士：豪爽之士。

⑪武陵王：即萧纪，字世询。梁武帝第八子，天监十三年封武陵王。

⑫下牢之败：指梁元帝承圣二年武陵王萧纪的叛军被陆法和击败之事。下牢，梁朝宜州旧治，在今湖北宜昌西北。

⑬陆护军：即陆法和。护军，官名，即监军。

⑭素业：清素之业。指儒业。

【译文】

绘画技艺的工巧，也是十分奇妙的；自古以来的名士，很多都擅长此道。我们家里曾经有梁元帝亲手画的蝉雀白团扇和马图，他的画技也是一般人难以赶上的。武烈太子特别擅长人物写生，座上的宾客，他随手勾画，就成了人像，拿去问小孩，小孩都能知道这人像画的是谁。萧贲、刘孝先、刘灵都是除精通文学之外，又擅长绘画的人物。鉴别赏玩古今名画，确实让人爱不释手。但习画的人如果官职没有通达显赫，就经常被公家或私人叫去为他们画画，这也是一项苦差事。吴县的顾士端做过湘东王国侍郎，后来担任镇南府刑狱参军，他有个儿子叫顾庭，在梁元帝时任中书舍人，他们父子俩都擅长弹琴和书法，尤其是绘画技艺很高，所以也经常被梁元帝叫去画画，父子俩常常感到羞愧和愤恨。彭城的刘岳，是刘橐的儿子，任骠骑府管记、平氏县令，是位有才学的豪爽之士，绘画的水平无人可及。后来他随同武陵王萧纪进入蜀地，武陵王的军队在下牢关战败以后，他被陆护军遣去画支江寺的壁画，与工匠们混杂在一起。以上三位贤人假如都不懂得绘画，而是专攻儒学，难道会蒙受这种耻辱吗？

弧矢①之利，以威天下，先王所以观德择贤，亦济身之急务也。江南谓世之常射，以为兵射，冠冕儒生，多不习此；别有博射②，弱弓长箭，施于准的③，揖让升降④，以行礼焉。防御寇难，了无所益。乱离之后，此术遂亡。河北文士，率晓兵射，非直⑤葛洪一箭，已解追兵，三九⑥宴集，常縻⑦荣赐。虽然要轻禽，截狡兽，不愿汝辈为之。

【注释】

①弧矢：弓箭。

②博射：我国古代一种游戏性的习射方式。

③准的：箭靶。

④揖让升降：指"博射"的礼节。

⑤直：只。

⑥三九：三公九卿。

⑦縻（mí）：分得，获得。

【译文】

弓箭的锋利，可以威震天下，前代帝王以此观察人的德行，选择贤才，同时操弓射箭也是保全自身的紧要事情。江南地区将社会上的一般习射叫作兵射，仕宦人家和读书人大多不操习它；另有一种"博射"，用软弓长箭，射在箭靶上，讲究揖让进退，以此表达礼节。这种射箭，对于防御敌寇，却毫无用处。战乱之后，这种射法就不再出现了。黄河以北的文人，大都懂得兵射，不但能像葛洪那样一箭射死追兵，而且在三公九卿出席的宴会上，常因精于射箭而分到赏赐。虽然如此，遇到那些拦轻捷的飞禽、截狡猾的野兽的围猎，我还是不愿你们去参加的。

卜筮①者，圣人之业也；但近世无复佳师，多不能中。古者，卜以决疑，今人生疑于卜，何者？守道信谋，欲行一事，卜得恶卦，反令怏怏②，此之谓乎！且十中六七，以为上手③，粗知大意，又不委曲④。凡射奇偶，自然半收，何足赖也。世传云："解阴阳者，为鬼所嫉，坎壈贫穷，多不称泰。"吾观近古以来，尤精妙者，唯京房⑤、管辂⑥、郭璞⑦耳，皆无官位，多或罹灾，此言令人益信。傥值世网⑧严密，强负此名，便有诖误，亦祸源也。及星文风气，率不劳为之。吾尝学《六壬式》⑨，亦值世间好匠，聚得《龙首》《金匮》《玉轮变》《玉历》十许种书，讨求无验，寻亦悔罢。凡阴阳之术，与天地俱生，亦吉凶德刑⑩，不可不信；但去圣既远，世传术书，皆出流俗，言辞鄙浅，验少妄多。至如反支⑪不行，竟以遇害；归忌⑫寄宿，不免凶终：拘而多忌，亦无益也。

【注释】

①卜筮：古时预测吉凶，用龟甲占卜称卜，用蓍草占卜称筮，合称卜筮。

②怵（shì）怵：忧惧不安的样子。

③上手：上等手艺。

④委曲：这里是知其详尽的意思。

⑤京房：西汉人，字君明，易学大师。

⑥管辂：东汉末年人，字公明。善占卜。

⑦郭璞：晋朝人，字景纯。好经术，通阴阳历算、卜筮之术。后被王敦杀害。

⑧世网：比喻社会上法律礼教、伦理道德对人的束缚。

⑨《六壬式》：运用阴阳五行之说进行占卜的一种方法。

⑩德刑：恩泽与处罚。

⑪反支：即反支日。古代术数星命之说，以反支日为禁忌之日。

⑫归忌：即归忌日。指不宜在家的日子。

【译文】

卜筮，是圣人从事的职业；但近代还没有好的巫师，所以卜筮的结果大多不能应验。古时候，用占卜来解决疑惑，现在的人却因为占卜而产生疑惑，这是什么原因呢？一个人恪守道义，相信自己的谋划，打算去干一件事，却卜得一个不好的卦，反而使他忧惧不安，这就是所说的因占卜而产生疑惑的情况吧！况且今人十次占卜有六七次应验，就被看成占卜高手，实际上对占卜术只是粗知大意，对情况又不详尽了解。但凡对是或否两种结果进行占卜，自然就会有一半应验了，这种占卜术有什么值得信赖的呢？社会上流传说："懂得阴阳之术的人，会被鬼妒忌，其命运坎坷，

传统文化小知识

四大瑞兽

四大瑞兽又叫四灵，语出《礼记·礼运》："麟、凤、龟、龙，谓之四灵。"麒麟，为百兽之长。它是一种身体像鹿，身披鳞甲，头上长独角的动物。一般被帝王看作太平盛世的象征。凤，为百禽之长。它的外形大体上是一种长了鸡冠的孔雀。其一是吉祥的象征，其二是男女间爱情的象征。龟，是四灵中唯一真实的动物，传说为百介之长，被视为长寿的象征。龙，为百鳞之长，为四灵之首，是一种长着马头、鹿角、鹰爪、蛇身、狮尾的复合型动物，是中国人心中最有灵气和霸气的动物。后在道教和天象上，又出现了青龙、白虎、朱雀（即凤凰）和玄武（一种由龟和蛇组成的灵物）组成的另外四大瑞兽。

穷困潦倒，大多不得平安。"我看近古以来特别精通占卜术的人，只有京
房、管辂、郭璞，他们都没有得到官位，又多遭受了灾祸，这句话就使人
更加相信了。如果碰到世间法制严密，勉强地背上善于占卜的名声，就会
受到牵累祸害，这也是招来祸患的根源。至于观察天文、星相、气象以预
测吉凶之事，你们一概不要去做。我曾经学习过《六壬式》，也遇到过社
会上的占卜高手，搜集到《龙首》《金匮》《玉轮变》《玉历》等十来种
占卜的书，对它们进行研究探讨却没有效验，随即就为此感到后悔。凡阴
阳占卜之术，与天地一齐产生，这也是上天对人间昭示吉凶、施加恩泽和
惩罚的手段，不可不相信；但我们距离圣人的时代已经很远，社会上流传
的有关阴阳术数的书，都出自平庸者之手，语言粗鄙肤浅，应验的少，虚
妄的多。至于像反支日不宜出行，可有人反而因此遇害；归忌日需寄宿在
外，可有人还是不免惨死：说明这类说法死板而多禁忌，也是没有什么好
处的。

算术亦是六艺①要事，自古儒士论天道，定
律历者，皆学通之。然可以兼明，不可以专业。
江南此学殊少，唯范阳祖暅②精之，位至南康③太
守。河北多晓此术。

【注释】

①六艺：古代教育学生的六种科目，谓指礼、乐、射、御、书、数。

②祖暅（xuǎn）：南朝梁人，字景烁。古代著名数学家祖冲之之子。

③南康：郡名，东晋时治所在赣县（即今江西赣州）。

【译文】

算术也是六艺中很重要的一项，自古以来，学者们谈论天文，推定律
历，都要懂得它。但是这门学问只需附带掌握，不可以专门去学习它。江

南地区懂得这门学问的人很少，只有范阳的祖咺精通它，祖咺这人官至南康太守。黄河以北地区的人大多通晓这门学问。

【读·品·悟】

习字作画，弹琴下棋，陶冶自己的性情，娱乐自己的身心，原本是平常的事情，但却在某些附庸风雅的人们中成为了旋风，人人去做，甚至许多人以一生之精力对此追求不已，有人因此而功成名就，却也有不少人因此而玩物丧志。唐玄宗、宋徽宗、李后主，没有一个不是艺术家，最后呢？所以颜之推说，六艺"可以兼明，不可以专业"。他所说的专业，不过是劝慰我们不要沉溺其中罢了。

医方之事，取妙极难，不劝汝曹以自命也。微解药性，小小①和合②，居家得以救急，亦为胜事，皇甫谧、殷仲堪则其人也。

【注释】

①小小：稍稍。
②和合：调和，混合。这里是配药方的意思。

【译文】

医术这事，要想达到精妙的程度是很困难的，我不想劝你们以此作为追求目标。只要稍微懂一点儿药性，能配一点儿药方，日常生活中能够以此救急，也就是一桩好事了，皇甫谧、殷仲堪就是这样的人。

《礼》曰："君子无故不彻①琴瑟。"古来名士，多所爱好。洎于梁初，衣冠子孙，不知琴者，号有所阙；大同以末，斯风顿尽。然而此乐愔愔②雅致，有深味哉！今世曲解③，虽变于古，犹足以畅神情④也。唯不可令有称誉，见役勋贵，处之下坐⑤，以取残杯冷炙⑥之辱。戴安道⑦犹遭之，况尔曹乎！

【注释】

①彻：撤除，撤去。

②愔（yīn）愔：和悦安舒的样子。

③曲解：古乐府一节称一解，因以此泛指乐曲。

④神情：心情。

⑤下坐：坐于下首。

⑥残杯冷炙：残羹冷饭。

⑦戴安道：即戴逵，字安道，晋朝人。博学能文，善鼓琴。武陵王司马晞使人召之，戴对使者破琴，曰："戴安道不为王门伶人！"事见《晋书·隐逸传》。

【译文】

《礼记》上说："君子无故不把琴瑟撤除。"自古以来的名士，大多爱好它。到了梁朝初年，官宦人家的子孙，不懂得弹琴的，就被认为有缺憾；大同末年以后，这种风气就完全消失了。但是这种音乐安闲和雅，有很深厚的韵味。现在的乐曲，虽然与古代不同，但听了之后仍足以使人心情舒畅。只是不可让自己因此而出名，那样就会被功臣权贵役使，让你坐在宴席下面，遭受吃残羹冷饭的屈辱。连戴安道都遭受过这样的事情，何况你们呢！

《家语》曰："君子不博^①，为其兼行恶道故也。"《论语》云："不有博弈^②者乎？为之，犹贤乎已。"然则圣人不用博弈为教，但以学者不可常精，有时疲倦，则傥为之，犹胜饱食昏睡，兀然端坐耳。至如吴太子以为无益，命韦昭论之；王肃、葛洪、陶侃^③之徒，不许目观手执，此并勤笃之志也。能尔为佳。古为大博则六箸^④，小博则二茕，今无晓者。比世所行，一茕十二棋，数术浅短，不足可玩。围棋有手谈、坐隐^⑤之目，颇为雅戏；但令人耽愦，废丧实多，不可常也。

【注释】

①博：博戏，又叫局戏，为古代一种游戏，六箸十二棋。

②弈：围棋。

③陶侃：晋人。陶在任荆州刺史时，见佐吏玩博戏、围棋，就将上述器具投之于江。

④箸：博戏时所用竹棍。

⑤手谈、坐隐：均为下围棋的别称。

【译文】

《孔子家语》说："君子不玩博戏，是因为博戏可能使人走入邪道。"《论语·阳货篇》说："不是有玩博戏下围棋的游戏吗？玩玩这些，也比什么都不干好。"话虽如此，圣人是不用博戏、围棋作为施教手段的，只是读书人不可能总是一直专注学习，有时疲倦了，偶尔玩玩，比吃饱了饭整天昏睡，或呆呆地坐着要好。至于像吴太子认为下围棋无益，叫韦昭写文章论述它的害处；王肃、葛洪、陶侃不许眼观棋盘、手执棋子，这些都是对本职工作勤奋专心的表现。能够这样当然好。古时候玩大规模的博戏用六根竹棍，小规模的博戏用两个骰子，现在已经没有懂得这种玩法的人了。现在流行的玩法，是用一个骰子十二个棋子，路数技巧简单乏味，不值得深玩。围棋有手谈、坐隐等名称，是一种颇为高雅的游戏；但使人沉溺其中，从而旷废很多别的事，不可经常玩。

投壶①之礼，近世愈精。古者，实以小豆，为其矢之跃也。今则唯欲其骁②，益多益喜，乃有倚竿、带剑、狼壶、豹尾、龙首③之名。其尤妙者，有莲花骁④。汝南周璝，弘正之子，会稽贺徽，贺革之子，并能一箭四十余骁。贺又尝为小障，置壶其外，隔障投之，无所失也。至邺以来，亦见广宁、兰陵诸王，有此校具，举国遂无投得一骁者。弹棋亦近世雅戏，消愁释愤，时可为之。

【注释】

①投壶：古代宴会礼制，也是一种娱乐活动。宾主依次用矢投向盛酒的壶口，以投中多少决胜负，负者饮酒。

②骁：古代一种投壶游戏。用力投箭，使投中的箭从壶中跳出，用手接住再投。

③倚竿、带剑、狼壶、豹尾、龙首：都是投壶的招数。

④莲花骁：投壶的一种招数，具体情况不详。

【译文】

投壶的讲究，到近代更加精妙。古时候，在壶里装上小豆，这是怕箭弹出壶外。现在则只希望箭投进去又弹出来，弹出来的次数越多就越让人高兴，于是就根据箭弹出的不同情况有了倚竿、带剑、狼壶、豹尾、龙首等名目。其中最妙的，要数莲花骁。汝南的周瓒，是周弘正的儿子，会稽的贺徽，是贺革的儿子，他俩都能用一支箭反弹出来四十余次。贺徽又曾经做了一个小屏障，把壶放在屏障外面，隔着屏障投壶，没有投不中的。而我到邺城以后，也看见广宁王、兰陵王等王公也有这种器具，但全国却没有一个人能把箭投进去又反弹出来的。弹棋也是近代的一种雅戏，能够消愁解闷，偶尔可以玩玩。

终 制 第 二 十

　　所谓"终制"，就是送终的礼制。死亡是人生注定的事，不可避免。梁朝动荡不安，作者生于乱世，一生坎坷，历经风雨，颠沛流离，客居他乡，像浮云一样漂泊不定，因而面对死亡显得坦然而从容。若哪一天突然死去，不知道哪方乡土是埋葬之地，只应该断气后便就地埋葬。因而他嘱咐子女不必礼仪周备，只要沐浴遗体便可。不要厚葬，不要铺张浪费，应该以传承家业播扬名声为己任，应付世事，实践自己的主张，以自己的前途为重；不要过度悲伤，不可顾恋葬身的墓地，以致埋没了自己，误了大事。

　　死者，人之常分①，不可免也。吾年十九，值梁家丧乱，其间与白刃为伍者，亦常数辈②；幸承余福，得至于今。古人云："五十不为夭。"吾已六十余，故心坦然，不以残年③为念。先有风气④之疾，常疑奄然⑤，聊书素怀，以为汝诫。

【注释】

　　①常分：定分。指命中注定的事情。

　　②辈：次。

　　③残年：人将尽的岁月。指晚年。

　　④风气：病名。湿病的一种。

　　⑤奄然：快死，将死。

【译文】

　　死亡是人生注定的事，不可避免。我十九岁的时候，恰好梁朝动荡不安，这期间在刀光剑影中奔走，也有很多次；多亏祖上的保佑，我才活到了今天。正如古人所说的："活到五十岁就不算短命了。"我已经六十多岁了，所以心里异常平静，也很坦然，不因剩下的年月无多而挂怀。以前我患有风气病，常常会怀疑自己会突然死去，因此姑且在这里记下我平时的一些想法，也算是对你们的嘱咐或者告诫吧。

　　先君先夫人皆未还建邺旧山①，旅葬②江陵东郭。承圣末，已启求扬都，欲营迁厝③。蒙诏赐银百两，已于扬州小郊北地烧砖，便值本朝沦没④，流离如此，数十年间，绝于还望。今虽混一⑤，家道罄穷，何由办此奉营⑥资费⑦？且扬都污毁，无复子遗⑧，还被下湿⑨，未为得计。自咎自责，贯心刻髓。计吾兄弟，不当仕进；但以门衰，骨肉单弱，五服⑩之内，傍无一人，播越⑪他乡，无复资荫⑫；使汝等沉沦厮役⑬，以为先世之耻；故靦冒⑭人间，不敢坠失⑮。兼以北方政教严切，全无隐退者故也。

【注释】

①旧山：旧茔。

②旅葬：指葬在外地而不曾归葬故乡。

③迁厝（cuò）：迁葬。

④沦没：覆没。

⑤混一：统一。

⑥奉营：奉祀营迁。

⑦资费：钱财。

⑧子遗：剩余。

⑨下湿：古人言江南地区地势低而潮湿，故称下湿。

⑩五服：旧时丧服制度，以亲疏为差等，有斩衰、齐衰、大功、小功、缌麻五种丧服。

⑪播越：流离失所的意思。

⑫资荫：凭先代的勋功或官爵而得到授官封爵。

⑬厮役：奴仆。

⑭靦（tiǎn）冒：惭愧冒昧。

⑮坠失：失去，废弛。此为辞官退隐。

【译文】

我去世的父母亲都没有葬回到建邺祖坟，他们的灵柩旅葬在江陵的东郊。承圣末年，我已经向朝廷提出请求，想把父母的灵柩迁葬回故土。承蒙朝廷下诏赏赐一百两银子，我已经在扬州郊区北边开始烧制墓砖，却碰上梁朝覆没，就这样流离失所，几十年间，断绝了我返回故土的希望。现在天下虽然统一了，我们家却是一贫如洗，到哪里去筹迁葬的经费呢？况且扬都已被毁弃，什么也没有留下，将父母的灵柩运回到那潮湿低洼的江南，也不是办法。我自罪自责，如利剑穿心，痛到骨髓。想来我们几个兄弟，都不应该走仕途；只因为家族衰败，骨肉至亲都孤单弱小，五服之内的亲属，没有一人可依托，加上流落到他乡，失去了门第的庇护。如果让你们沦落到给人做奴仆的境地，就会成为祖上的耻辱；所以我只能含羞忍耻于世间，不敢随便辞去官职。加上北方的政治教化十分严厉，完全没有退隐的人，这也是我至今仍居官位的一个原因。

今年老疾侵，傥然奄忽①，岂求备礼乎？一日放臂，沐浴而已，不劳复魄，殓②以常衣。先夫人弃背之时，属世荒馑③，家涂空迫，兄弟幼弱，棺器率薄，藏④内无砖。吾当松棺二寸，衣帽已外，一不得自随，床上唯施七星板；至如蜡弩牙、玉豚、锡人之属，并须停省，粮罂⑤明器，故不得营，碑志旒旐⑥，弥在言外。载以鳖甲车，衬土而下，平地无坟；若惧拜扫不知兆域⑦，当筑一堵低墙于左右前后，随为私记耳。灵筵勿设枕几，朔望祥禫，唯下白粥清水干枣，不得有酒肉饼果之祭。亲友来馈酹⑧者，一皆拒之。汝曹若违吾心，有加先妣，则陷父不孝，在汝安乎？其内典功德，随力所至，勿刲竭生资，使冻馁也。四时祭祀，周、孔所教，欲人勿死其亲，不忘孝道也。求诸内典，则无益焉。杀生为之，翻增罪累。若报罔极之德，霜露之悲，有时斋供，及七月半盂兰盆，望于汝也。

【注释】

①奄忽：突然死亡。

②殓（liàn）：给死者穿衣入棺。

③荒馑：饥荒。

④藏：墓穴，坟墓。

⑤粮罂：盛粮的陶器，大肚小口，古代墓葬用为冥器。

⑥旒旐（liú zhào）：指铭旌。

⑦兆域：墓地四周的疆界，亦称墓地。

⑧酹（lèi）：以酒浇地，表示祭奠。

【译文】

我现在年纪已老且疾病缠身，倘若突然死去，难道还会要求丧事一定要礼仪周备吗？哪一天我死了，只要为我沐浴遗体就可以了，不需你们行复魄之礼，给我穿上我日常的衣服装殓。你们的祖母去世的时候，正碰上闹饥荒，家庭境况空乏窘迫，我们几兄弟都还年幼单弱，因此，你们祖母的棺木就很简朴单薄，墓内连砖也没有一块。因此，埋葬我时，也只应当备办二寸厚的松木棺材一口，除了衣服帽子以外，其他东西一概不要放进去，棺材底部只需放一块七星板；至于像蜡弩牙、玉豚、锡人这类东西，都应该裁撤不用，粮罂之类的冥器，也不用置办，更不用提碑志铭旌了。棺材用鳖甲车运送，墓底用土衬垫就可下葬，墓顶跟地面平齐而不要垒坟；如果你们担心拜祭扫墓时不知道墓地的四周疆界，就在墓地的左右前后修筑一堵矮墙，顺便在上面做一个标志。灵床上不要放置枕几，每逢朔日、望日、祥日、禫日祭奠，只需用白粥清水干枣等物，不许用酒肉饼果做祭品。亲友们来祭奠的，要一概谢绝。你们如果违反了我的心愿，把我的丧礼规格置于你们祖母之上，那就是把你们的父亲陷于不孝的境地，你们能够心安吗？至于念佛诵经等佛教功德，可量力而行，不要因此而耗尽资财，使你们遭受冻馁之苦。一年四季对先辈行祭祀之礼，这是周公、孔子所教化我们的，目的是希望人们不要忘记他们死去的亲人，不要忘记奉行孝道。如果要到佛经中去寻找根据，就没有什么好处了。靠杀生来进行祭祀活动，反而会增加死者的罪过。如果你们要报答父母的恩德，抒发追思之情，那么除了按时供奉斋品外，到每年七月十五的盂兰盆节，我也是盼望能得到你们的斋供的。

孔子之葬亲也，云："古者墓而不坟。丘东西南北之人①也，不可以弗识②也。"于是封③之崇四尺。然则君子应世行道④，亦有不守坟墓之时，况为事际⑤所逼也！吾今羁旅，身若浮云，竟未知何乡是吾葬地；唯当气绝便埋之耳。汝曹宜以传业扬名为务，不可顾恋朽壤⑥，以取堙没⑦也。

【注释】

①东西南北之人：指到处漂泊、居无定所的人。

②识（zhì）：做标志，留记号。

③封：积土为坟。

④应世行道：顺应时世实践自己得主张。应世，顺应时世。行道，实践自己的主张。

⑤事际：指多事之秋。

⑥朽壤：腐土。此处指坟墓。

⑦埋（yān）没：埋没。

【译文】

孔子在安葬亲人的时候说："古时候只筑墓而不垒坟。我孔丘是一个漂泊不定的人，墓上不可以没有标志。"于是就垒了四尺高的坟。这样看来君子应付世事，实践自己的主张，也有不能守着坟墓的时候，何况是为情势所逼迫呢！我现在客居他乡，身子像浮云一样漂泊不定，竟然不知道哪方乡土是我的埋葬之地；只应该在我断气后便就地埋葬。你们应该以传承家业、播扬名声为己任，不可顾恋我葬身的墓地，以致埋没了自己的前程。

传统文化小知识

二十四节气

二十四节气是古人根据一年中四季的更替和气候变化的规律，订立的一种用来指导农事的补充历法，分别是立春、雨水、惊蛰、春分、清明、谷雨、立夏、小满、芒种、夏至、小暑、大暑、立秋、处暑、白露、秋分、寒露、霜降、立冬、小雪、大雪、冬至、小寒、大寒。

为了便于记忆，人们还编了歌诀：春雨惊春清谷天，夏满芒夏暑相连。秋处露秋寒霜降，冬雪雪冬小大寒。

名句集锦

一粥一饭，当思来处不易；半丝半缕，恒念物力维艰。

——《朱子家训》

宜未雨而绸缪，毋临渴而掘井。自奉必须俭约，宴客切勿流连。

——《朱子家训》

刻薄成家，理无久享；伦常乖舛，立见消亡。

——《朱子家训》

施惠无念，受恩莫忘。凡事当留余地，得意不宜再往。

——《朱子家训》

每常心共口敌，性与情竞，夜觉晓非，今悔昨失，自怜无教，以至于斯。

——《颜氏家训·序致第一》

父母威严而有慈，则子女畏慎而生孝矣。

——《颜氏家训·教子第二》

夫风化者，自上而行于下者也，子先而施于后者也。是以父不慈而子不孝，兄不友而弟不恭，夫不义而妇不顺矣。

——《颜氏家训·治家第五》

与善人居，如入芝兰之室，久而自芳也；与恶人居，如入鲍鱼之肆，久而自臭也。

——《颜氏家训·慕贤第七》

生而知之者上，学而知之者次。所以学者，欲其多知明达耳。

————《颜氏家训·勉学第八》

至诚之言，人未能信，至洁之行，物或致疑，皆由言行声名，无余地也。

————《颜氏家训·名实第十》

士君子之处世，贵能有益于物耳，不徒高谈虚论，左琴右书，以费人君禄位也。

————《颜氏家训·涉务第十一》

为善则预，为恶则去，不欲党人非义之事也。凡损于物，皆无与焉。

————《颜氏家训·省事第十二》

汝家书生门户，世无富贵。自今仕宦不可过二千石，婚姻勿贪势家。

————《颜氏家训·止足第十三》

山中人不信有鱼大如木，海上人不信有木大如鱼。

————《颜氏家训·归心第十六》

居身务期质朴，教子要有义方。莫贪意外之财，勿饮过量之酒。

————《朱子家训》

与肩挑贸易，毋占便宜；见穷苦亲邻，须加温恤。

————《朱子家训》

父子之严，不可以狎；骨肉之爱，不可以简。简则慈孝不接，狎则怠慢生矣。

————《颜氏家训·教子第二》

夫学者犹种树也，春玩其华，秋登其实；讲论文章，春华也，修身利行，秋实也。

————《颜氏家训·勉学第八》

读者反馈卡

感谢您购买《朱子家训　颜氏家训》，祝贺您正式成为了我们的"热心读者"，请您认真填写下列信息，以便我们和您联系。您如有作品和此表一同寄来，我们将优先采用您的作品。

读 者 档 案

姓名＿＿＿＿＿＿＿＿＿　　年级＿＿＿＿＿＿＿＿＿

电话＿＿＿＿＿＿＿＿＿　　QQ号码＿＿＿＿＿＿＿＿＿

学校名称＿＿＿＿＿＿＿＿＿＿＿＿＿＿＿＿＿＿＿＿＿

班级＿＿＿＿＿＿＿＿＿　　邮编＿＿＿＿＿＿＿＿＿

通讯地址＿＿＿＿＿省＿＿＿＿＿市（县）＿＿＿＿＿区

（乡/镇）＿＿＿＿＿＿＿＿＿街道（村）

任课老师及联系电话＿＿＿＿＿＿＿＿＿　课本版本＿＿＿＿＿

您认为本书的优点是＿＿＿＿＿＿＿＿＿＿＿＿＿＿＿＿＿

您认为本书的缺点是＿＿＿＿＿＿＿＿＿＿＿＿＿＿＿＿＿

您对本书的建议＿＿＿＿＿＿＿＿＿＿＿＿＿＿＿＿＿＿＿

＿＿＿＿＿＿＿＿＿＿＿＿＿＿＿＿＿＿＿＿＿＿＿＿＿＿＿

您在使用过程中发现的错误，可另附页。

联系我们：北教小雨文化传媒（北京）有限公司

地址：北京市北三环中路6号北京教育出版社

邮编：100120

联系人：北教小雨编辑部

联系电话：13911108612

邮箱：beijiaoxiaoyu@163.com